U0937873

“互联网＋政务服务”

Internet + Government Service

实践（五）

PRACTICE(5)

金震宇　房　迎　主编

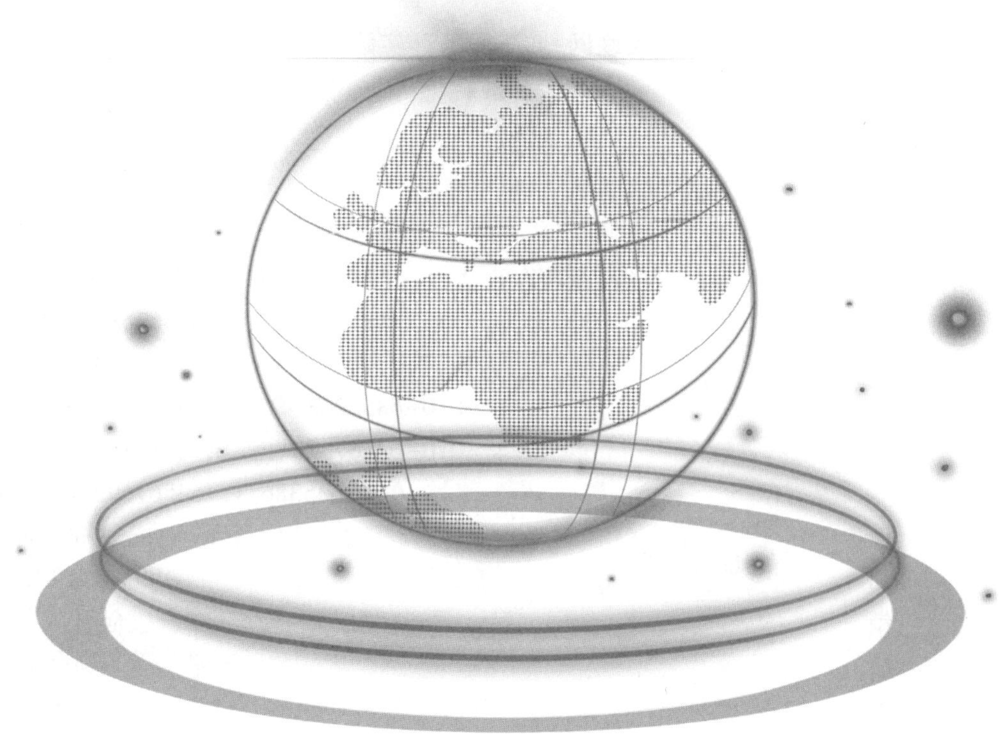

经济日报出版社

图书在版编目（CIP）数据

“互联网+政务服务”实践．五 / 金震宇，房迎主编．—北京：经济日报出版社，2020. 12
ISBN 978-7-5196-0723-4

Ⅰ．①互…　Ⅱ．①金…②房…　Ⅲ．①电子政务—研究—中国　Ⅳ．①D63-39

中国版本图书馆 CIP 数据核字（2020）第 200646 号

“互联网+政务服务”实践（五）

主　　编	金震宇　房　迎
责任编辑	门　睿
责任校对	王阿林
出版发行	经济日报出版社
地　　址	北京市西城区白纸坊东街 2 号 A 座综合楼 710（邮政编码：100054）
电　　话	010-63567684（总编室）
	010-63584556（财经编辑部）
	010-63567687（企业与企业家史编辑部）
	010-63567683（经济与管理学术编辑部）
	010-63538621　63567692（发行部）
网　　址	www. edpbook. com. cn
E - mail	edpbook@ 126. com
经　　销	全国新华书店
印　　刷	天津雅泽印刷有限公司
开　　本	787×1092 毫米　1/16
印　　张	20. 5
字　　数	314 千字
版　　次	2021 年 1 月第一版
印　　次	2021 年 1 月第一次印刷
书　　号	ISBN 978-7-5196-0723-4
定　　价	88. 00 元

版权所有　盗版必究　印装有误　负责调换

本书编委成员

（按首字拼音排序）

刘春贵　刘　烨　许跃军　杨　平　廖裕良

序一

2018年，上海全力推进“一网通办”的政务服务，旨在将面向企业和群众的所有线上线下服务事项，逐步做到一网受理、只跑一次、一次办成，让数据多跑路，群众少跑腿。此后，整合了各种便民服务的上海市“一网通办”移动端也上线试运行。

2020年5月22日，国务院总理李克强所作的《2020年国务院政府工作报告》中提出，要推动更多服务事项一网通办，做到企业开办全程网上办理。2020年7月，《2020联合国电子政务调查报告》将上海“一网通办”作为经典案例写入报告，肯定了上海“一网通办”将线上线下相融合的全方位服务体系，并在联合国全球城市电子政务排名中，将上海列为全球第九。

联合国在2020年发起了确保“不让任何一个人掉队”的可持续发展目标“行动十年”计划。对于各类数字弱势群体来说，各国的数字化进程有可能进一步加剧数字鸿沟，许多国家已开始思考数字政府与人类幸福水平之间的关系。针对这一情况，联合国电子政务可持续发展目标中也特别强调了对数字弱势群体的关照，而上海“一网通办”线上线下相融合的建设方向正体现了其对弱势群体的重视，即无论在线上做得多好，都不能让线下的人掉队。

除此之外，联合国报告还特别肯定了上海在“一网通办”建设中“以数据为中心”的战略。“以数据为中心”是上海市“一网通办”改革的基石，其关键在于打破政府部门间数据孤岛。为此，上海市专门成立了大数据中心，为提升数字政府水平、改善营商环境、提高所有上海居民的生活质量做出了重大贡献。

数字政府建设进入深水区，公众对在线政务服务的需求日趋实用化、精细化和个性化，而当前各地的政务服务平台是否真正满足了公众和企业对“一网通办”的真实需求？仍然要打一个问号。未来的政务服务创新难度将越来越大，不再是多建几个平台，多开几个功能，多上几个事项，或多去几个环节这样只追求数量和速度就能让用户有获得感和满意度的初级发展时期了，而是需要政府决策者和政务服务系统开发者真正以人民为中心，以用户感受为导向，破除原有的思维框架和视角心态，敢于投入精力和资源、下细功夫、啃硬骨头，才能引领新时代的政务服务新风向。

今后，我和其他学者专家们还会继续在智政院这个平台一起进行思考、实践和交流，从更多维度和更高目标来研究和推动多部门有机联动的数据共享和全方位的政务服务创新，关注我国的数字鸿沟现状及其应对办法，确保数字政府建设不能以牺牲弱势群体的利益为代价，将“一网通办”蕴藏的智慧和温暖的力量都释放出来，并发挥到极致。

郑磊

复旦大学数字与移动治理实验室主任

国际关系与公共事务教授

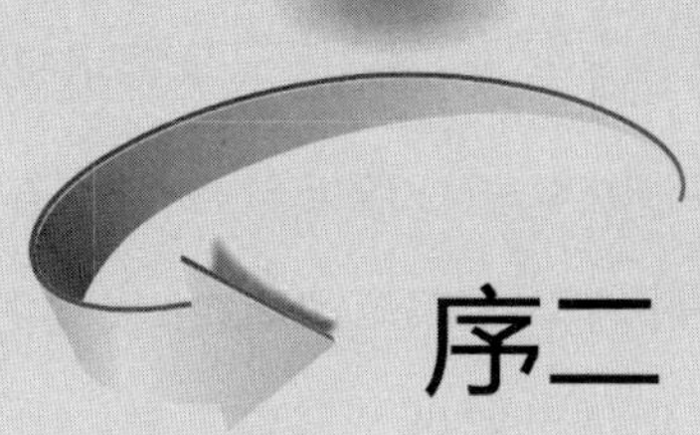

序二

随着数字政府理念的不断演进和技术支撑的日益升级，政务服务从办事大厅走向电脑桌面再来到手机指尖，从线下来到线上再走向O2O融合，“互联网+政务服务”的依托渠道已经形成了一个涵盖PC网站、手机App、小程序、自助服务一体机等不同界面组成的“多端一体化服务矩阵”。

2018年到2020年的《政府工作报告》中都提出深入推进“互联网+政务服务”，深化“放管服”改革，加快政府信息系统互联互通，使更多事项在网上办理，加快实现一网通办、异地可办，使更多事项不见面办理，确需到现场办的要“一窗受理、限时办结”“最多跑一次”。持续开展“减证便民”改革行动，不能让烦琐证明来回折腾企业和群众，推动更多服务事项“一网通办”，做到企业开办全程网上办理。

《2020联合国电子政务调查报告》7月10日正式发布，联合国每两年对全球193个成员国的数字政府发展进程进行调查，并发布调查报告。相比2018年报告，中国数字政府发展指数EGDI从0.6811提高到2020年的0.7948，排名比2018年提升了20位，升至全球第45位，其中作为衡量国家数字政府发展水平核心指标的在线服务指数OSI排名更跃升至全球第9位，同时上海在今年的城市在线服务指数LOSI排名中也并列全球第9位，双双达到“非常高”的水平。我国在国家层面和代表性城市在线服务水平上达到“双 9”高位，应该说既是中国全球影响力扩大背景下服务型数字政府建设获得的一种国际认可，也是多年来我国致力于发展“互联网+政务服务”战略的一种成果验真。

这几年来，可以很明显地感觉到各级政府在“互联网+”上的全面提速。例如，沪苏浙皖电子证照互认应用“合作共识”发布；江西省建设“赣服通”全天候智能服务中心。尤其是2020 年突如其来的新冠肺炎疫情十分严重，各类政务服务平台在此次疫情中做出了巨大贡献，逐渐实现政务服务“零距离”。例如，上海市从零开始将“随申办”打造成获得世界瞩目的一网通办超级应用。显而易见，当全世界看到中国利用“健康码”取得很好的防疫成效后，挪威、以色列、新加坡、哥伦比亚、捷克、加纳等诸多国家纷纷效仿，引入“健康码”进行数字化防疫。未来，互联网在政务服务领域还会有更深层次的发展，例如，区块链技术的应用，可以优化政务流程，促进政务公开；以用户的需求为导向构建的“一件事办理”也正在成为“互联网+政务服务”的创新焦点。由此可见，推行“互联网+政务服务”不仅是当前提升政府治理能力现代化的客观要求，也是加快政府智慧服务的重要支撑，运用互联网思维引领政务服务的创新发展是大势所趋。群众在哪里，政务服务就应该在哪里。作为深化“放管服”改革的关键环节，“互联网+政务服务”对于推进政府治理能力现代化和构建人民满意的服务型政府具有重要意义。

“智政丛书”系列的第五辑，记录了“智政院”群体对“数字政府门户”、“互联网+政务服务”和“企业互联网+”等诸多领域建设工作的思考感悟、经验分享以及研究探索，“智政院”自创办以来，坚持每周在线上或线下开展以智慧政务实践为主题的案例分享、前沿追踪、互动探讨与思维碰撞，凭借对软件和互联网行业的深刻理解，将软件技术与互联网应用相结合。我很高兴能作为“智政院”的一分子，也希望能为我国数字政府的建设贡献自己的价值。

杨明刚

北京大学电子政务研究院副院长、研究员

北大博雅智库主任

目 录

第一篇 “互联网+政务服务”研究与实践

第二篇 政府门户网站集约化研究与实践

第三篇 政务服务多端一体化探索与实践

第四篇 “核心技术”研究与实践

第一篇
“互联网+政务服务”研究与实践

“互联网+”驱动的数字政府2.0模式重构

大汉软件总裁　金震宇

自2015年全国两会政府工作报告首次提出以来，“互联网+”在过去近五年时间内经历了横向扩散与纵向渗透的过程。所谓“横向扩散”即是“互联网+”所波及和覆盖的领域越来越广泛；所谓“纵向渗透”即是“互联网+”已从营销端与体验端“逆流而上”开始重构企业的组织体系、生产模式以及业务流程，对于数字政府建设而言亦如是。基于云计算、人工智能、物联网、区块链等数字基础设施的建设与发展，“互联网+”驱动的数字政府建设正在逐步浮现出新景观——数字政府2.0的生态图谱与模式重构正在发生。

一、“互联网+”对数字政府发展的影响与价值分析

（一）“互联网+”的本质内涵

“互联网+”的本质是通过互联网技术、互联网思维与互联网体验的效应叠加对传统领域在建设、生产、运营和管理等层面的赋能与重构。“互联网+”的核心价值在于通过对信息、金融、物流、管理等多种要素资源的综合性重组与优化配置，以提升组织效能与服务质量。“互联网+”是基于互联网平台的“在线”与“连接”“数据”与“算法”多重驱动的、数字空间与物理空间的价值转换、融合的“溢出效应”。

（二）“互联网+”重构数字政府建设运营模式

“互联网+”在生活消费、文旅产业、金融服务、物流快递、生产制造等领域的影响正在构建数字经济新版图，而对数字政府建设运营模式的重构则开启了治理体系与治理现代化建设的新征程。“互联网+”对数字政府建设运营模式重构主要体现在以下几个方面：

一是设备多元化：在互联网+的背景下，数字政府的治理工具与服务内容的输出载体上已经走向多元化，从原来的单一屏幕转变为包含PC、智能手机、平板电脑、智能手表等在内的多种屏幕介质。随着屏幕尺寸、交互模式、内容形态的改变，从而对管理手段与用户行为也产生了深刻影响。

二是应用智能化：如今，云计算、大数据、人工智能等数字新技术得到了广泛应用，数字政府在社会治理、政务服务、市场监管等领域的应用逐步走向智能化，基于数据驱动的精准治理、定制服务、信用监管等成为数字政府运行与发展的新趋势。

三是平台集约化：“互联网+”推动政务服务平台与政府网站建设走向集约化，集中表现为围绕数字政府建设的服务平台、管理平台、督查平台、办公平台的集约化，省、市、区/县、乡、村五级平台覆盖的集约化，以及身份认证、电子证照、电子签名等公共支撑平台的集约化。

四是用户分众化：随着“互联网+”的不断渗透，政务服务平台对用户的感知能力与需求把握能力逐步升级，“用户分众化”开始成为数字政府建设的新趋势，围绕个人、法人、公务员等不同群体，企业主、律师、教师、医生、学生、残疾人等不同角色的个性化定制服务成为了一种刚需。

五是服务场景化：“互联网+”驱动的数字政府建设起初由“设计一项功能”向“设计一个服务场景”转变，导致“高效办成一件事”成为用户的痛点。因此，以用户的需求为导向，关注“一件事”，重新设计、构建办事流程、服务材料及服务动作，实现“一证通办”、一站式企业开办、一站式购房登记等创新应用场景，正在成为数字政务服务的创新焦点。

六是数据价值化：传统电子政务模式对数据资源的采集、分析、挖掘与运用能力均存在一定瓶颈。而“互联网+”驱动的数字政府建设，以数据共享为途径，逐步实现跨层级、跨地域、跨部门的数据融合，系统融合，通过政务数据共享平台，实现互联网数据、空间数据、多领域行业数据的整合联通，进行全方位的数据挖掘与分析应用，并且通过对市场监管、灾害预警等领域政务活动的全方位监测、直观呈现、智能研判，可提升政府数据治理、数据决策的作用。可以说，“互联网+”充分唤醒了政务大数据价值。

（三）“互联网+”模式下的数字政府创新价值分析

结合中国与国际数字政府建设案例的分析，“互联网+”模式下的数字政府创新价值主要体现在三个方面。

一是经济价值：“互联网+”的内核是一场以数据作为重要生产要素的组织变革与资源配置。从数字政府领域的全国创新样本可以看出，无论是“最多跑一次”“不见面审批”还是“一网通办”“一网统管”，其背后的经济学逻辑均是通过平台、数据与算法的驱动，最大幅度地降低政府办公资源与城市公共资源的消耗和空转，在时间、空间上最大限度地依托连接价值、数据价值对用户需求与办事流程进行优化重组。因而我们看到无论是迪拜还是爱沙尼亚在提出数字政府的建设绩效时，给出的都是以节省了多少时间或减少了多少美元为参考值。

二是社会价值：“互联网+”通过数字技术重构业务流程与体验模式，最终作用于管理者与用户，作用于数字政府的整个生态。从营商环境优化角度而言，数字政府的高效服务能力与运行机制，将不断为城市吸引最具创新潜力的科技企业，加剧高新技术产业的集聚，从而重构城市发展特色与城市生活色彩。从“一网统管”的角度而言，数字政府在管理工具、组织运行机制、指挥系统等方面的“互联网+”创新，将有效预判、抵御和降低潜在安全风险，减少社会阶层摩擦。

三是管理价值：“互联网+”的终极价值在于通过重塑组织范式，以革新生产、运营、管理流程，进而打造数据驱动的新世界。那么从数字政府建设领域可以看出，依托于政务钉钉、政务微信等的政府内部数字化管理平台与工具，通过在信息沟通、会议服务、数据考核、督查跟踪等不同层面的应用，颠覆了以办公OA、ERP为代表的传统管理理念，与政府机构的服务能力、治理能力、效能评价等形成了内部信息闭环，正在掀起一场政府数字化转型革命。

二、数字政府2.0生态图谱与模式重构

（一）数字政府2.0的内涵与生态图谱

数字政府2.0是以数据作为重要生产要素重构政府决策、治理、服务与监管的政府运行新形态。如果说数字政府1.0是将线下政务服务内容进行线上迁移的“初始化”进程，那么数字政府2.0则是依托线上政务服务数据化价值与动力驱动线下政府决策、治理、服务与监管行为的“高阶化”演进。我们认为数字政府2.0的生态由基础层、数据层、支撑层、应用层和服务层架构成型。数字政府2.0生态图谱见图1。

基础层由网络、服务器、物联网和云平台等组成。网络在不断地满足政府部门内部办公、社会治理、公共服务等领域的需求，并且随着“互联网+”各个领域的发展进步，新型基础设施得以在传统基础设施的基础上延伸发展，使得物联网、云计算等新一代信息技术服务能力不断提升，逐步通过云平台实现风控成本、运营成本、IT成本、管理和安全集约。

数据层由数据库、数据交换、大数据中心和大数据分析等组成。伴随“互联网+”的应用，数据由分散到集中，形成数据资源。在数字政府2.0中从采集、交换、应用等环节对数据资源进行全生命周期的管理，盘活数据资源，为数据以共享融合的姿态服务于政府内部办公和社会治理等领域提供“燃料”，实现数据共享效能的释放，帮助数字决策拥有“得力干将”。如通过政务服务平台中数据技术的分析运用来看，针对智能推送关注度高的信息，及时提醒用户办理有关事项，为用户提供智能化、个性化服务。

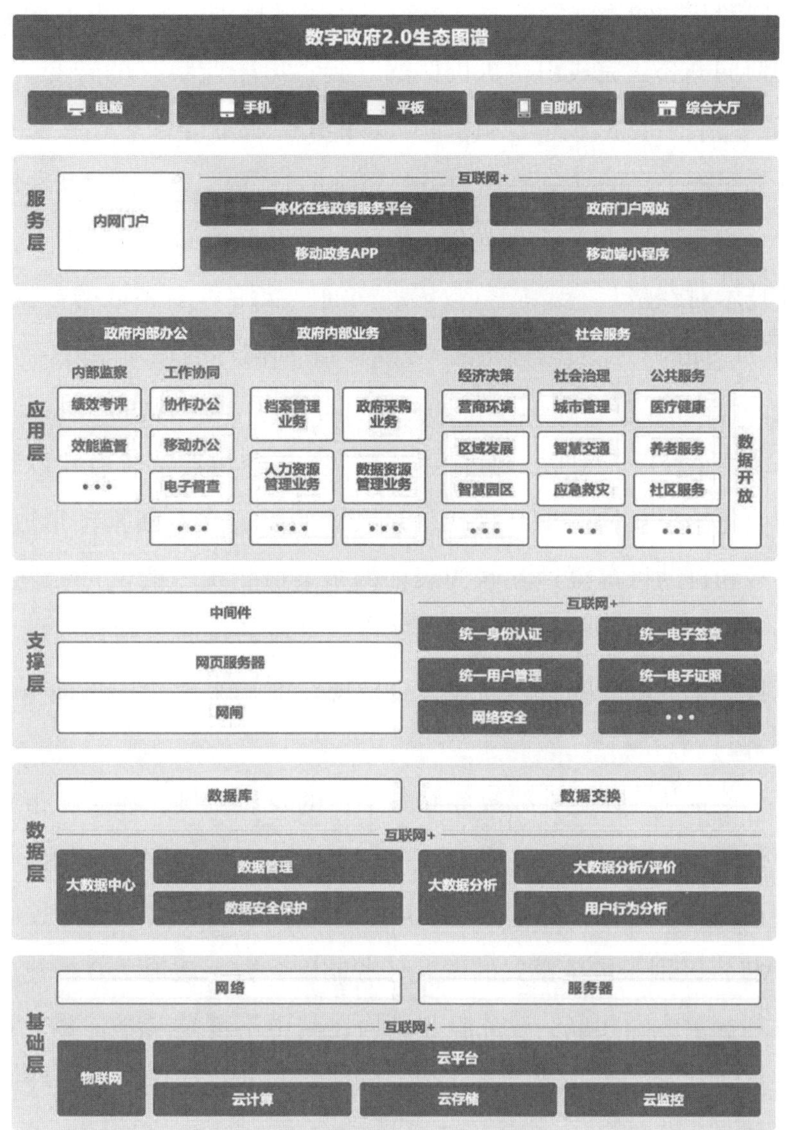

图1　数字政府2.0生态图谱

支撑层，由中间件、网页服务器、网闸、统一身份认证和统一用户管理等组成。在数字政府2.0中，服务理念在向需求侧转变的过程中，引入统一身份认证、统一用户管理等，并且持续利用成熟的服务模式支撑数字政府建设，以此实现为用户提供标准、便捷的服务。

应用层，涵盖政府内部办公、政府内部业务和社会服务等领域。在数据资源、技术发展和互联网思维等的演进推动下，诸领域借助数字化工具实现了“科学高效”的协同办公，完成由“人肉监察”到“电子监察”的转变。同时，“互联网+”使得政府内部办公、政府内部业务和社会服务等领域连接交互，实现内部工作、外部服务平台的共享协作和服务思维的转变，逐渐利用互联网思维来解决用户的“一件事”或“整个问题”。并且在“互联网+”的助推下，利用大数据分析等新技术对经济运行、应急救灾、交通、旅游等多领域的数据进行监测、分析和研判，以提高对社会运行状况、公众舆情动向等的感知能力。

服务层，由内网门户一体化在线政务服务平台、政府门户网站、移动政务App以及移动端小程序等组成。随着“互联网+”参与数字政府建设的深度逐步加深，多样变化的公众的需求和现代信息技术的发展在不断推动形成以电脑端、手机端、平板和自助机等渠道互联为表征的多渠道相统一的“一张网”。在“一张网”中数据在后端进行共享利用，以工作信息流的疏通重构为入口，进行政务服务中的流程优化、服务场景创新设计，以便在前端实现“不见面审批”“一网通办”等服务目标。

所以，无论是从一体化在线政务服务平台的发展轨迹，还是城市大脑、数字指挥舱的建设落地，可以看出，建立一个与实体政府机构职能、价值与目标映射的在线政府正在成为趋势；并且数字政府2.0的管理模式从“任务控制型”走向“利益协调型”，区别于传统模式的派发任务制度，数字政府2.0构建的管理体系更强调多方利益主体的共赢，政务服务机构在其中不再是一个任务发布主体，更多的是一个公共利益的协调者，通过在线反馈、互动与回应，最终找到多方利益平衡的最优解。

（二）数字政府2.0的模式重构

1. 来自云与智能技术的服务模式重构

基于云计算、人工智能、区块链等数字基础设施支撑，数字政府2.0时代的政务服务体验应该是从“千网一面”走向“一网千面”，政务服务平台依托于云端数据分析与智能服务模型，可针对不同区域、不同人群、不同时间等进行服务即时配置，以精准匹配用户需求。例如，当前各级省市依托于移动互联网、智能手机等打造政务服务 App、政务服务小程序，汇聚了高频便民应用或企业开办、税费缴纳等“人生大事”服务，以政务服务“网上办”“掌上办”与“一证通办”的形式，解决用户的“整个问题”。但是当用户面对无法快速搜索、推送和触达的海量服务内容时，将大大降低办事效率，因而，通过用户轨迹、位置服务、办事数据分析、用户画像等实时感知用户需求，快速推送与个性定制目标服务，正在成为数字政府 2.0 时代的主流服务模式。

2. 来自用户参与和机器智能的政民互动方式重构

从“最多跑一次”“不见面审批”到“一网通办”的发展轨迹可以看出，数字政务服务流程与体验优化的内在逻辑是通过用户与机器的交互和自助式设计，重构人与机器之间的关系，重建政民互动沟通的新秩序。在数字政府 2.0 时代，首先用户的在线办事、互动、咨询反馈行为构成了平台智能服务的数据训练的一部分，通过不断识别、判断和理解用户的在线行为与需求，形成对各类在线政务服务事项的反馈能力。其次是机器智能将成为数字政务服务产品策划与设计的重要考虑场景。数字政府 2.0 时代的服务应用均需考虑到在“无人”状态下的用户场景，如“无接触服务”“无人化审批”等。因此，虽然智能客服、政务服务机器人等尚未成熟，但已经预示了数字政府 2.0 的未来。

3. 来自大数据价值驱动的政府监管能力和手段的重构

“数字政府”2.0 建设的核心是数据治理。基于政务数据的汇聚、融合，对跨区域、跨部门、跨层级政务数据进行关联分析，提前研判“数字政府”治理服务的关联问题、复杂问题，重构治理服务和监管模式。随着都市圈、城市圈、湾区经济的发展，面对网络市场规范、网络黑产打击、网络舆情治理等新形势，跨区域的政府监管能力与手段需不断提升。例如，湖北省“互联网+监管”平台有风险预警系统，通过建立风险模型，利用风险预警系统对偷税漏税、非法医疗广告等进行研判、分析，全面提高监管工作的可预见性、及时性。

4. 来自数据开放与共享对政府治理与服务边界的重构

基于数据开放与共享为政务服务创新提供了基础性支撑，数字政府 2.0 时代的政府治理与服务边界正在被拓宽，政府机构在民生服务、社会安全、灾害预测、应急管理等领域的“常规性”创新动作已不能满足“风险社会”的未知需求。最具代表性的是疫情期间成为公众出行必备的“健康码”以及关系公众卫生安全的“口罩预约”，一方面代表了数字政府 2.0 时代的社会治理与服务模式的创新，由数据开放与共享带给公众获得感与安全感，另一方面也表明政府治理与服务边界正在模糊化，由一种自上而下的“条令式”服务，转换为一种面向公众需求的“响应式”服务。当然，要进一步提升数字政府 2.0 的效能与价值，仍需进一步加大政府数据开放共享力度，并将政府数据与商业数据、社会数据有序共享与融合，构成真正的“政府大数据”。

“互联网+”驱动的数字政府 2.0 发展不仅是一个技术赋权政府治理与服务的过程，同时也是政府治理能力从实体空间向数字空间延伸，从而推动建设模式、运营模式与管理模式创新的重要举措。目前，随着数字基础设施的不断升级完善，围绕“互联网+”的理念、技术与思维仍在不断进化，数字政府 2.0 的未来尚有巨大想象空间。

政府互联网服务能力的研究、评价与趋势[①]

成都经济信息中心 王萌森

对于电子政务的研究，我们已经持续进行了近20年。在这20年里，我国电子政务建设从政府上网工程走到了数字政府建设阶段，电子政务系统初步建成，政府依靠互联网为公众提供政府服务和履行政府职责已成为现实。党的十八届三中全会提出，将推进政府治理体系和治理能力现代化作为全面深化改革的总目标，政府治理的现代化与传统治理的一大显著区别就在于运用互联网、大数据等新一代信息技术实现科学决策、精准治理和高效服务。

在此背景下，为充分实现政府互联网履职，提升政府执政能力、治理能力和服务能力，需建立一套新的认知、导向和评价体系。电子科技大学公共管理学院和成都市经济发展研究院共同组建了该研究方向的专业团队，系统开展政府互联网履职能力研究，并率先提出政府互联网服务能力的概念和评价模型，然后建立了政府互联网服务能力的分析模型、评价指标体系、动态监测与大数据采集系统。

2018年电子科技大学智慧治理研究中心成立，其致力于推动政府互联网服务能力的定期监测和动态评价，同年5月举办的2018年中国国际大数据产业博览会上发布了国内首份《中国地方政府互联网服务能力发展报告》（图1），受到业界广泛关注和肯定，在中国社科院和社会科学文献出版社的支持下，2019年开始以蓝皮书形式出版（图2）。

① 本文部分内容参考《中国地方政府互联网服务能力发展报告（2018）》。

图 1　《中国地方政府互联网服务能力发展报告（2018）》

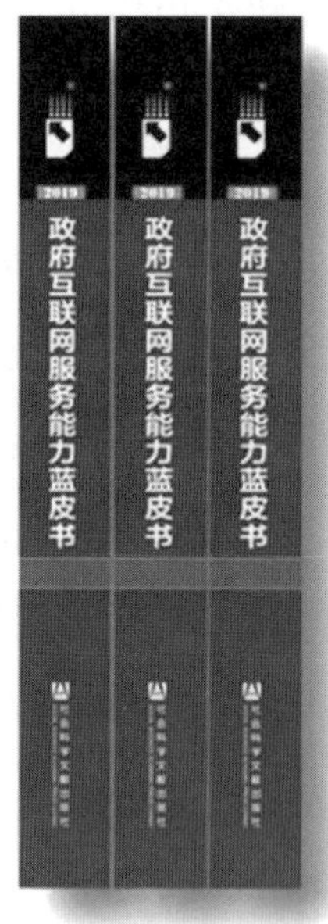

图 2　中国地方政府互联网服务能力发展报告

基于上述背景我们来探讨下政府互联网服务能力是什么？

一、政府互联网服务能力的内涵及构成

（一）政府互联网服务能力的内涵

政府互联网服务能力是指政府利用互联网、大数据、云计算、人工智能等新型信息技术手段，实现科学决策、准确治理、高效服务，提升人民群众获得感、幸福感的综合能力，是推进国家治理体系和治理能力现代化的综合体现（图3）。

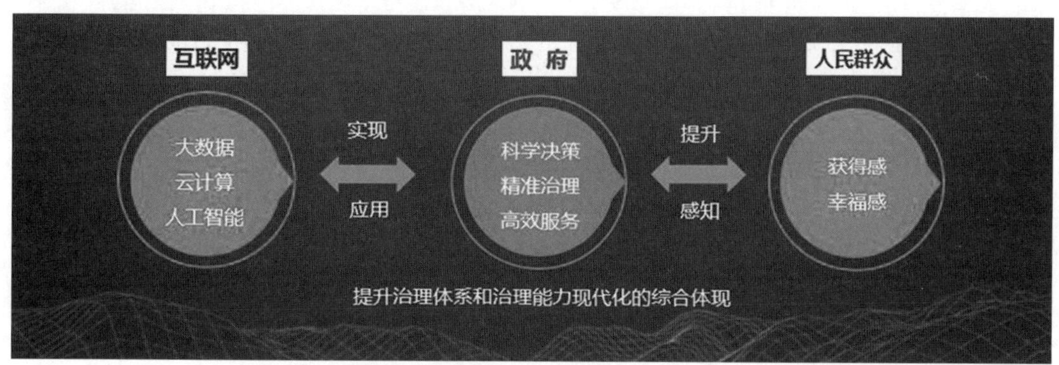

图3 政府互联网服务能力的内涵

（二）政府互联网服务能力的构成

基于政府互联网服务能力的内涵，其核心内容是通过信息和智能手段，实现基于公共服务需求的主动服务供给和精准响应。因此，可以将政府互联网服务能力分为服务供给能力、服务响应能力和服务智慧能力（图4），这三者之间相互作用，密切关联，反映了政府的整体绩效能力。

服务供给能力是指政府运用互联网主动提供服务的能力，是政府服务供给规范程度、协同水平和贯通效果的综合体现。它主要包括目录覆盖能力、应用整合能力和服务贯通能力。

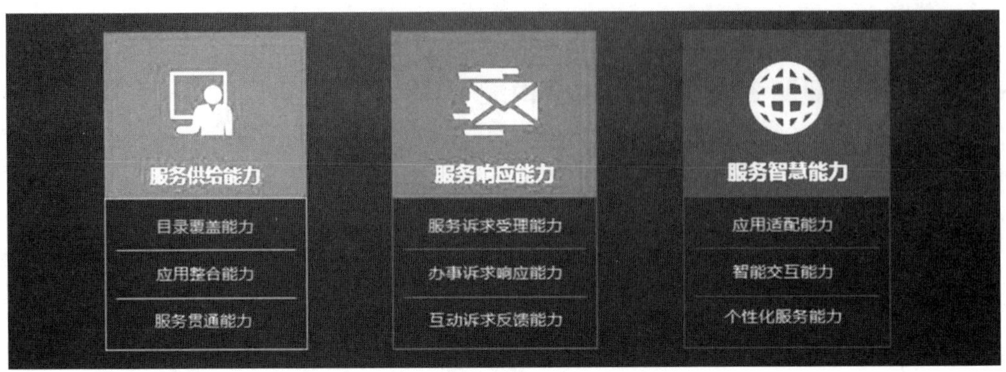

图 4　政府互联网服务能力的构成

服务响应能力是政府运用互联网渠道、回应公众和企业需求的能力，是线上渠道建设效果和线下服务整体水平的综合体现。它主要包括服务诉求受理能力、办事诉求响应能力和互动诉求反馈能力。服务智慧能力是指政府通过互联网满足公众和企业多元化需求的能力，是政府服务应用效果和智能化服务水平的综合体现。主要包括应用适配能力、智能交互能力和个性化服务能力。

二、政府互联网服务能力的研究、评价与趋势

结合 2019 年报告内容对政府互联网服务能力的研究、评价与趋势进行介绍。主要分为评价指标、评价结果、研究发现和发展趋势四个部分。

（一）评价指标

政府互联网服务能力作为新的命题，其评价无参考标准，需建立一套全新的评价体系。经过长期、反复的论证，依据国办近年来文件要求，提出政府互联网服务能力的评价指标体系，如图 5 所示。

一级指标	二级指标	三级指标
服务供给能力（40%）	目录覆盖能力（30%）	责任清单（25%）
		权力清单（25%）
		政府信息公开目录（25%）
		公共服务清单（25%）
	应用整合能力（30%）	平台整合能力（40%）
		平台应用能力（45%）
		数据开放（15%）
	服务贯通能力（40%）	社保领域（12%）
		教育领域（8%）
		医疗领域（12%）
		就业领域（8%）
		住房领域（8%）
		交通领域（8%）
		企业开办变更（16%）
		企业经营纳税（14%）
		创新创业领域（14%）
服务响应能力（40%）	服务诉求受理能力（30%）	互动诉求受理能力（50%）
		办事诉求受理能力（50%）
	办事诉求响应能力（35%）	网上政务服务办理一级标准（20%）
		网上政务服务办理二级标准（20%）
		网上政务服务办理三级标准（30%）
		网上政务服务办理四级标准（30%）
	互动诉求反馈能力（35%）	诉求回复响应能力（40%）
		诉求回复应用能力（30%）
		主动感知能力（30%）
服务智慧能力（20%）	应用适配能力（40%）	功能适配度（65%）
		应用拓展度（35%）
	智能交互能力（40%）	智能搜索能力（50%）
		智能问答能力（50%）
	个性化服务能力（20%）	定制服务能力（75%）
		智能推送能力（25%）

图 5　2019 年中国政府互联网服务能力的评价指标体系

2019 年政府互联网服务能力评价指标体系包括 3 个一级指标，9 个二级指标和 31 个三级指标，整个评价指标体系较 2018 年要求略有提高。对于评价的一、二、三级指标有各自的含义、逻辑、权重和算法。其中一级指标明确了评价的三大维度，也是政府互联网服务能力提升的三大动能，具有导向性；二级指标界定了评价的范围和边界，也是提高政府互联网服务能力的基本要求，具有权威性；三级指标明确了评价的规则和方法，也是政府互联网服务能力提升的主要点位，具有可得性。一、二、三级评价指标由虚到实，由粗及细，由浅入深，全面、客观、准确地反映了政府互联网服务能力。

需要特别说明的是，三级指标是总体的评价框架，原则上是不会做大的调整，2019 年也只是根据国家要求和各地发展情况进行了微调，每年均会进行较多调整和优化的是指标评价的点位。在三级指标之下，我们研究设计了 258 个评价点位，也就是数据采集点位，这些点位支撑着评价采集和最终结果产生。

1. 评价指标的特点

与其他评价方法相比，我们编制的评价指标体系具有三个明显的特点，这也是我们的重要创新点：一是价值引导上，做电子政务的院士们对政府网站绩效评估一定不会陌生，十多年来的政府网站绩效评估对电子政务的促进，特别是政府网站的发展方面功不可没，真正实现了以评促建。但其评估的是网上政府的总前台和政务应用的总集成——即政府网站，但没有办法对网上政府的互联网履职能力，及其真正的服务效果进行评价。政府互联网服务能力评价指标体系打破了传统的政府网站、政府信息公开等政府互联网服务的评价模式，将评价延伸至政府的“多网、多微、多端”的全互联网整体服务效能和履职能力，不仅考量了政府互联网前端服务的效果，还关注了政府自身的履职能力。我们在 2019 年的评价指标中强化了“多网、多微、多端”的要求，加大了权重，促进评价的全面性进一步体现移动互联网的价值。这里也说句题外话。

二是技术支撑上，政府互联网服务能力评评估需要将泛互联网数据作为监测采集对象，创新性地以互联网大数据监测分析为手段，结合机器自动、智能化采集与人工验证，实现评价数据的快速生成和检查回溯。充分运用技术手段挖掘和获取数据，使内容更加全面、客观。

三是创新引领上，政府互联网服务能力评价指标体系提出了前瞻性的评价指标，如“服务贯通能力”和“主动感知能力”等，并注重政府互联网服务未来的发展趋势和方向，包括主动化、智能+等，代表政府互联网服务在未来的新趋势和新方向。这是我们评价中的一些特色点位和原创评价点位，但这些点位都是可采可得，也是最契合政府互联网服务能力评价的。

2. 大数据采集

充分运用大数据是本评价指标体系与其他评价方法的重要区别，大数据采集也是评价的核心任务之一。大数据采集分为技术采集、人工采集两部分，其中技术采集点位达 72%。借助第三方专业大数据采集分析公司定制开发的数据分析工具，充分运用机器自动化、智能化、快速化、系统化的大数据技术采集手段是评价的重要创新点。这里需要特别说明的是我们数据支撑单位是中国领先的大数据解决方案供应商和我国首家纳斯达克上市的大数据企业——北京国双科技有限公司，为数据采集提供了全面而专业的支持，也保障了数据采集的科学性。其他采集点位和验证工作则是由电子科技大学公共管理专业（电子政务方向）硕士研究生和“互联网+智慧信息系统”实验班本科生集中完成。数据采集的流程如图 6 所示，现做一个简单的说明。

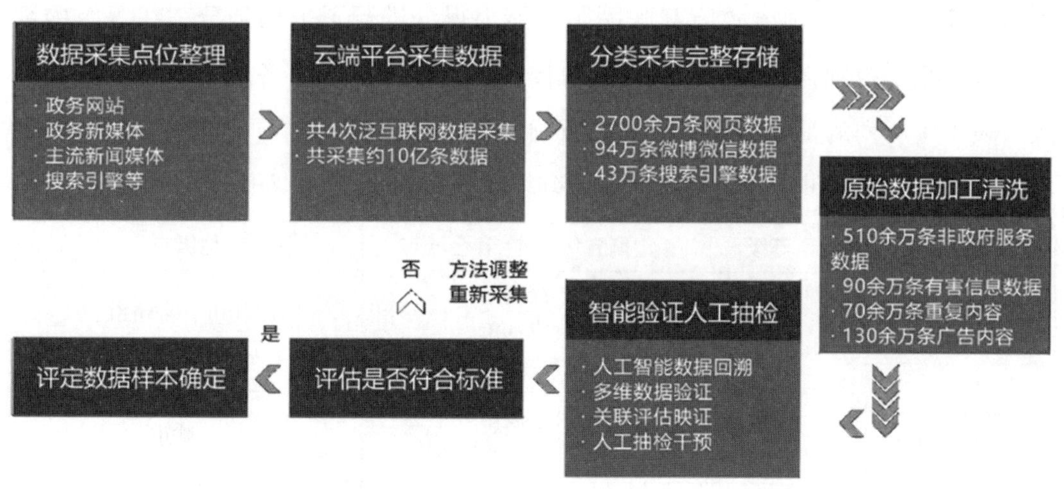

图 6　政府互联网服务能力评价数据采集流程

3. 数据计算

为保障评价结果的科学、客观和准确，本评价在数据采集、结果导出、数据分析等方面研究设计了科学的计算方法。一是数据采集上，本评价依托大数据监测采集系统，对 186 个技术采集点和 71 个人工采集点进行采集，通过递推计算、递归计算和分治法等对数据进行计算、推导和存储，并用人工智能技术验证这些结果。二是在结果导出上，研究设计了 20 多个计算公式，将根据该指标采集的 87342 份样本数据进行权重分值转换，形成评价结果（分值），并将这些结果按能力的等级排序。三是数据分析上，多维数据的计算采用差异趋势分析、聚类分析和描述性统计分析。支撑能力现状、区域特征、发展趋势等分析结论产生。

（二）评价结果

本报告的评价范围是全国 333 个地级行政区，通过差分趋势将中国地方政府互联网服务能力的评价分值由高到低分为创新领先、积极追赶、稳步推进、亟待发展四种类型，它们分别对应 A、B、C、D 四个等级如图 7 所示。其中，对 A、B、C 三个等级内的地方政府互联网服务能力得分进行了平均划分，在等级内部再分成三个子级别，并根据相应得分对样本进行分类形成了各地级行政区评价等级。表 1 中所列的是处于最高级别创新领先类中的城市。

表 1　中国地方政府互联网服务能力评价等级分类——创新领先类

类型	等级	副省级城市/省会城市	地级市
创新领先 [79.9，100]	A+ (83.17)	深圳市 成都市 广州市	阳江市、常州市、 江门市、莆田市
	A (81.54)	宁波市 贵阳市	宣城市
	A- (79.91)	武汉市	湛江市、宜昌市、宜宾市

其中处于最高级别创新领先类的是 14 个城市，处于 A+级的副省级和省会城

市为深圳市、成都市和广州市，地级市为阳江市、常州市、江门市和莆田市。

对于具体到 334 个城市分项得分和完整排名，在蓝皮书中是有完整发布的。对分类情况我们也进行了一个简单的梳理。具体内容见图 7。

A 创新领先类

14个地级行政区，约占总样本的4%，整体得分均在79.91分以上，其政府互联网服务能力位于A 类等级。

B 积极追赶类

203个地级行政区，约占总样本的61%，整体得分位于60.10至79.91的区间内，其政府互联网服务能力位于B类等级。

C 稳步推进类

103个地级行政区，约占总样本的31%，整体得分位于约46.09至60.10的区间内，其政府互联网服务能力位于C 类等级。

D 亟待发展类

14个地级行政区，约占总样本的4%，整体得分位于 46.09 以下，均为地市级城市，其政府互联网服务能力位于D 类等级。

图 7　中国地方政府互联网服务能力等级分布图

创新领先类别中有 14 个地级行政区，占样本总数的 4%左右，总体得分均在 79. 91 分以上；203 个地级行政区，约占样本总数的 61%，总体得分在 60. 10 ~ 79. 91 之间；103 个地级行政区，约占样本总数的 31%，得分在 46. 09 ~ 60. 10 之间；14 个地级行政区约占总样本的 4%，总体得分低于 46. 09 分。

具体到供给能力、响应能力和智慧能力三个分项能力上，2019 年数据显示，服务响应能力发展程度最高，均值为 25. 9（满分为 40 分）；服务供给能力发展程度次之，均值为 25. 3（满分同样为 40 分）；服务智慧能力发展程度最低，均值为 11. 8（满分为 20 分）。由此可见，服务供给能力与服务响应能力的发展程度相近，且得分率均超过了 60%，说明我国地方政府基本能够借助互联网等新一代信息技术为公众提供良好的政务服务，并及时响应公众诉求。相比之下，服务智慧能力的发展略有滞后，但与服务供给能力和服务响应能力的差距不显著。总体而言，中国地方政府互联网服务能力已取得了不错的成绩，但仍存在较大的提升空间。

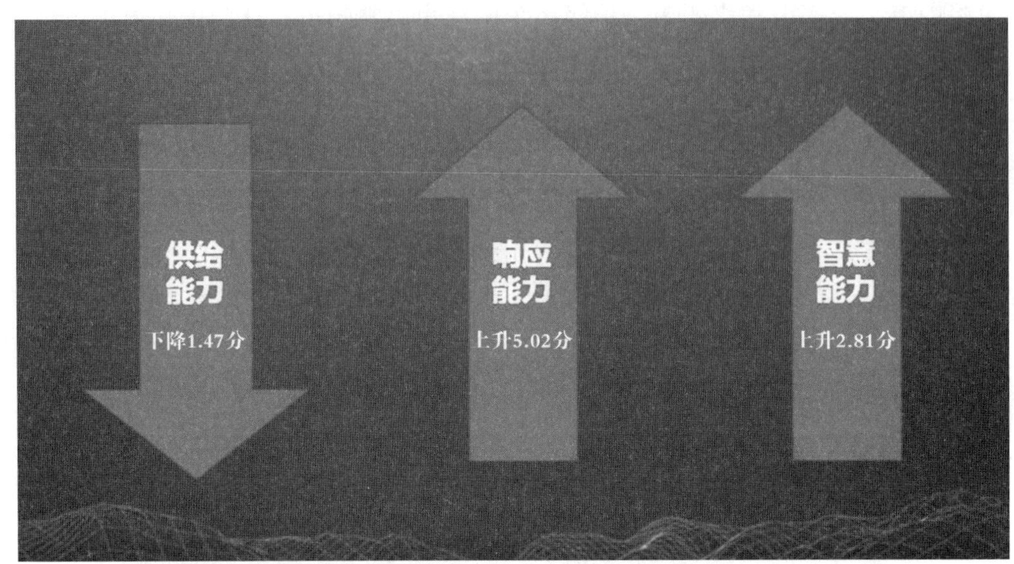

图 8　服务供给能力、服务响应能力与服务智慧能力年度变化

从三个分项能力的变化上看，服务供给能力在 2018 年报告均值为 26.77，2019 年报告均值为 25.3，出现了一定下滑，其原因主要是供给能力评价指标要求和标准相对提升较多，在供给能力发展已进入平稳期，各地供给能力方面的建设已基本完成的情况下，未能满足指标体系提升的要求。服务响应能力 2018 年报告均值为 20.88，2019 年报告均值为 25.9，出现大幅上升，其原因主要是我国各省的统一政务服务网建设进程加快且基本建成，平台进一步推动了互联网办事服务能力的优化，对响应能力有明显促进作用；服务智慧能力 2018 年报告均值为 8.99，2019 年报告均值为 11.8，出现了明显提升，其原因主要是随着新一代信息技术的发展，各地政府互联网平台的智能化水平得到了显著提升。具体变化分析在后面会分项介绍。

（三）研究发现

1. 中国地方政府互联网服务能力整体明显提升

从评价等级上看，创新领先类和积极追赶类的地级行政区增幅较大，整体发展向好。根据前文的数据可以看出，我国已有 14 个地级行政区进入创新先进区，202 个地级行政区进入主动追赶区，前两类的地级行政区占比达到 65%，在 2019 年评价标准有所提升的前提下，表明我国大部分地方政府的互联网服务能力已取得良好的发展。如图 9 所示，2019 年与 2018 年对比则更加明显，在 2018 年指标要求和等级分值提高的前提下，创新领先类地级行政区由 12 个增加到 14 个，增幅 16.7%；积极追赶类地级行政区由 165 个增加到 202 个，增幅 22.4%。但值得注意的是，亟待发展类地级行政区却由 8 个增加到 14 个，增幅 75%，说明部分地级行政区政府互联网服务能力在评价标准提高的情况下发展停滞不前，导致其掉入亟待发展类。

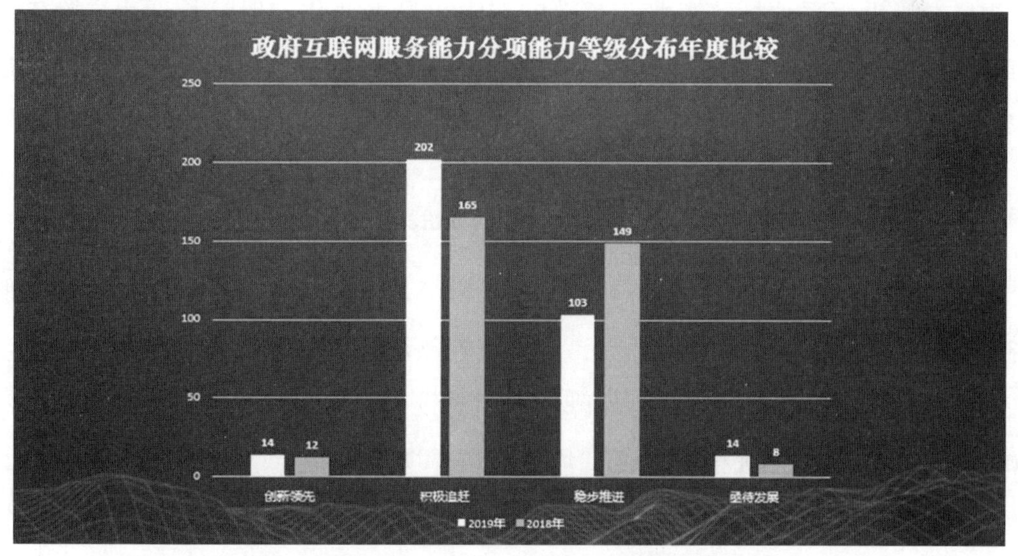

图 9　地方政府互联网服务能力等级分布年度比较

因原山东省莱芜市于 2019 年 1 月撤市改区，故 2019 年地级行政区样本数与 2018 年有差，2018 年为 334 个，2019 年为 333 个。

从分项目能力上看，响应能力成为整体提升的重要因素，随着 2018 年各省级政务服务平台的建设，服务响应能力提升较快，表明我国“互联网+政务服务”推进工作取得了显著成效。从排名上看，地级行政区分值与排名变动较为明显，表明大多数地级行政区域在提高互联网服务能力方面做了大量工作，国内各级地方政府互联网服务能力建设仍处于探索和调整阶段。这里可举几个排名变动较大的例子，如宜昌市在 2019 年的排名提升了 171 位，位居全国 12，如芜湖市在 2019 年的排名提升了 220 位，位居全国 18 等。这两个城市在这两年间开展了卓有成效的工作，提升了政府互联网服务能力。宜昌市和芜湖所属的安徽省在蓝皮书的区域篇中也有专门的研究分析。

2. 中国地方政府互联网服务区域差异缩小

从区域发展上看，东部地区依然处于领先位置，但是中西部地区与东部地区的差距在减小，特别是随着安徽、湖北等省的迅速提升，中部地区的互联网服务能力已经接近东部地区。东北与东部的差距无显著变化，但是长春市、哈尔滨市、大连市等城市排名略微下降。总体上，西部地区的互联网服务能力已经超过东北地区。

3. 服务供给能力持续优化，政务新媒体发展迅速

服务供给能力整体变化相对较小，绝大部分地方政府都在持续努力以实现服务供给的规范化。从细分领域上看，民生服务领域的服务供给能力要好于企业生产经营领域，例如，住房与社会保障领域相对较高，均值得分率分别为 82.81%、80.21%；企业建设领域相对较低，均值得分率为 59.77%。在政务新媒体方面，从应用整合能力指标得分可以看出，全国 297 个地级行政区的移动应用渠道得到了拓展，应用的总体普及率达 88.92%，但各类移动应用的整合能力还有待进一步提高。

4. 服务响应能力明显提高，省级政务平台作用明显

如前所述，服务响应能力得分在 2019 年显著提高，均值得分与上年相比增幅达到 25.1%，已超越服务供给能力的得分。经分析发现，这与各地省级政务服务一体化平台建设密切相关，一体化平台建设较早、机制较完善、功能较先进的广东、浙江、江苏、福建等省的服务响应能力得分也较高。2018 年应该算是省级政

务服务一体化平台的全面建设年，除港澳台外的31个省级行政区均建成开通一体化平台，对地区整体服务响应能力发展水平提升作用显著。

值得一提的是，安徽省政府互联网服务能力总体提升较快，主要是在于服务响应能力的提升，安徽省服务响应能力得分均值为33.07，为省级最高，比上年上涨了40.9%。经过同步对比了国家行政学院2019年的省级政府网上政务服务能力调查评估报告，安徽省的得分和排名也有显著提升，其得分超过90分，进入了最高等级，与研究结果不谋而合。这也说明近年来安徽省在提升网上政务服务能力所取得的显著效果，在蓝皮书的区域篇也对安徽省进行了专项分析。

5. 服务智慧能力较大突破，应用效果需持续优化

总体上看，服务智慧能力有较大程度发展与突破，在评价指标点位增加，评价要求提升的前提下，服务智慧能力得分均值为11.46，比上年增长27.47%。有144个地级行政区增加分数超过1分，60个地级行政区实现零的突破。从具体评价指标上看，智能搜索与问答成趋势，但效果差异性较大，全国333个地级行政区中有149个已开通智能问答功能，较上年增长50%。但能准确回答抽样问题的仅有16个城市，占已设立智能问答系统城市的10.7%，比如我们在数据采集时发现，很多城市的智能问答系统只是简单的关键词查询对应系统，并不能实现语义分析和机器学习的功能，同样的问题转换一种问法就无法给予准确回复。比如落户和入户，户籍和户口等相近的政务服务办理词语，其给出的回复甚至完全不同。

另外，个性化管理与推送仍待进一步优化，与网民的需求仍存在一定差距。在已建立用户管理系统提供服务的地级行政区中，大多仅能实现收藏和分享等简单应用，基于用户个人历史痕迹实现个性化界面和实时推送等商业互联网平台已广泛应用的个性化功能，在333个地级行政区中仍还未发现值得推崇的典型案例。

（四）发展趋势

报告数据和研究表明，服务供给目录化、清单化、标准化在各地政府探索

实践中形成共识；建设大平台、汇聚大数据、提供大型服务在地方政府互联网服务供给中已初现成效。然而，政府互联网服务能力不仅仅是政府网站或政务平台服务，而是实体政府和整体政务的概念，是新时代政府履职所必备的能力，是治理能力现代化的要求。政府的互联网履职在后端需要新一代信息技术的支撑，在中端通过大数据治理，为服务前端呈现和决策出台提供支撑。在前端是政府门户网站的展现，网站既是地方政府互联网服务的总前台，也是各类政务应用的总集成，也是技术和数据价值的集中体现。所以，技术平台，数据应用和服务前端是一个整体，可达到服务规范、数据汇集、技术集约的良好效果，也就是图 10 所呈现的关系。

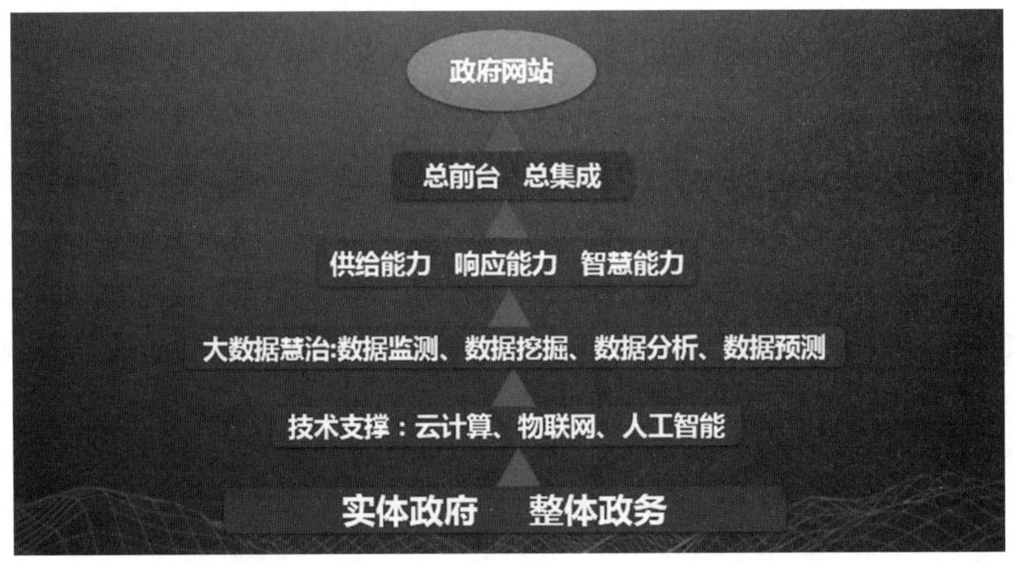

图 10　门户前台、数据中台与技术后台的关系

但现阶段大多数地方政府互联网服务的技术平台，数据终端和门户前台的仍是各自为阵的状态，缺乏共享、融合，政务服务效能受到较大制约，也影响了政府互联网履职能力。比如海量的互联网大数据就在那里，但如果没有技术的支撑，数据的价值就无法得到挖掘，同时数据经过了技术处理，产生了价值，但如果没有转化为前端的服务供给优化和决策支持，数据的价值也没有得到发挥。因此，中国地方政府互联网服务能力的整体发展趋势应该是地方政府的门户前台、

数据中台、技术后台将全面融合以支持服务供给一体化。具体的说，分为三个趋势，如图 11 所示。

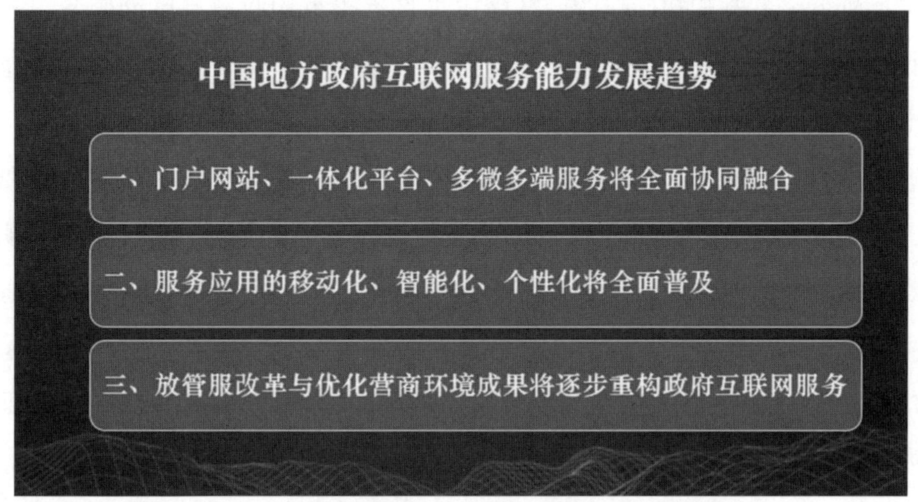

图 11　中国地方政府互联网服务能力发展趋势

一是门户网站、一体化平台、多微多终端服务将全面协同集成。

报告数据和研究揭示，政府互联网服务能力建设领先的地方政府都有着共同的特征，即线上线下服务协同较好、跨部门跨平台服务协同较好、以用户为中心的全链条服务较完备，协同化、融合化服务成效显著。政府互联网服务能力最终体现的是政府整体服务支持能力，作为一个服务端，不仅是把渠道开通就行了，内容不融合，平台不集约，服务不统一，对政府履职的支撑仍然有限。所以，服务规范性，标准化将成为政府互联网服务建设的重要要求，政府门户网站，政务服务一体化平台，政务新媒体的建设发展进一步协同融合，趋向一体化发展已成显著趋势。

二是服务应用的移动化、智能化、个性化将全面普及。

报告数据和研究显示，虽然服务智慧能力仍处于探索阶段，与商业化应用差距较大，但满足以公众对政府互联网服务移动化、智能化、个性化已成为广泛需求，随着新一代信息技术的深入应用和持续优化，以及国办对政务新媒体和智能化应用的明确要求，政府互联网服务要求将从全面性、覆盖度逐步转向便利性、智慧度，将被动服务转为主动服务，服务应用的移动化、智能化、个性化全面普及已成为必然趋势。

三是放管服务改革和优化营商环境成果将逐步重构政府互联网服务。近两年来，党中央、国务院坚持以深化“放管服”改革为抓手优化营商环境，各地也在深入推进“放管服”改革，进一步优化营商环境，形成了一大批优秀成果。因为“放管服”改革和营商环境优化的成果不仅仅是以往服务改革中办理调整和流程优化，而是对服务流程的再造和整体业务的调整，比如服务事项的合并、取消，对政府职能的转移调整等，是真正革命性的改革，很多成果甚至已写入当地政策法规。国家层面近年来也出台多个文件，对各地放管服改革和营商环境成果进行推广落地，如国办函 46 号文和国办发 104 号文，特别是国办函 89 号文，即《国务院办公厅关于做好优化营商环境改革举措复制推广借鉴工作的通知》，明确对全国各地复制北京市、上海市营商环境改革的典型经验做法提出了要求，各地也必须落地这些改革措施，如图 12 所示。

图 12

我们在 2020 年的报告中专门设置了“放管服”改革和营商环境的专题分析，在评价指标中也设置了多个相关点位，如企业注册开办流程中评估企业注册的核名环节，是否按国家要求由企业名称预先核准改为企业名称自主申报；比如企业注册刻章环节，是否按国家要求由审批改为备案等。但从数据采集结果看，核名点位得分率仅为 25.2%，刻章点位得分率仅为 19.5%，这说明在政府互联网服务平台上对国家“放管服”改革和营商环境优化的响应不够及时，实施效果不同步，存在滞后性。

近年来国家和各地大力推进“放管服”改革和营商环境优化，是对服务理念、内容、方式和效果的调整与重构，政府的互联网平台与渠道也必须进行相应调整和支持，如北京的“E 窗通”，上海的“一窗通”服务平台等，均是对营商环境优化的互联网支撑。可以这么说，如果各地方政府互联网服务没有支撑“放管服”改革和营商环境优化所产生的变化，没有承载政务服务的重构调整，其政府互联网服务能力建设也将受到严重影响，将迅速落后于先进城市。

政府互联网服务能力建设是一项任重道远的伟大工程。中国地方政府互联网服务能力监测与评价也是一项需长期、持续开展的重要工作，专项研究团队将长期致力于此项事业。我们将坚持按照高标准，每年出版发展报告蓝皮书，并根据地方政府互联网服务能力发展状况、国家政策文件相关要求、地方政府意见建议等，深化分析研究，细化数据采集，优化评价指标，提升报告的科学性和全面性。

政府互联网服务能力监测与评价是一项创新的、融合的、复杂的工作。信息化发展对政府治理能力的支撑日新月异，各地方政府的探索创新不断涌现。为进一步做好监测与评价，全面推进各地方政府互联网服务能力建设，我们希望得到众多研究者和实践者的建设性批评意见，为我们的研究提供支持。

不积跬步，无以至千里，不积小流，无以致江海，我们埋头研究，不断积累，就是希望通过开展中国地方政府互联网服务能力监测与评价，推进以评促建，能真正为各地建设网上政府、强化网络履职、深化智慧治理提供指引和导向。

政务服务"好差评"平台建设的价值、影响与路径

智政院原创

李克强总理在2020年两会政府工作报告中指出："建立政务服务'好差评'制度，服务绩效由企业和群众来评判。政府部门做好服务是本分，服务不好是失职。"随后，浙江、江苏、贵州等数字政府建设的头部省份陆续推出了政务服务"好差评"评价体系及平台。《国务院办公厅关于建立政务服务"好差评"制度提高政务服务水平的意见》（国办发〔2019〕51号）（下称《意见》）的发布，围绕"好差评"工作对政务服务标准、事项、要求、渠道、结果等进行了系统性的安排，社会化、开放式、感性与理性结合的评价体系设计，标志着我国政务服务的"能不能用""好不好用"与"爱不爱用"开始真正具备了强有力的抓手，也意味着政务服务开始进入用户评价倒逼与反哺创新的新阶段。

当前，"互联网+政务服务"已经进入深水区，从新闻媒体报道可以看出，个别地区甚至出现"创新乏力""口号优于行动""部门兴奋、用户无感"的现象。越来越多的创新需要靠自身摸索、自身定义以及自身判断，能否将用户意见与需求更好地纳入政务服务的创新发展过程中，已经显得迫在眉睫。自从浙江政务服务网开启了"星级服务"与"在线评价"的先河，目前已上线的政务服务平台基本都将用户评价作为"标配"，但用户评价目前在政务服务的发展过程中到底拥有怎样的角色和价值，这一点尚未可知。是作为一种暗示用户主权的"增值性"

设计，还是作为考核服务提供方的依据？这一点是值得仔细研究和思考的。因此，《意见》的发布实际是将政务服务“好差评”朝向制度化、规范化的方向推进。

“好差评”制度是一种“始于获得感，终于获得感”的政务服务评价机制，也将在某种程度上作用于政务服务产品的设计、运营以及创新。“好差评”制度将重建政务服务价值坐标与创新评价机制，依靠单向度的机构打分、指标打分已无法满足或填平用户实际使用绩效的鸿沟。通过用户和企业考查政务服务的“能不能用、好不好用”，也是政务互联网思维的应有之义。

一、《意见》值得关注的有关政务服务的四个“小细节”

《意见》除了针对“好差评”工作开展提出具体操作要求与规范外，其中有四个标志未来政务服务走向的“小细节”尤其值得关注。

首先，作为一份“好差评”评价工作推进要求的文件，《意见》中 105 次提到“服务”，对政务服务的标准、事项、要求、渠道、结果等进行了详细的工作部署。因此，对“好差评”评价工作的本身而言，绩效考核及结果公示只是手段与工具，根本核心仍是提升政务服务的水平与质量，各级政务服务管理机构需对“好差评”评价目的与结果统一认识，方能在评价数据结果的运用上不变形。

其次，《意见》指出，文印、传真、邮寄等配套服务，需要收费的，要合理设定并公开收费标准。本内容在“好差评”工作文件中提出显得“颇有意味”。参照现实情况来看，本轮放管服改革的推进确实推动政务服务机构在行政行为、模式、体验等方方面面进行了大幅跃升，在建设“以人民为中心”的政府上取得了诸多创新成绩。其中曾备受关注的就是不少步伐较快的政务服务机构提出的“零材料”“零费用”“零跑动”，其中“零费用”涉及到文印、传真、邮寄等服务，这些服务按照市场逻辑是政府为了提供更好的服务体验而主动让渡或免费为个人或法人做的“增值服务”，也是各地在政务服务的“极限式创新”或“微创新”方面推出的标志性服务。从本《意见》内容来看，为照顾全国政务服务机构的整体发展水平与创新发展基础，并不全面提倡“免费”，而是按照相应标准和条件自主设计服务模式。

再次，《意见》要求，针对“好差评”评价内容的参与和填写工作，偏远地区和基层服务点等暂不具备条件的，应提供书面评价表格。对“好差评”参与方式的要求实质涉及到政务服务的“数字鸿沟”问题。由于偏远地区与基层服务点的受众对象可能并不具备熟练操作网络平台的数字素养，以及顺利进行在线点评的网络或设备条件，书面评价或许是最符合现实条件的一种选择。但是，值得注意的是，对“好差评”书面评价数据的过程监督、数字化录入以及统一平台汇总等，需要建立完善规范的流程，否则来自线下评价的书面评价数据的质量将值得斟酌。

最后，《意见》指出，针对“好差评”评价内容，核实为误评或恶意差评的，评价结果不予采纳，并通报同级政务服务管理机构。目前个别网购平台、生活电商平台及网络卖家为了快速提升自身的好评率，以此占据更好的流量位置与成单率，不惜重金去“刷好评”，也有网购用户因在购物过程中与网络卖家发生分歧或同业畸形竞争，最终不惜雇佣专职“差评师”对目标商家或产品进行恶意差评。网络空间生态的鱼龙混杂让我们不能否认和回避此类现象的存在，而对于政务服务而言，“恶意差评”将不仅是对服务内容或单位的个体伤害行为，甚至可能引发公众对政务服务口碑与品牌的群体性误解。因此，在充分利用互联网思维推进在线政务服务工作的同时，有效地规避与降低网络效应带来的“灰尘”与糟粕也显得十分必要。

二、《意见》对政务服务的未来发展价值与实施路径

第一，《意见》要求对政务服务要实现“一次一评”“一事一评”，并对差评进行100%回访与整改。就目前而言，为何大多数政务服务平台的评价区比较“冷清”，原因是政务服务机构将用户评价视为一种“互动方式”，而不是一种“生产方式”（通过用户评价内容来发现和激励创新），从而导致对用户评价的重

视程度、应用方式与管理机制都缺乏相应安排。强调全覆盖、无死角的"好差评"评价体系，本质是构建一个全国性的政务服务运营数据晴雨表，可以更为直观、客观地反映出政务服务改革的成效与表现。

第二，《意见》要求，2020 年底前，全面建成政务服务"好差评"制度体系，建成全国一体化在线政务服务平台"好差评"管理体系，各级政务服务机构(含大厅、中心、站点、窗口等，下同)、各类政务服务平台（含业务系统、热线电话平台、移动服务端、自助服务端等，下同）全部开展"好差评"，线上线下全面融合，实现政务服务事项全覆盖、评价对象全覆盖、服务渠道全覆盖。并且，要求更好地发挥中国政府网的政务服务投诉建议功能。由此可见，"好差评"管理体系的建设一定程度上是一体化政务服务平台的建设成效与运营绩效的保证，是政务服务在用户端设立的一道防线，通过多维度、立体化与全方位的评价入口覆盖，弥补在在线政务服务快速发展期的盲点。

第三，《意见》还提出，各部门直属机构进驻地方政务服务大厅办理业务的，原则上应当通过所在地区"好差评"系统接受评价。这其中的涵义是什么？从目前政务服务机构的工作推进情况来看，部门机构进驻政务服务大厅但"人在心不在""线下进驻、线上割裂"的现象依然存在，导致重复填报、重复录入等情况时有出现，主要是政务信息系统之间的共享规范、标准及意愿存在不一导致的。要求部门直属机构通过地方"好差评"系统接收评价，从一定程度上可以疏导、缓解和倒逼系统割裂的局面，从用户评价端出发，推动受理端、审批端的数据融合。此外，统一评价入口更便于对评价数据进行分析、挖掘与管理，从而提升整个区域的政务服务水平。因此，"好差评"评价平台的建设与数据运用，将成为提升一个区域政务服务体验、质量与能力的重要杠杆。

除此之外，国办发布的《全国一体化在线政务服务平台政务服务"好差评"系统建设方案》(下称《建设方案》）更是给出了具体的执行操作路径。

首先，《建设方案》要求建立三级覆盖的"好差评"系统，同时对每个层次的功能与作用分别做出了界定。国家政务服务平台"好差评"系统的主要职能是"数据归集、反馈分析和投诉通道开放"；国务院有关部门政务服务"好差评"系统可以在线上线下实现“差异化”推进。具体操作方式为，本部门办事事项在线上隶属目标政务服务平台，可调用本部门的“好差评”系统评价入口；本部门办事事项进驻地方政务服务大厅的，科调用属地的“好差评”系统统一评价页面；此外，“好差评”系统主要由省级政务服务平台统筹建设，各地区必须完成与国家政务服务平台“好差评”体系的对接，同时，允许相关部门、地市等自建“好差评”系统，并与省级平台对接。

其次，在评价范围方面，除政务服务事项的办件、办事指南、服务应用外，《建设方案》指出，鼓励各地区各部门充分考虑地方个性化需求，拓展评价范围，实质是在确保“好差评”的规定动作的前提下，各地区可以拓展“自选动作”。其原因是随着互联网+政务服务的发展深入，各地区的发展基础、服务环境、办事特色、用户偏好等逐步呈现出区域性特征，依靠一把尺子很难满足所有用户的评价需求，也难以真正反映出地方性的政务服务实质水平。因此，通过拓展地方个性化评价需求，不仅可以调动办事群众的评价参与积极性，同时也可以更好地提升评价数据的质量。

再次，在评价内容上，除了《意见》要求的“非常满意、满意、基本满意、不满意和非常不满意”五个评价等级之外，《建设方案》还在评价内容方面设计了基础测评和扩展测评两个模块。其中，基础测评内容全国统一，扩展测评内容各地区各部门可自行选择。从具体评价内容而言，基础测评的内容构成实质是以“最多跑一次”“一网通办”相关文件要求为指引，以“一窗”“一表”“容缺受理”“无证明办事”等热点改革方向为核心的测评模型，在评价模式上偏理性、宏观。扩展性测评内容则更显得具象化、感性化，更关注办事对象的实质感受，比如对服务态度、手机办事、跑动次数等的评价。此外，当前各地区各部门互联网+政务服务发展水平处于非均衡状态，在数字化、自助化、“不见面”等办事模式与体验上仍有差距，推行各地区对扩展测评内容的自选可以规避有违发展实际的情况出现。

三、政务服务“好差评”平台的规划、建设与运营案例解析

推进政务服务“好差评”评价工作是一个系统性工程，不仅需要考虑评价工作落地的“可行性”——评价指标、方式是否具有实操性，还需要考虑评价参与对象的“可达性”——评价主体是否可以随时随地通过相应入口参与，更需要考虑评价结果数据的“可用性”——评价结果数据是否真正可用于政务服务工作的优化与创新。

以江苏省为例分析，围绕省级政务服务“好差评”工作开展，智政院认为，首先需要建立“好差评”三大支撑系统，一是评价采集系统。包含线下采集渠道、线上采集渠道与12345热线回访通道。二是评价管理系统。建设全省统一的政务服务“好差评”评价管理系统。按照国家平台标准和省情实际，集成开发指标管理、窗口管理、督办优化、二维码管理、异常处理、接口管理、系统管理等功能，对接评价采集系统和效能分析系统，实现对政务服务“好差评”的基础功能配置和运行管理。三是效能分析系统，即建设全省政务服务“好差评”效能分析系统。以全省12345政情民意分析平台为依托，利用统一的“好差评”数据和全省汇聚的政务服务数据，通过大数据引擎和重点专项监督，实时量化分析跟踪，形成各类可视化主体，对内督办促进服务提升，对外发布提供社会监督。

围绕《意见》的核心要求，“好差评”平台建设需明确“三个要求”与“四个统一”。“三个要求”是指，服务评价的全渠道，评价入口触达线上线下的所有节点，便于用户随时、随地进行评价；事项评价全过程，不仅是服务一次、评价一次，从发起一项办事流程开始，用户针对办成一件事的每一个环节都可以进行评价；评价对象全覆盖，针对不同办事对象和人群，需建立无障碍的全覆盖评价通道与方式。

“四个统一”是指，统一标准，即对评价指标、评价页面规格、评价接口标准等需进行统一，以打通各个平台、各个层面的评价平台入口；统一评价，即评价事项、内容、要素与对象等需进行统一；统一分析，即应对评价数据结果进行

统一维度的分析，真正体现出评价数据反哺服务的价值；统一排名，即对“好差评”的结果数据按照同一事项、同一层级和同一维度进行排名。

围绕“三个要求”与“四个统一”，省级政务服务“好差评”评价平台如何构建？以江苏省为例，首先在评价指标设计上，在国家平台要求的标准基础上，江苏新增了本地特色指标，做到在每一个评价入口，评价指标均可进行自定义，以满足不同事项与不同用户的需求。其二，统一评价页面标准，对 PC 端、窗口 PAD 端、大厅一体机、移动端评价页面等制定标准，推动用户的跨平台评价在用户界面上无落差，保障用户体验的流畅性。其三是实现全面的评价渠道覆盖，江苏省目前已提供实体大厅、窗口 PAD 端、12345 热线、服务网点、自助终端、短信、移动端 App、小程序（微信与支付宝）等 9 类评价入口，其中目前江苏省、市两级办事窗口均已做到类似银行大厅服务——通过窗口 PAD 端实现对办事环境/氛围、办事态度与办事内容的即时评价，不仅可以即时手动点评，还可以扫码离场点评，此种“好差评”模式下一步还将延伸到区县办事窗口。其四是实现“好差评”评价分数的公示与申诉结果多个渠道公布，实现用户评价输入与平台反馈的实时化、公开化；其五是打造以评价驱动督办、整改、反馈、优化的全流程正向循环机制，对于差评内容，省级部门开展督促整改，并对整改结果进行反馈。最后是提升用户参与深度。江苏省在推进“好差评”工作方面，不仅通过省内报纸、电视、广播及新媒体对“好差评”工作进行全面推广，而且在各级政务服务大厅及办事点设立易拉宝宣传，以提升“好差评”工作的社会关注度与用户参与度。未来还将鼓励公众参与有奖评价，通过发展政务服务社会监督员，以促进“好差评”评价质量提升与建立办事评价常态化机制。

除了前期的标准、要素与机制设计，中期的过程执行与细节落地，后期对“好差评”数据的结果分析也显得尤为重要，通过江苏省政务服务“好差评”平台数据结果运用来看，其价值运用主要呈现在四个方面：

（1）通过数据提升服务绩效：主要从窗口、窗口人员、事项、应用等差评数、好评率、好评数等角度进行统计分析，也包括从事项评价维度，如服务内容、服务态度、服务事项、服务效率、办事流程等，分析好评原因、差评原因，对不同维度、不同地区进行排名。

（2）通过数据增强服务能力：主要包括全覆盖（窗口、应用、部门、人员、事项）、全流程（从事项设立、应用上线、办件服务、证照共享、结果送达进行闭环评价），全渠道（PC 端、窗口 PAD 端、App、小程序、二维码、短信、服务热线、自助终端等），通过对不同入口、不同环节、不同内容的“好差评”数据进行分析，进一步优化和提升评价的有效性。

（3）通过数据督办优化绩效：对政务服务的差评回访、督办及原因进行分析，统计差评率、整改率、回访率、回访好评率；对各个地区差评整改情况做一个梳理和对比。政务服务的差评率及情绪反映将成为一个地区政务服务晴雨表，可针对政务服务的痛点、难点和堵点进行针对性的专题研究与服务改进。

（4）通过数据反哺政务创新：统计各地区、各部门汇聚的“好差评”数据，对数据的渠道进行分析、对数据的质量等监控分析，不仅为政务服务的未来创新决策提供数据依据，同时还能通过图解、新媒体等表现形式更有效地与用户产生连接，推动用户参与政务服务创新流程。

从政务服务平台建设与政务服务事项上网的“平台化”阶段，到政务服务流程优化与“一件事”设计的“产品化”阶段，再到全面推进政务服务“好差评”的“口碑化”阶段，中国的互联网政务服务正在由管理驱动向用户驱动转型，以政务服务“好差评”为抓手的用户意见的价值与影响正在不断凸显。这也是“互联网+政务服务”发展近五年以来，“用户思维”在政务服务领域的再一次自我刷新。

从建设运维到运营服务 互联网+政务服务的“千人千面”转型

智政院原创

一、政务服务建设现状

从2014年6月25日浙江政务服务网正式上线，至今政务服务网发展已经5年时间。

《省级政府和重点城市网上政务服务能力调查评估报告（2019）》发布的数据显示：“截至2018年12月31日，我国32个省级政务服务平台体系已经建成，其中30个地区按照标准化、集约化的要求，构建了省市县三级以上的一体化政务服务平台；2018年底，各省级政务服务平台可提供1481个省本级部门涉及行政许可、行政给付、行政征收、行政确认等10类10万余项政务服务事项服务。”

二、存在的问题

在“互联网+政务服务”工作取得积极成效的同时，各地区、各部门在工作中还面临着不少难点堵点。网上政务服务供给的部门式、层级式服务模式仍未被有效打破，造成了群众办事“进多站、跑多网”等“信息迷航”问题，企业和群众的获得感仍需不断提升。

如何从海量数据中快速便捷享受到政务服务是一个重要课题。

三、政务服务网从建设运维到精细化运营不断优化

（一）企业生命周期

图 1 利企便民五大类主题服务

图 1 是某地政务服务网提供的利企便民五大类主题服务，使用中可根据实际运行情况不断地调整、优化，用户既可以根据自己的公司类别快速选择相应服务，也可以根据企业生命周期（企业设立、变更、注销）选择需想要的服务。

针对热门的企业办事事项单独梳理出来，企业群众可直接点击进入直接办理，鼠标放到下方短线处，可出来更多的主题事项，可快速进入办理该事项。

页面如图 2 至图 6 所示。

个人服务 | 法人服务　　更多

办理企业注册
内资企业设立登记
名称核准

制作公司印章
印章备案首次刻章

办理公司银行账户
银行账户开户许可证核发
办事指南

办理税务登记
办理税务登记
税务办税服务厅

公司机构备案
个人独资企业备案
合伙企业备案

企业变更
外商投资企业变更登记
企业名称变更

图 2　法人服务

企业注册

设立登记　变更登记　注销登记

公司设立登记　　个体工商户登记（开业、变更、注销）
分公司设立登记　　非公司企业法人开业登记
营业单位及非法人分支机构开业登记　　个人独资企业设立
个人独资企业分支机构设立　　合伙企业设立
合伙企业分支机构设立

图 3　企业注册——设立登记

企业注册

设立登记　**变更登记**　注销登记

公司变更登记　　分公司变更登记
非公司企业法人变更登记　　营业单位及非法人分支机构变更登记
个人独资企业变更　　个人独资企业分支机构变更
合伙企业变更　　合伙企业分支机构变更

图 4　企业注册——变更登记

企业注册

设立登记　变更登记　注销登记

公司注销登记　分公司注销登记

非公司企业法人注销登记　营业单位及非法人分支机构注销登记

个人独资企业注销　个人独资企业分支机构注销

合伙企业注销　合伙企业分支机构注销

图5　企业注册——注销登记

图6　设立登记服务

在政府服务网的建设运维过程中，还做到了精细化运营的优化。如对用户的主动推荐事项及个性化服务等。

1. 主动推荐事项

感知用户潜在需求，生成该用户感兴趣的服务列表，并主动推荐给用户，实现注册用户的个性化智能推荐。

2. 个性化服务推送

个性化服务推送功能是基于用户画像和用户行为分析获取的用户特征，通过分析用户的计算机行为，来确定用户的类型，定位用户属性，从而实现对用户进行属性归类，为不同类型、不同需求的用户提供进定向的精准化服务推送，感知用户潜在需求，生成该用户的推荐服务列表，主动推荐给用户感兴趣服务内容。

（二）个人生命周期“人在证途”的图表

开发人员绘制了一幅“人在证途”的图（图7）。办这103个常用证件，需要60个单位，100多个章，28项办证费；户口簿提交37次，照片提交50次，身份证提交73次。

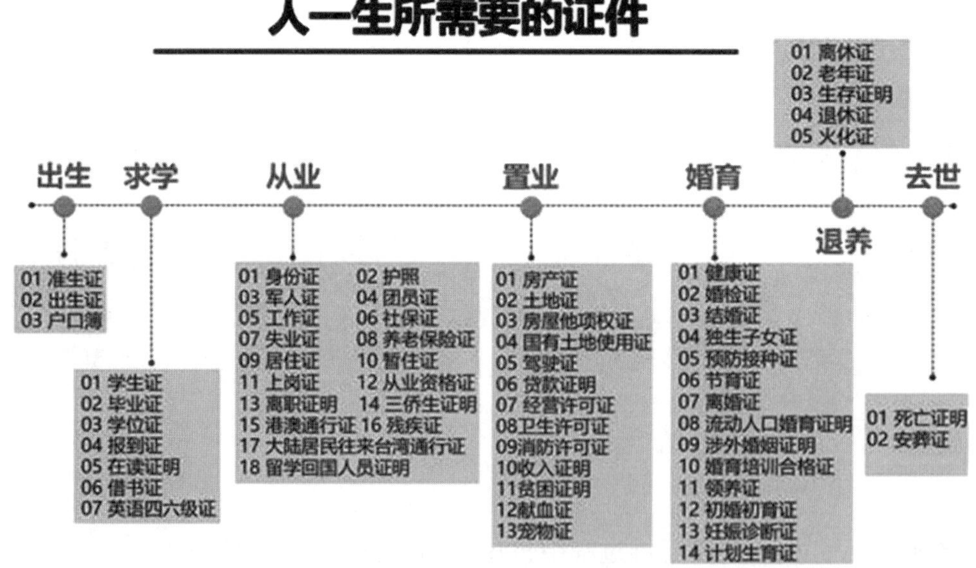

图7 “人在证途”图表

四、“千人千面”建设展望

“千人千面”的精细化运营是一个大趋势，“千人千面”就是个性化标签，可以借鉴电商的“千人千面”建设思路来完成互联网+政务服务的“千人千面”转型（图8）。

“千人千面”集合买家过往的一切数据，分析判断出买家每一次访问购买意向，购买记录，于是给客户打上相应的标签，然后系统会为客户推荐相关的该类产品。

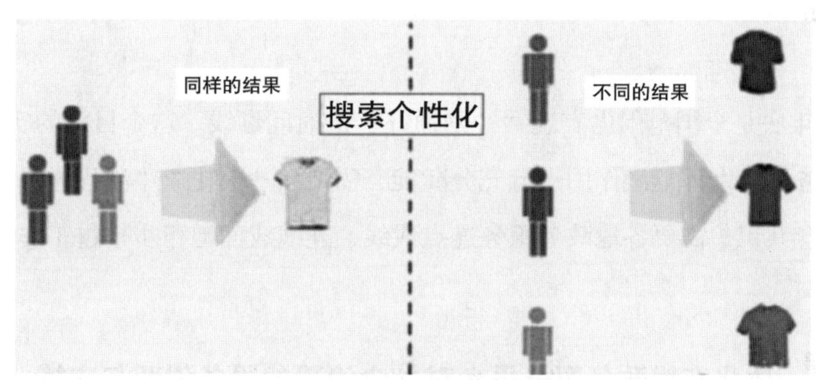

图8　“千人千面”转型

“千人千面”的精细运营可分为以下三步：

第一步：根据用户生命周期进行分层运营

第二步：根据用户的属性进行分层运营

第三步：根据用户的行为进行分层运营

以用户为中心，持续优化服务品质，最终打造高品质服务型政府，形成“千人千面”的政务服务平台。

从建设运维到运营服务互联网+政务服务的“千人千面”转型是大势所趋，不同于电商及资讯，政务服务因为其服务的不可替代性，让用户快速便捷的享受精准政务服务，进一步提升用户满意度是重要法宝。

以国家政务服务平台为枢纽，实现全国"一网通办"展望

智政院原创

2022年底是全国范围内实现"一网通办"的时间红线。这个目标的实现需要国家政务服务平台发挥枢纽作用进行充分赋能，需要"平台通""流程通""数据通"的建设理念共识，需要各地政务服务连点成线、连线成面地稳步推进工作。

一、全国一体化在线政务服务平台对社会治理的服务创新与支撑

未来，当我们回顾2020年，很可能会发现这是世界格局重塑与中国发展变轨重要历史交汇期的关键一年。这一年里，新冠疫情在全球爆发、世界经济陷入停滞、全球政治面临重新洗牌和发牌、中国进一步从高速发展向高质量发展转型并且实现区域协调发展和全面脱贫。同样，在这一年里，全国一体化在线政务服务平台在应对内外大环境变化上做出的种种创新举措和有力支撑，从健康码、复工复产专栏、小微企业惠企政策专题、数字化转型伙伴行动等为疫情防控、经济有序恢复、企业数字化转型提供保障，到区域性"一网通办"、各类失业金申领和农民工返岗就业服务平台等为重大区域战略推进、打赢全面脱贫攻坚战提供动力。全国一体化在线政务服务平台正在越来越显著地体现出对国家总体发展战略的支撑效应，在政务服务领域充分发挥社会治理的综合作用。

（一）一体化疫情防控服务（图1）

图1 一体化疫情防控服务

面对突如其来的新冠疫情，杭州推出的“健康码”服务，在全国范围内迅速得到推广和复制，在全球范围亦是数字化防疫首创的“中国方案”。国家政务服务平台于2020年2月29日上线了基于全国统一接口标准和数据共享支撑的“国家防疫健康信息码”，全面为地方健康码赋能，实现各地健康码跨地区互通互认，解决“一地多码”“一人多码”难题。随着防疫态势的变化，国家政务服务平台又及时响应中央部署，上线了针对全国公众的“核酸检测机构查询”“检测结果查询”等专项服务，结合“疫情防控专题”“出入境服务专题”“同行人员自查”等专题和工具，为疫情防控提供了全领域、多维度的一体化在线政务服务支撑。

（二）一体化复工复产服务（图 2）

图 2　一体化复工复产服务

在防控疫情的同时，中国经济还需要完成向高质量发展转型，实现软着陆的目标。疫情这只“黑天鹅”给目标的实现带来了更多不确定性因素，因此，更加需要全国一体化在线政务服务平台发挥好社会生产引导和调控的协同作用。国家政务服务平台迅速上线的“推动有序复工复产服务专题”“小微企业和个体工商户服务专栏”“就业服务专栏”等专题专栏，集中发布国家和地方相关政策与解读。统筹部委信息、数据和服务资源，汇聚各地创新经验、做法和举措，不仅为全国人民和企业提供了快速复工复产、就业创业的全方位帮助和指南，也为江苏政务服务“苏政 50 条”、上海“一网通办”企业服务云等地方亮点服务创造了向全国展示和推广的舞台。

（三）数字化转型伙伴行动（图3、图4）

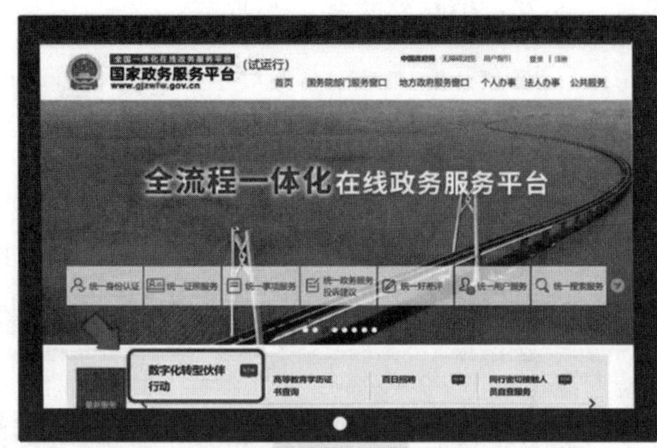

图3 数字化转型伙伴行动1

图4 数字化转型伙伴行动2

在疫情的冲击下，传统中小微企业遇到的困境更为突出，为了帮扶中小微企业渡过难关和转型发展，国家发改委联合有关部门和单位开展“数字化转型伙伴行动”。对于这一具有短期帮扶维持企业稳定，长远指导产业转型升级双重意义的重要行动，国家政务服务平台也在第一时间对其进行接入，让全国目标用户可以一站式了解行动倡议、帮扶举措、专家解读、最新动态等内容，从而解决中小微企业在面临数字化转型时“不会转、不能转、不敢转”问题，实现普惠性“上云用数赋智”服务，培育数字经济新业态。

（四）区域“一网通办”服务专区（图5）

图5　区域“一网通办”服务专区

自从中共十八届五中全会提出了“创新、协调、绿色、开放、共享”五大发展理念以来，国家一直注重东西部均衡、区域协调发展，在一系列政策和举措的引领下，我国已经不同程度形成了几大区域经济带和文化圈。中央印发的《关于新时代加快完善社会主义市场经济体制的意见》再次强调“构建区域协调发展新机制，完善京津冀协同发展、长江经济带发展、长江三角洲区域一体化发展、粤港澳大湾区建设、黄河流域生态保护和高质量发展等国家重大区域战略推进实施机制”。在一体化政务服务领域，江、浙、沪、皖三省一市通过统一标准、数据共享、服务共用，在 2019 年 5 月打造了全国第一个区域性“一网通办”平台——长三角政务服务“一网通办”，并不断创新出一网通办“无感漫游”、示范区“政务大数据共享”等新理念、新做法。国家政务服务平台则对区域性“一网通办”平台和地方创新进行整合，构建了“区域政务服务专区”，汇聚京津冀、长三角、粤港澳三大重要区域经济圈的“一网通办”平台与服务，充分发挥国家性枢纽对“一网通办”的聚集和放大作用，为构建区域协调和全国统一的“一网通办”不断夯实基础。

根据“国家政务服务平台”上线一周年时的统计数据，“国家政务服务平台”累计用户使用量超 45 亿人次，总访问人数超 8 亿人，总实名注册用户超 1 亿人，涵盖全国服务事项 370 多万项，全面覆盖 PC 端、App、支付宝小程序、微信小程序和百度小程序等多端渠道，不断推动了全国更大范围、更多服务实现“一网通办”。

二、全国“一网通办”的政策路径与价值兑现

我们可以想象，如果没有全国一体化在线政务服务平台形成的“一网通办”体系支撑，缺乏“健康码”“各类卫生和生产物资在线预约、对接服务”“返工就业线上服务”“在线政策库”等数字化治理手段的支持，中国迅速控制疫情扩大、稳步推进复工复产的进程可能会产生一定的迟滞，实现协调发展、全面脱贫

的目标将会面临更多不确定性，也很难获得这样一个千载难逢的重大契机，以中国实践为榜样帮助全球开展防疫工作，重塑中国的全球影响力。而全国一体化政务服务“一网通办”体系的成功建立和有序发展，首要因素在于近年来国家对发展“互联网+政务服务”一系列高瞻远瞩的顶层设计。

- 2016 年 9 月，国务院印发《关于加快推进“互联网+政务服务”工作的指导意见》，对加快推进“互联网+政务服务”工作作出总体部署。
- 2018 年 6 月，国务院办公厅印发《关于进一步深化“互联网+政务服务”推进政务服务“一网、一门、一次”改革实施方案的通知》，推动企业和群众线上办事“一网通办”，明确要求加快构建以国家政务服务平台为枢纽、以各地区各部门网上政务服务平台为基础的全流程一体化在线服务平台，实现政务服务“一次登录、全网通办”。
- 2018 年 7 月，国务院出台《加快推进全国一体化在线政务服务平台建设的指导意见》，要求深入推进“互联网+政务服务”建设，全面推进政务服务“一网通办”。
- 2019 年 4 月，国务院公布《国务院关于在线政务服务的若干规定》，要求加快建设全国一体化在线政务服务平台，推进各地区、各部门政务服务平台规范化、标准化、集约化建设和互联互通，推动实现政务服务事项全国标准统一、全流程网上办理。
- 2019 年 8 月，国务院办公厅印发《关于全国深化“放管服”改革优化营商环境电视电话会议重点任务分工方案的通知》，要求依托以国家政务服务平台为总枢纽的全国一体化在线政务服务平台，在更大范围实现“一网通办”、异地可办。

深化“互联网+政务服务”改革，达到“数据多跑路，群众少跑腿、零跑腿”的目标，最终实现“一网通办”“全程网办”，让企业和群众感到办事服务像“网购”一样方便，既是为解决企业和群众关心的热点难点、优化营商环境、激发市场活力和社会创造力提出的客观要求，也是提升政府治理体系和治理能力现代化水平，从内驱、封闭的电子政务向外向、开放的数字政府全面转型的必然趋势。在国家自上而下的顶层设计指引和地方自下而上的创新实践反馈双重合力下，实现全国“一网通办”已经是看得见桅杆尖头的航船，是光芒四射、喷薄欲出的朝日。

三、实现全国“一网通办”的三个思考维度

虽然全国“一网通办”以国家政务服务平台为枢纽一直在稳步推进，但目前仍然面临一些亟须解决的问题和挑战。例如，区域间网上政务服务能力不平衡，服务能力“东强西弱、南强北弱”的格局仍未改变；部门间、区域间业务协同能力有待进一步提升，跨地区、跨部门、跨层级、跨业务的信息资源共享共用和业务协同问题依然难以解决。因此，在未来的发展过程中，智政院认为应当从三个维度进行考虑，从时间进程上、建设理念上和宏观结构上不断促进全国“一网通办”又快又好地实现。

从时间进程上，《加快推进全国一体化在线政务服务平台建设的指导意见》对全国“一网通办”进度有明确时间安排，目前还剩下“两步走”，一是“2020年底前，国家政务服务平台功能进一步强化，各省（直辖市、直治区）和国务院部门政务服务平台与国家政务服务平台对接和各类政务服务在线办理原则上已全部完成，部委数据共享满足地方普遍性政务需求”；二是“2022年底前，全国范围内政务服务事项基本做到标准统一、整体联动、业务协同，除法律规定的或涉密事项外，政务服务事项全部纳入平台办理，全面实现‘一网通办’”。额外的，2020年的《政府工作报告》设定了做到“企业开办全程网上办理”的全年目标。因此，在短期内，国务院部门政务服务平台的垂直业务办理系统以及人口、法人、信用、地理信息等基础资源库需要尽快做好与国家政务服务平台的对接，以便为地方政务服务赋能；地方政务服务平台在加快与国家政务服务平台融合的过程中要特别关注身份认证、电子印章、电子证照、非涉密业务专网与电子政务外

网的对接效率，积极与第三方机构开展网上认证合作，以及利用国家政务服务平台统一认证能力，打通企业开办的数据共享脉络，尽快实现全程网办。在后两年时间内，地方政务服务平台应当按照国家政务服务平台标准加强对事项库的标准化梳理工作，进一步完善政务服务好差评，推动更多高频事项往移动端及自助一体机等多端延伸并确保数据同源、服务同步，同时也要注意根据《中华人民共和国网络安全法》和信息安全等级保护制度保障信息和服务数据的安全性，保护公众隐私，维护国家安全。

从建设理念上，我们应当明确“一网通办”不是“一网页通办”，不能简单地停留在将不同部门办理的业务迁移到一个网页中办理。统一办事入口虽然带来了一定的便捷性，但这种做法与“一网通办”的目标和要求还有很大差距。除了“网”之外，“通”更重要，它需要做的改革和创新工作也更多、更难。“通”是平台通，不是简单的表层联通，而是在形态结构上的“通”，各个政府职能部门的系统平台和服务平台需要在结构上联通，才能真正提供高效数据交换基础，为服务赋能；“通”是流程通，在实现“一网通办”的过程中，需要打通流程，从场景和需求出发，通过数据创新实现业务和服务再造，真正做到“一件事”办理满足用户需求；“通”是数据通，破除“数据壁垒”一向是“一网通办”工作推进的核心难点。虽然有软、硬件的支撑基础，但部门间的数据共享与开放如果缺乏明确和完善的机制，导致部门将数据当作“私有财产”或担心“数据问责”，则会造成“一网通办”难以跨越数据共享鸿沟。这不仅需要各政府部门进一步转变观念，同时也需要设计完善的数据共享联动机制，确保共享数据的安全和权责边界。

从宏观结构上，目前全国“一网通办”的发展显现出“冰晶效应”，即发达省市和国家划定的区域圈核心城市由于数据共享基础好、政策力度大等因素，首先实现了区域性“一网通办”；然后这些最初的“冰晶”将经验和创新不断输出到周边地区，促使更多地方完成从“水滴”向“冰晶”的凝华。当区域经济圈的重要城市普遍具备“一网通办”基础之后，“冰晶”彼此联结形成“大冰晶”，实现“长三角”“京津冀”“粤港澳”等区域性“一网通办”。而国家政务服务平台利用这些区域“一网通办”的数据共享和服务协同成果，将更容易发挥枢纽作用，“连点成线、连线成面”，最终完成政务服务“全国一张网”的连接。在这个总体思路之下，地方政务服务平台应当不断增强区域合作意识，先进、发达地区要不吝于分享新理念、新技术、新做法，并主动引领区域性“一网通办”的融合，各地区应根据国家战略部署和地方实际情况不断精准自身在区域性“一网通办”中的定位和贡献度，努力完善政务服务区域均衡协调发展，为全国“一网通办”整合工作提供阶梯式成果基础。

参考文献

[1] 张建峰. 数字政府 2.0：数据智能助力治理现代化 [M]. 北京：中信出版社，2019。

[2]“国家政务服务平台”微信号，《累计 8 亿人在使用的国家平台，你用了吗?》《中小微企业怎么数字化转型? 这服务帮你解难纾困!》。

[3]“中国电子政务微门户”微信号，《2020 评估报告：全国一体化政务服务平台取得八大成效全面实现“一网通办”仍需破解三方面问题》。

健康码：从"亮证"到"亮码"的数字治理变革

智政院原创

自2020年2月11日杭州市推出健康码到2020年2月29日国家政务服务平台推出"防疫健康信息码"，作为一款疫情期间的爆款政务服务应用，健康码在不到20天的时间即完成了一个自下而上的社会治理创新过程，这个过程是由疫情刺激的数字政务创新、公众安全感与数字基础设施的综合作用叠加而成，本质上代表了数字时代政府、企业与公众共同应对社会风险的数字化本能与智慧。

疫情暴发之前，各级政务服务平台，以"电子证照"为切入点，将个人证照集合进入App/小程序，推动实现"减证便民"的服务效应，健康码的出现在疫情的特殊时期推动全民由"亮证"走向"亮码"的过程，并逐渐改变市民的在线应用习惯与政府治理的行为模式。首先是健康码作为一种个人移动的"前置"条件，正在培养用户接受政务服务与参与公共治理的行为习惯，是一次社会治理的全国性动员，对之前对数字政府知之甚少，未在政务服务平台进行实名注册或添加证件的用户，进行了数字政务服务的启蒙，并以高频的日常应用不断提升用户对数字政务服务的依赖程度；其次是健康码也是一种治理思维的改变，通过"亮码"与"扫码"的交互，使"无接触政务"成为现实。此外，健康码本身即是精准治理的代名词，如杭州健康码即率先采用红、黄、绿三色码对目标人群实现有效的管理，提供精准、有效且人性化的数字化应用。

一、健康码的崛起以及演变

2020 年 2 月 7 日，首张健康码——余杭绿码在杭州诞生。

2020 年 2 月 11 日，杭州健康码率先在支付宝上线。

2020 年 2 月 15 日晚，“浙里办” App 和支付宝上线了杭州、宁波、温州、绍兴、金华、衢州、舟山、台州和丽水等城市的“健康码”服务。

2020 年 2 月 15 日至 18 日，3 天时间，浙江、四川、海南三省相继实现支付宝健康码所有城市全覆盖。

2020 年 2 月 22 日零点起，中部地区首个健康码——安徽健康码（安康码）上线。

健康码一经出现便被迅速复制与推行，呈现出“百花齐放”“万码奔腾”的景象。各地健康码的命名方式普遍以省份或是城市直接命名或用省份简称命名。例如杭州的“杭州健康码”、广西的“广西健康码”、福建的“八闽健康码”、吉林的“吉祥码”、安徽的“安康码”等。在不断的建设发展过程中，智政院通过调研还发现了省级健康码和市级健康码不同的版本，比如江苏省同时存在江苏“苏康码”、无锡“锡康码”、苏州“苏城码”、南通“易来通”和徐州“彭城码”等。据不完全统计，目前全国各地健康码名称概览大致如下（表 1）。

表 1　全国部分省市健康码一览

地区	城市	健康码名称	地区	城市	健康码名称
全国	—	防疫健康信息码	海南	—	海南健康码
北京	—	北京健康宝	重庆	—	渝康码
天津	—	津心办天津健康码	贵州	—	贵州健康码
吉林	—	吉祥码	宁夏	—	宁夏健康通行卡
黑龙江	—	龙江健康码	新疆	—	新疆健康码
上海	—	随申码	浙江	杭州	杭州健康码
江苏	—	苏康码	广东	广州	穗康码
安徽	—	安康码	广东	深圳	深 i 您
福建	—	八闽健康码	江苏	南京	宁归来
江西	—	赣通码	江苏	苏州	苏城码
山东	—	山东省健康通行码	江苏	无锡	锡康码
河南	—	豫康码	河北	邢台	一码通邢
湖北	—	湖北健康码	河北	衡水	衡水健康码
湖南	—	湖南省居民电子健康卡	河北	承德	承德健康码
广东	—	粤康码	河北	辛集	辛集健康码
广西	—	广西健康码	河北	秦皇岛	秦皇岛健康码
江苏	南通	易来通	山东	济南	身份健康码
江苏	徐州	彭城码	四川	成都	天府健康通
江苏	镇江	镇健康	江苏	淮安	淮上通
江苏	连云港	连易通	江苏	泰州	祥泰码
江苏	常州	我的常州			

通过对各地健康码的分析可以看出，全国数字政府建设与发展的东部省份基本均已推出了省级的统一健康码，部分中西部省份在疫情期间依托政务服务小程序的建设，也推出了全省（市）的健康码，如天津的津心办健康码、吉林的吉事办吉祥码。此外，部分省份下属城市推出不同版本的健康码具有多层次原因，一是与其原有的政府信息化建设和运营体制机制相关，二是由于健康码推出时正值疫情的高峰时期，各地城市的防控级别、风险定义与治理思维均有所差异，所以，出现“万码奔腾”的局面也是不可避免的现象。在“万码奔腾”之外，同时也出现了基于政务数据资源共享的健康码跨省互认动向，截至 3 月 13 日，四川省就已与广东、浙江、重庆、云南、江苏、海南、贵州、福建、上海、山东 10 省市实现互认；截至 3 月 23 日 16 点，山东已与四川、新疆、江苏、广东、上海、海南、浙江、吉林、安徽、内蒙古、福建、河南、青海、宁夏、贵州、重庆等 16 省份实现互认；而内蒙古则向全国 30 个省市发出健康码互认函；作为数字政府的东部省市与人口流入热点区域的广东、广州、深圳、杭州等地与湖北健康码实现了互通互认。因此，从某种程度而言，健康码正在加速省市之间的政务数据资源共享，对于基层市县区而言是精准触达街道、社区的治理工具，对于新时期全国一体化政务服务平台建设与运营而言，是实现公民统一数字标识甚至数字身份的重要推动力与关键支点。

随着国家版“防疫信息健康码”的推出，“一码通行”逐渐成为后疫情时代的强需求。健康码是新技术参与政务领域数字化治理的完美体现，其背后是政府对于互联网新技术服务政务的接受度提高，政务领域数字化基础设施的覆盖度广以及可实现区域间政务的数据流通和科层制上报管理模式的简化。健康码尽管是特殊时期下的迫不得已，但未尝不是一次数字化治理的“大练兵”，在“防疫、复工双不误”的切实需求倒逼下，健康码启动了政府“冷数据变暖”的加速键，试炼出一种“政府+企业+公众”全民参与的数字化治理的新模式，并且体现了政府静态数据与社会动态数据的融合贯通。但是，临时突击而产生的健康码，未来是否可以变成一份长效应急机制码或者形成一套常态化的居民健康申报机制？是否可以由“临时工”变成“终身聘用制员工”？是否可以运用到其他政务领域的数字化服务中？未来的政务大数据服务是否可以借鉴“健康码”的模式？这几乎成为当前政府与企业面对健康码共同的“天问”。

二、健康码长期存在的“条件”与趋势思考

疫情过后，健康码将向何处去？这不仅是各大平台企业关注的焦点，同时也是政府治理核心部门讨论的热点。一方面政府机构将健康码视为“数据高地”，希望通过场景、服务及意义的叠加，不断转型和重塑疫情过后的健康码的社会公共服务价值；另一方面平台企业则将健康码视为“数据洼地”，成为竞相争夺的杀手级应用，作为城市服务下沉的“锚”，不断稳固和夯实城市数字化竞争的能力。从目前讨论的主流观点来看，基本可以分为互不抵触的“健康码+”与“健康码-”两种舆论趋势。

作为政府机构而言，普遍关注“健康码+”的公共服务入口升级。健康码作为一款疫情期间诞生的爆款应用，以简单、高频、贴身的特征成为移动政务服务领域的一个“异类”，使政府治理、企业技术服务与公众个人权利之间的关系联系得异常紧密。因此，作为一种疫情期间的“数字遗产”，耗费了大量数字化投入，疫情结束后被直接放弃均不是各方所愿意看到的，而“健康码+”将成为一个水到渠成的选择。因此，推动“健康码”向“健康码+”的公共服务入口升级正在成为一种创新趋势，但由于各地的数字经济基础、政府治理需求、数字基础设施能力的不同，在场景选择、服务内容选择上也将各有差异。

作为公众用户而言，将越来越多地关注“健康码-”的个人隐私信息保障规范。健康码在国内省市应用的迅速覆盖，一方面是由政府部门的强力推行与区域流动的治理协同，另一方面也来自公众对个人健康安全的恐慌与担忧，从而实现全社会的自发性参与和信息申报。随着后疫情时代的到来，城市复工复产的需求不断上升，社会生产生活恢复的意愿不断攀升，人们开始对健康码涉及信息数据隐私越来越关注。疫情期间曾有多个媒体报道有市民的健康码“无故”变红或变绿的情况，但究其原因并未得到更为清晰明了的解释。健康码如果要真正朝国民

级的公共服务平台发展，那么就必须解决数据的申报规则与算法公开的问题。欧美国家此前在针对面部识别立法时，个别国家和州即要求对面部识别设备的布置区域以及算法需进行公开。对于诞生于中国的健康码而言，要想持续发挥其公共服务与社会治理的价值，首先是依托“国家防疫健康信息码”统一入口，逐渐对齐和拉平各地的防疫规则与“转码”的便捷性，真正推行“一码通行”；其次需要明确公开健康码的使用场景与应用流程，以确保公众可以正常使用；最后是需要明确个人隐私数据的保存时段与定期公开算法，以保障公众个人信息安全。

三、健康码的建设模式与发展路径选择

健康码甫一诞生就出现了各种不同的建设模式与发展路径，从前期的个人信息申报的多寡、中期的健康码“两码”颜色与意义的表现以及后期健康码与交通、旅游、消费等场景结合的程度高低，都呈现了不同省市、部门和区域对健康码赋能公共服务与社会治理的理解能力与执行能力。随着健康码在技术、场景与应用上的不断成熟与规范，以及疫情全球暴发形势下的应对，作为诞生在中国的移动政务服务创新案例，正在拓宽属于自己的治理能力现代化之路。

智政院选取了江苏的苏康码与山东健康通行码作为“一南一北”的观测对象(图 1 和表 2)，有三点差异非常值得关注：一是由于健康码的主导部门不同、设计初衷与政府支撑资源的不同，健康码的功能存在先天性的“优势”或“弱势”，比如山东健康码开发即被内置了“非接触式”的就诊医疗服务功能；二是在目标人群覆盖与数据互认上因各地区的产业功能、区域位置及劳动力现状而不同，比如山东与 27 个省份实现健康码互认，而江苏则主要与长三角地区及山东省互认。此外，江苏的苏康码具备了中、英、日、韩四种样式，标志着其在国际产业分工合作中的地位与特征，因此，健康码建设模式的内在原因也是由其产业结构与劳动力来源所决定的；三是健康码的获取方式各有差异，山东健康通行码可通过微信、App、支付宝等多重渠道获取，江苏的苏康码则主要以政务服务 App 和支付宝小程序为主要获取通道。因此，在“国家健康信息码”统一入口的支撑下，各

省市健康码的设计与运行仍需符合区域实际，从社会治理、复工复产、产业结构、人口构成等多维度进行思考，真正做到像习近平综述考察杭州时说的城市治理应做到"收放自如、进退裕如"。

最后，作为一种移动互联网时代超越平台、超越设备的社会治理应用，健康码的本质到底是什么？除了作为"强信息人"① 的一种指征，更是大数据时代政府、企业和公众联合推动的以"码上"的数字政务新能力实现"码后"的高清晰社会治理新图景。

图 1　江苏省苏康码与山东省健康通行码功能对比

① 《商业价值》出版人刘湘明语。

表 2　山东省健康通行码与江苏省苏康码对比表

类别	山东省健康通行码	江苏省苏康码
介绍	山东省电子健康通行码是疫情防控期间用来身份确认和健康风险预警的重要标识，是个人出行的电子凭证，也是疫情防控查验的依据，在疫情防控期间全省通用。健康通行码实际上就是便于区别个人健康状况的电子健康卡，在疫情期间除了用于出行、管理健康状况外，还可以在已经部署电子健康卡识读设备的医院 实现直接刷健康通行卡二维码实现“非接触式”就诊。也可在“健康山东服务号”点击医疗服务，选择“刷卡时出示”功能使用。	“苏康码”是江苏省内所有来苏返苏人员以及在苏工作、学 习、生活、旅游或临时停留人员申报的健康申报数据为基础，结合相关数据比对后动态生成的个人电子健康凭证，申报后即能出示使用。在疫情防控期间，“苏康码”可作为广大民众日常出行的重要凭证，同时作为防疫人员查验的主要依据。“苏康码”生成后带有时间戳，居民可按要求每 日填写健康状况。不具备电子申报条件的居民，纸质健康卡经盖章后有效期为 14 天。
纸质通行卡/申报卡名称	山东健康通行卡申报单+山东健康通行卡	个人健康申报卡（中、英、日、韩 4 种样式）
有效期	14 天	14 天
是否省内通用	是	是
省际互认范围	截至 2020 年 4 月 2 日 14 点，山东省健康通行码已与 27 省份实现互认，分别是四川、新疆、江苏、广东、上海、海南、浙江、吉林、安徽、内蒙古、福建、河南、青海、宁夏、贵州、重庆、山西、广西、湖南、云南、陕西、江西、甘肃、黑龙江、河北、天津、辽宁	长三角“健康码”互认通用、山东等
办理途径	1. 微信公众号：“健康山东服务号” 2. 政务服务 App：爱山东 App 3. 支付宝应用：“电子健康通行卡” 4. 其他：以青岛为例， （1）微信公众号： “健康青岛”“青岛卫生健康” （2）移动 App：“慧医” App	1. 政务服务 App：江苏政务服务 App 2. 支付宝小程序：江苏政务服务支付宝小程序

续表

类别	山东省健康通行码	苏康码
填写内容	证件类型、证件号码、手机号码、国籍（地区）、居住地址、14 天内接触史（包括境外、武汉旅居史等）7 项基本信息，并做出承诺	从哪里来江苏、到江苏后的居住地、到达江苏后详细地址、14 天内是否接触过发热咳嗽的人员、有无发热或咳嗽乏力等症状、是否同行人员无手机号，如儿童、老人、海外归国人员 6 项基本信息，并作出承诺
新增功能	“为家人代办”	可申领附属卡，且附属卡可进行健康申报
其他	取消每日健康上报，由省健康通行码系统与国家一体化 政务服务平台、全省防疫数据库等进行实时比对核验	身份信息不能修改，其他信息可以修改 2 次，身份信息错误可以通过删卡重新申请的方式解决，一天限定 2 次
境外人员健康码管理	自境外入鲁（返鲁）人员隔离期满后，经检测合格的通 过“来鲁申报”模块申领健康通行码，经大数据比对自动赋码。公安、外事、卫生健康部门之间要建立入境人员信息共享交换机制，将入境人员信息及时录入全省防疫数据库	外籍人士（非持大陆身份证）不可以申领附属卡

政府数字化转型面临的问题及发展方向

广东数字政府研究院院长助理、研究部主任　余坦

从中共十九大提出建设数字中国的重大战略以后，数字政府就成了当前电子政务领域比较火热的一个概念。建设数字政府，既是国家战略的需求，也是电子政务发展到今天的一个必然趋势。

信息技术以日新月异的面貌持续高速发展，其在政府管理和服务中的应用也不断扩展和深化，驱动电子政务走过了起步发展、重点突破、应用深化、融合创新的历程。当前，电子政务进入政府整体数字化转型的新阶段，建设“数字政府”成为当前电子政务发展的方向。

目前，我国已经有广东、浙江、福建、湖北、广西等多个省份出台了数字政府建设相关规划。放眼全球，很多国家也出台了数字政府相关的战略，根据我的统计，2018 年联合国电子政务调查排名前 10 的国家基本上都发布自己的数字政府或数字化战略。

但是推进数字政府改革不会是一件水到渠成的事情，而是极其复杂的系统性变革。过去的政务信息化建设管理的模式和机制已经无法适应政府数字化转型的要求，需要在新的理论和方法指导下，不断创新。

一、问题的表现

数字政府也好、电子政务也好，所面临的问题实际上是一个老生常谈的问

题，而且是一个普遍性问题。具体表现就是信息孤岛、业务烟囱、各自为政。信息共享难和业务协同难仍然是电子政务发展中长期存在的普遍性问题。在电子政务发展还未进入全面数字化转型阶段时，这些问题带来的影响尚不突出，但随着政府数字化转型的需求越来越强烈，破解这个问题也变得迫在眉睫。

近几年，我国为解决信息共享、业务协同难的问题做了大量努力。2017 年出台的《政务信息系统整合共享实施方案》、2018 年开展的国家电子政务综合试点都将建立统筹推进机制、促进政务信息系统整合和信息资源共享等作为主要目标。这些举措取得了显著成效，在一定程度上促进了网络、业务和数据的互联互通，但问题远没有得到根本性解决。如果站在群众和企业的视角来观察，数据共享和业务协同不足导致的政务服务不便仍然大量存在。虽然很多地方号称实现了数据跑代替群众跑，但是根据实地调研，这些说法都是要打问号的。

其他国家同样面临这样的问题，如英国，就把加强跨部门的协作作为他们数字政府建设的一个重要内容和目标；丹麦、韩国都在各自的数字政府战略中强调跨部门协作的问题。

二、问题背后的机制性根源

信息孤岛、业务烟囱只是问题的表现形式，要解决这些问题需要深入剖析背后的原因和关键症结，才能对症下药从根本上化解。我的一位老领导提过这么一个说法，今天的所有问题，都来自过去的解决方案。我们回顾一下过去电子政务建设的方式就可以看到，过去我们的电子政务建设一直是碎片化的。很多时候甚至从规划开始，就把具体建设内容规划成了一个一个的碎片。有的规划做得比较好，有了一点系统性、整体性的思想，但是到了具体实施的时候，又回到了各自为政的老路上。

2017 年出台的《政务信息系统整合共享实施方案》曾提出：原则上以司局和处室名义存在的系统必须整合。这句话的意思就是现在国家部委还有很多只为单个司局甚至处室服务的信息系统。

政府数字化转型是系统性、整体性变革，但深入电子政务建设的实践去观察不难发现，过去我们电子政务建设从需求到供给都是碎片化的。碎片化的需求和供给如果没有得到充分的整合统筹，必然导致信息系统和数据资源的碎片化，形成信息孤岛和业务烟囱。

为什么会碎片化，需要从两个方面进行分析：一是，政府信息化建设的需求来自于实际的业务，按照政府部门的专业分工和层级分工分散在各级政府部门之间，需求自然呈现出一种分散状态。二是，政府信息化建设的供给是由绝大多数市场主体提供，政府信息化建设职能与行政职能没有分离，在专业分工的组织架构下，各级政府部门各自寻找市场主体获取服务，导致供给也呈现分散状态，也就是在实务界经常提到的条块分割。

所以，问题的关键症结在于政府数字化转型的系统化、整体化要求与高度专业分工的政府组织和职能架构之间存在矛盾。政府的信息化建设管理职能与政务业务职能没有分离，业务职能的分散导致政府信息化建设的分散，进而造成信息孤岛和业务烟囱。但是，简单地将信息化建设管理职能与业务职能分离又可能造成技术与业务两张皮，技术不能很好地为业务提供支撑。所以要从根本上解决问题，关键在于建立一套既能解决分散孤立的问题，又能避免技术与业务分离问题的有效机制。

三、数字政府机制改革的做法

（一）省级政府数据管理机构的建立

省级政府数据管理机构的建立过程分为以下两个阶段。

第一阶段从 2014 年 2 月持续到 2018 年 10 月。2014 年 2 月，广东省发布了《广东省经济和信息化委员会主要职责内设机构和人员编制规定》，在全国率先设立了省级大数据管理局。2015 年 8 月，国务院发布了《促进大数据发展行动纲要》，从国家层面对大数据发展进行了顶层设计。

第二阶段于 2018 年 10 月开始。按照中央部署，新一轮省级机构改革方案相继出台，各地以不同方式设立和调整政府数据管理机构。其中，一些省（市、自治区）相继成立了专门的数据管理机构。现在，已有19个省级行政区域成立了政府数据管理机构。

2015年5月，广州市政府公布了工信委的“三定方案”，成立了广州市大数据管理局，成为国内最早成立的政府数据管理机构之一。同年，沈阳、兰州、武汉、石家庄、厦门等地相继成立了政府数据管理机构，成为政府数据治理创新的先行者。2016年，银川、青岛、贵阳、哈尔滨、宁波等市设立相关机构。2017年后，越来越多的城市开始设立政府数据管理机构。目前为止，全国30个省会及副省级城市已成立了数据管理机构。

（二）广东省数字政府改革中的机制创新

（1）全省统一的“数字政府”建设管理机构改革，为系统性、整体性数字化转型奠定组织基础。抓住制度改革的战略机遇，广东省建立了“数字政府”改革建设领导小组，由省长任组长；省政府办公厅组建了一个省级政务服务数据管理局，由省政府副秘书长担任局长。在组织职能方面，省政务服务数据管理局负责起草并组织实施省“数字政府”相关政策、地方性法规、规章和建设规划；对省级政务信息项目建设进行集约化管理，负责省级财政资金建设政务信息系统项目的立项审批工作；负责全省行政审批制度改革和审批服务便利性工作；协调省级部门业务应用系统建设，统筹管理政府云平台、政府服务系统、政府数据资源、电子政务外网、“数字政府”安全保障系统等。

这些职能让省政务服务数据管理局获得了制度设计、项目审批、系统建设管理、设施平台管理等覆盖“数字政府”改革各领域的行政权力。该局由省政府办公厅管理，局长由省政府副秘书长担任，成为事实上的政府首席信息官，进一步提高了其横向统筹协调力度。

按照省政府要求，地市、区县全部参照省级机构进行改革，建立政务服务数据管理局，也为全省“数字政府”改革建设部署的纵向贯彻建立了机制保障，并改变了过去地市较强，省级统筹较弱的状况。省、市、县三级“数字政府”建设管理机构的设立，形成了纵向和横向协调的机构体系。

（2）依托市场主体建立统一的“数字政府”运营机构，形成管运分离、高度专业化的建设运营模式。广东省成立了由国有电信运营商和行业领军企业合资的混合所有制企业，并赋予其“数字政府”运营中心职能，汇聚优秀的技术力量，为全省提供“数字政府”建设运营服务。取消政府部门设立的所有信息机构，将行政管理职能归还政府部门，将技术运营和服务职能转移到市场化运营中心。一方面可使行政机关专注于政务改革，让具有专业技术力量的市场主体保障技术运营服务质量。另一方面由政务服务数据管理局整合政府需求，统一向运营中心购买服务，使得政府与企业在“数字政府”改革建设中各司其职，各尽所能。

（3）构建统筹集约的公共支撑体系，由“数字政府”主管部门统一管理，运营中心统一运营，形成互联互通的“数字政府”大平台。机制创新的目的是实现政府系统化、整体化的数字化转型，其技术的落脚点是集约精益的基础设施系统、互联互通的数据资源系统、高效协同的业务应用系统。过去技术推动的整合共享之所以难以达到理想的效果，主要是因为没有机制保障。机制建立后，与技术实现路径紧密结合，就能达到系统化、整体化的目标。

广东省充分发挥“数字政府”管理机制和管运分离建设运营机制的优势，在充分整合现有资源的基础上，构建基础设施、数据资源、应用支撑三层平台，为全省“数字政府”提供服务。在基础设施层面，建设统一的信息基础设施，接管省级直属单位过去建设的机房、网络、云平台，并将各地方市政基础设施纳入统一的基础设施体系进行管理。在数据资源层面，建设全省统一的政务数据中心，提供政务数据治理服务。在应用支撑层，建设全省统一的电子证照、身份认证等支撑系统。三层平台都由省政务服务数据管理局统一管理，具体建设运营由运营中心统一承担，构建了全省一体化的“数字政府”大平台。各级政府部门在这个大平台上，按照统一的标准和规范实现业务系统需求。在大平台的支持下，自然消除了过去跨部门、跨层级数据共享和业务协同所面临的障碍，实现了“数字政府”大系统。

四、改革趋势

（一）通过“数字政府”建设管理机构的专业化和行政化，化解政府业务高度专业分工机制下的条块协同难题

以往谈到电子政务的体制机制改革问题，很多管理者都认为需要根本性的变革才能彻底解决。所以很多学者基于整体政府理论抛出了解决方案，认为需要打破现有科层制组织结构下的部门和层级边界才能将政府的数字化转型纳入系统化、整体化的轨道上来。但是从现实来看，科层制还是目前最有效的政府组织结构，从根本上进行改变既无必要性，也无可能性。广东省的做法独到之处在于，在科层制的组织结构下，成立了专门负责“数字政府”改革建设管理的行政机构，赋予其充分的行政职能，并且省市县三级统一。在科层制的基础上，在有限的体制改革下，“数字政府”改革与建设管理高度整合，解决了纵向管理与横向管理的冲突，为解决信息孤岛、业务烟囱等问题提供了组织结构保障。

（二）建立由市场主体承担的电子政务技术运营机构，厘清政府与企业的竞合边界

企业是“数字政府”建设的重要推动力量，政府的信息化发展需求，主要依靠企业的技术力量来满足。但是在政府与企业合作的过程中，面对实力雄厚的大企业，政府容易被牵着鼻子走，失去主地位；面对小企业时，又存在企业技术能力有限、不稳定等问题。此外，作为市场主体，对利润的追求是企业生存的前提，但政府又有控制成本，利用好纳税人的每一分钱的天然责任，所以在合作的同时，两者的目标又具有竞争性。如何在保持政府主导地位的同时充分调动企业的积极性，需要审慎地处理好政府和企业的关系，划清两者之间竞争与合作的界限。广东省由行业领军企业成立专门为“数字政府”改革建设服务的市场主体，并赋予其“数字政府”运营中心的政策地位，一方面确保“数字政府”技术服务

主体具有强大的技术能力和充分的稳定性，另一方面保障了政府对“数字政府”建设的主导能力。从实践上看，企业作为“数字政府”的运营中心，充分发挥市场主体反应迅速、机制灵活的优势，在全省坚定地实施“数字政府”的改革和建设部署，发挥了非常重要的作用。广东的“粤省事”“粤商通”等品牌在极短时间内完成部署，都离不开运营中心对政府需求的全力响应。

（三）构造管理与技术运营适度分离的机制，理顺业务需求与技术支撑的衔接通道

政府的数字化转型应该由政府自身改革需求主导，不能被技术绑架。但是过去的电子政务建设中，由于管理部门与技术部门没有清晰的边界，很多单位内设的技术部门往往直接参与到业务变革需求的梳理和总结中去，变相地主导了政府信息化发展的方向，导致了企业以技术为主导，出现了重技术、轻业务，重建设、轻应用的奇怪现象。广东省“数字政府”改革建设管理部门承担了行政审批制度改革、业务系统建设统筹的职能，作为行政单位实现了业务需求的统一梳理。作为运营中心的企业负责实现政府的需求。这种安排既保证业务需求主导“数字政府”改革的方向，又理顺了业务与技术的充分衔接，确保“数字政府”改革朝着优化服务的正确方向前进。

当前数字政府值得关注的“6 大趋势”

智政院原创

中国政府信息化建设的代名词从“电子政务”转向“数字政府”的过程中，语境的变迁折射出建设重心从基础设施向数据、从管理向服务的转移。在政府信息化列车一路向前，逐渐完成变轨的期间，“数字政府”已然进入 21 世纪第二个十年。突发的疫情给新时代的序幕增添了一些变数，依托大数据进行社会治理的必要性和复苏经济、提振市场的紧迫性，给“数字政府”的发展开拓出一些创新局面，但是从整个基本面来看，“数字政府”的发展大方向并未改变，纵观 2019 年底到 2020 年初整个“数字政府”领域各层面出现的一些新现象和新做法中浮现的 6 个趋势，我们可以得出这样一个结论：中国的“数字政府”建设正在越来越明显地体现出对国家总体发展战略的支撑效应，也越来越贴合公众实际需求。

一、数字政府：着眼“未雨绸缪”

对于疫情的影响，现时间有这么一种观点，即认为“2003 年的‘非典’疫情客观上极大地推动和培育了中国电子商务的用户基础与发展环境，那么 2020 年的新冠肺炎疫情很可能成为中国政务服务尤其是移动政务服务加速催化的重要节点”。我们认为，疫情是否能够完成对公众侧的“互联网+政务服务”大规模转化如果说还有待观察，那么政府侧应对重大突发公共事件时的数字政府预案与基础设施建设的强烈与紧迫需求一定会激发。回顾疫情暴发初期，一些地区先期建设的“智慧城市”“数字政府”在应急治理中的作用并未及时显现，反而是作为一种“事中创新”的健康码对疫情防控产生了明显效果，而信息收集共享、物资调配、跨领域协调依然需要大量靠腿、靠嘴、靠笔；而一些“数字化治理平台”和“政务服务平台”上，疫情导致的内外部并发高峰对带宽、算力、存储的压力一凸显，往往就出现登录不上、高延迟、系统报错等一系列问题。为了恢复和提振经济，全国各地已经出台了总计超过 40 万亿的“新基建”投资计划，所谓“新基建”，即不再以“钢铁和水泥”为重心，而以“信息和数据”为引领，那么“数字政府”利用新基建的热潮催动应急治理体系的进一步完善就有了很大的想象空间。比如，针对“健康码”进行维度拓展和长效设计，利用全国一体化的数据共享机制，是否能够为全国公民建立一种长期有效的个人公共数据画像库，以妥善应对今后可能发生的一些情况，从而不用等到其他重大公共事件发生时再去从头建立一个“火灾码”“地震码”，也不用各地方去自行建设导致分散重复？应对突发情况时，“数字政府”治理体系内的各种内部系统和外部平台如何应用分布式架构、动态化资源分配的策略去保障整个治理体系始终保持健壮，尤其是不在关键节点上发生失效？今后一个时期内，建立完善重大突发事件应急治理预案、机制、基础设施和平台，将是“数字政府”体现未雨绸缪的一个重要集体共识。

二、政务服务：通往“均衡普惠”

“互联网+政务服务”在数字化治理层面正在展现出重要的“天平效应”：后发省份对头部省份的创新赶超促进“区域均衡”，以及关注弱势群体和社会小组织实现“阶层普惠”。回顾 2019 年的“互联网+政务服务”，我们会发现一个新现象，即“政务服务的创新不再由经济发展的头部省份所独占”。前几年，在很多省级“互联网+政务服务”的评估排名和全国热点当中，总是几个经济发达的强省抢眼，例如江苏、浙江、广东，但在 2019 年的舞台上，江西以移动端“赣服通”的很多创新做法与服务异军突起，屡次打造出全国性的热点话题，吸引众人目光。除江西之外，贵州、广西、四川、辽宁等一些省的“互联网+政务服务”也都产生了各项创举，上升势头赶超传统头部省份。这一方面是由于传统头部省份的“互联网+政务服务”已经过较长时期快速增长和发展，一些后发省份的创新空间和潜力相对更大；另一方面也是由于在宏观上，国家在中共十八届五中全会确立包括“协调发展”“共享发展”在内的“5 大发展理念”，而这两个理念都在强调区域均衡、阶层普惠，“缩小区域发展差距、城乡发展差距、阶层发展差距”是新时代一个重要发展方向。在我国的高效体制下，这种理念的执行力在政府层面、公共服务领域则明确显现在后发省份在“互联网+政务服务”建设上对头部省份急起直追当中。除此以外，2020 年更是国家“全面打赢脱贫攻坚战的收官之年”，缩小阶层差距的普惠性目标第一步将要全面落实，因此从 2019 年下半年起到整个疫情期间，诸如“小微企业和个体工商户服务专栏”“农民工返岗复工点对点用工对接服务平台”“低保申请不见面审批”等各种针对弱势群体和社会小组织的优待帮扶政策与服务在各地“互联网+政务服务”平台上不断涌现。从短期看，各地政府如何将“扶贫扶弱”的普惠性政策通过“互联网+政务服务”的赋能更有效地组织实施落地实现会继续成为 2020 年下半年一项“题中之义”；从较长期来看，发挥“全国一体化政务服务平台”的统筹和引领优势，促成数据共享、服务融合、创新互鉴，逐渐消弭发达省份和其他省份的“互联网+政务服务”发展差距，从而为区域间整体均衡发展做好“数字化铺垫”将是从中央到地方需要总体协同推进的一个中长期战略。

三、服务观念：更多“用户思维”

除了在战略层面走向“均衡与普惠”之外，“互联网+政务服务”在具体的服务观念上出现了更多令人欣喜地向“用户思维”的转变：上海大数据中心与多家银行战略合作，将银行网点变成办事大厅，打通“一网通办”最后一公里；北京在多个行政审批事项中首先允许“容缺受理”，即先办事，后提交材料和进行监管，并在法人和个人办事方面推动错时服务、午休时间服务、周末服务；江苏成为政务服务“好差评”上线之后第一个自揭短板进行补齐提升的省份，并且推进政务服务“一件事”的全流程整合办理；上海、广东则在最新的地方相关发文中明确提出探索政务服务事项的“无人干预办理”。从 2019 年下半年开始，此类政务服务用户体验方面的创新“此起彼伏”，而所有这些创新都具有一个共同的特点，即落实之后将会对企业和老百姓办事带来可以验证和统计的实际便利，而非停留在一个概念上，为了创新而创新。“银行办事”“容缺受理”“错时服务”会带来公众实际办事空间、时间和弹性的延展，“一件事”“无人干预办理”为公众带来的办事流程简化和时间缩短可以进行实际量化，“好差评”更是让“政务服务”变成像“商业生活服务”那样由用户来做出绩效评判。政务服务的便民化思路越发带有一种理性的市场思维和用户思维在其中。面对行政审批职能，政府不再视之以“权力和资源”，转而视之以“义务和担当”为核心价值观的蜕变在数字化渠道上正在加速催化。

四、移动端：愈发“成为未来”

工信部的数据显示，2020 年春节期间，移动互联网流量消费了 271. 6 万 TB，同比增长 36. 4%，而极光报告和 QuestMobile 的数据显示：“2020 年春节，全网用户 App 总使用时长较 2019 年春节增长了 26%。全网用户每日使用总时长节节攀升，从原来的 50 亿小时，一路飙涨到除夕的 57. 6 亿小时，到 2020 年 2 月 3 日升至 61. 1 亿小时”。按照中国总人口计算，去除包括无手机使用能力的老人与小孩和部分人群，假设剩下的 12 亿人都是手机用户，则意味着在春节的使用最高峰期，每个人将一天中接近四分之一的时间都贡献给了手机 App，可见移动互联网对用户的流量拉动和注意力抓取已经令人叹为观止。市场嗅觉敏感的各种商服务向移动互联网的倾斜已经基本完成，而“政务服务”的渠道扩展同样快马扬鞭。新年交替之际，海南省政务服务 App 的上线后，我国非港澳台地区的省份已经全部上线了移动端的政务服务 App，以“国家政务服务平台”移动端为总枢纽的全国一体化政务服务平台移动端矩阵已经初具规模。还有许多的省份在支付宝、微信、百度"小程序"等第三方渠道拓展上有较多发展空间，去形成"多端一体化的移动政务服务集群"为多渠道用户提供触角延伸；此外，在本次"新冠疫情"当中，通过"健康码"等应用，我们也再度见证了移动政务服务在"场景"方面具有相比PC端的一些"不可替代性"，移动端也将成为今后国家建设"重大突发事件数字化应急治理"体系当中非常重要的一环，在日常服务治理和应急突发管理两方面，都可以期待移动政务服务去做出更多创新。

五、政务新媒体：来到"聚光灯下"

在移动端的大趋势之下，自2019年下半年以来，政务新媒体从当初的无人问津转变成发挥巨大传播力和影响力的新局面。在《国务院办公厅关于推进政务新媒体健康有序发展的意见》当中，对新媒体的定义包含了政务App以及如小程序之类的服务应用。这里提到的"新媒体"则意指狭义上的主要提供"信息传播"功能的社会化媒体，包括微博、微信公众号、今日头条号以及现在崛起的抖音等。

早期，政府在微博、微信平台上建立官方账号经常遇见开张热闹几天、随后门可罗雀的情形。一方面是由于早期政府对新媒体运营都是"蒙着眼睛走夜路""摸着石头过河"，完全没有经验，在商业新媒体高超的内容运营水平之下成为用户注意力的牺牲品；另一方面则是由于微博、微信的平台特性导致用户对内容拥有完全不容置疑的主动选择权；而在头条系以"算法推荐"为核心的平台崛起之后，无论是"今日头条"，还是"抖音"，都对娱乐属性欠缺的政府类内容给予了一定的权重倾斜，即对"具有高度社会价值却很难由用户出于自身意愿选择的内容"，头条和抖音会利用算法直接推荐给用户阅读或浏览。在这种内容推荐逻辑之下，很多政府新媒体都出现同一篇内容在"微信公众号"阅读量几百，"今日头条号"阅读量几千乃至上万的差距，而人民日报的"抖音号"在2019年国庆70周年和2020年疫情期间发布的"短视频"更是动辄获得千万级"点赞"，抖音平台点赞量与播放量的比重约为1比100，意味着这些视频的播放量级达到10

亿次以上，这在微信平台是不可能发生的事情。由于短视频的碎片化特征，人们通常对信息内容的宽容度提高，认为“看看也无妨”。此时具备独特权威性社会价值的政府官方信息在良好的策划展现方式之下，往往能够给公众带来一种“期待以上的意外惊喜”，因此可以看到在很多政府官方抖音号发布的视频当中，公众的互动回应也高概率集中在“点赞”“表扬性留言”的“正向区间”。“算法驱动+短视频”为核心的新一代“政务新媒体”有望解决以往政务新媒体“酒香也怕巷子深”的问题。政务新媒体在2020年从传统微信、微博平台向新平台拓展的趋势将使其愈发走向“舞台前端，聚光灯下”，获得更多关注与曝光，大大加强政府在互联网端组织信息传播和舆论导向的能力。

六、基础设施：全面“安全可信”

最后一个趋势是我国的“数字政府”软硬件基础设施建设将全面转向“中国制造”，以实现数字化治理领域的“安全、自主、可信”。从2018年制裁“中兴”，到2019年阻击“华为”，以科技领域为焦点，中美两国关系两年来在各领域频繁出现摩擦，目前已经走到了一种“全面僵持”的阶段。在国际关系走向“新常态”的当下，我国针对这一事态发展无疑也做好了全面准备，无论是“中兴教训”还是“华为经验”，在关键科技领域进行自主化研发和布局，“不被别人卡脖子”都再一次成为共识，而“数字政府”领域对我国总体国家安全和社会治理的重要性首当其冲，因此，《国务院办公厅关于印发国家政务信息化项目建设管理办法》（后称《办法》）的发布，是从制度层面对数字政府基础建设“国产化”下达了通牒。《办法》中，十分明确要求“项目应当采用安全可靠的软硬件产品”“项目软硬件产品的安全可靠情况，项目密码应用和安全审查情况……是项目验收的重要内容”“对于不符合密码应用和网络安全要求，或者存在重大安全隐患的政务信息系统，不安排运行维护经费”。对于很多“数字政府”建设经费捉襟见肘的地区，要下定决心替换掉众多系统平台中存在安全隐患的软硬件设备，不可谓不是一种“壮士断腕”，但很多时候也只有“壮士断腕”才能焕发新生。在欧洲数字政府建设新锐"爱沙尼亚"的数字化进程中，这一点得到了有效证明，当初爱沙尼亚穷到"全国只有一根电线杆"，面对苏联遗留的老旧信息化遗产，邻国芬兰提出将整套模拟通信系统"免费赠送"给爱沙尼亚使用，但是爱沙尼亚政府选择从头自主建设全新的"数字通讯系统"。假如爱沙尼亚当初出于短期经济原因考量接受了芬兰的提议，将不仅在后续系统更新维护中处处受到芬兰"钳制"，更无从谈起依托"数字通讯系统"逐步实现爱沙尼亚目前几乎全社会领域覆盖并且高度去中心化的革命性"数字政府"架构。由此可见，在接下来的一段时期内，"国产化大换血"可能引发一些在使用习惯磨合、经费支出负担方面的阵痛，但之后终将使各地政府享受到国产化带来的全面"自主、安全、可信"的恩惠。因此在现阶段各地政府应当对涉及诸如"政府门户""互联网+政务服务平台""数据开放平台""业务系统""工作内网"在内的各类平台软硬件国产化情况做一个全面摸底排查，以策万全之备。

数字乡村建设模式探讨

——以山东省东营市利津县北宋镇数字北宋建设为例

东营市电子政务和信息资源管理中心副主任 赵军

2019年5月，中共中央办公厅、国务院办公厅印发了《数字乡村发展战略纲要》，明确指出：“数字乡村是伴随网络化、信息化和数字化在农业农村经济社会发展中的应用，以及农民现代信息技能的提高而内生的农业农村现代化发展和转型进程，既是乡村振兴的战略方向，也是建设数字中国的重要内容。”2019年以来，在山东省东营市大数据局、利津县大数据中心的支持下，市派北宋镇乡村振兴服务队与北宋镇党委政府，结合数字山东、智慧东营、智慧利津建设，在北宋镇开展数字乡村建设试点，着力解决信息化到村“最后一公里”问题，加快数字技术在乡村振兴领域中的应用，让乡村共享数字经济发展红利。

一、数字乡村建设困境和要解决的问题

近年来，省市县对数字化、信息化建设高度重视，建设投入较大，成效显著。但是在乡镇特别是农村，网络基础设施建设普遍滞后，政务服务资源难以获取，数字化建设难以满足乡村经济社会发展需要。因此数字乡村建设试点需着力解决以上问题，以提升政务服务水平、推动农村经济发展、提升农民生活品质、提升基层治理能力。

（一）提升政务服务水平

乡镇一级政府地处基层工作一线，承担着许多具体繁琐的工作，基本都是时间紧、任务多、要求高。利用数字信息技术，落实乡村信息化“最后一公里”，有助于乡镇基层党委政府减少管理层级，全面、及时、准确的掌握各项工作运行情况，能够有效改善政府服务水平及服务效率。

（二）推动农村经济发展

通过数字网络平台，嫁接各种数据资源，拓展农村信息服务行业、服务领域，降低农村建设和管理成本，推动农业生产、经营、销售和服务方式的创新，扩大乡村数字化服务范围，推动智慧农业、电商平台和文旅产业发展，以增加村集体经济收入，促进农民致富，推动农业经济全面发展。

（三）提升农民生活品质

信息技术具有平等、普惠等特点，通过打造数字乡村，有助于教育、医疗等各优势资源快速共享至农村，大幅改善农民教育及生活品质。发展智慧养老产业，启动智能手环试点，实时获取老人心率、血压、睡眠等情况，提升老人生活质量。提供在线办证、民政服务、社保办理、农业入保等服务，方便农民生产生活。

（四）提升基层治理能力

利用大数据平台，全面打通资源、环保、应急、市场等各业务之间的界限壁垒，开展智慧村居建设，实现乡村一张图、一站式治理，有利于农村治理体系和治理能力现代化的推进，解决基层矛盾，实现政府治理和社会调节、居民自治的良性互动。

二、数字乡村顶层设计和规划布局

数字乡村建设应以数字中国、数字省市县建设为依托，结合乡村本地实际，提出“五个一”推动数字乡村建设模式，即“一体化组织领导、一套支撑平台、一揽子服务领域、一站式服务门户、一个运营机构”，探索集规划、建设、管理、运营于一体的数字乡村发展新模式。数字北宋建设规划架构图见图 1。

图 1　数字北宋建设规划架构图

（一）一体化组织领导

建立健全领导机构、人才支撑、费用保障等工作机制，保证数字乡村建设有人负责、有资金支持、有专业人员管理。

（二）一套支撑平台

充分依托省市县已有资源，构建涵盖数据、网络、云服务、标准规范、安全体系等的支撑，为数字乡村建设提供保障。

（三）一揽子服务领域

一是政务服务领域，建设数字乡村一张图，定制整合政务服务平台、提高政务办事效率、提升政务决策水平。二是社会服务领域，整合城市管理、社会治理、生态环保、应急管理、教育医疗等资源，提供民生、社会、生产生活等一体化服务。三是产业服务领域，面向农业生产，开展农业数字化管理，对接电商平台，积极发展订单农业，启动智慧文旅发展，推进乡村数字经济快速发展。

（四）一站式服务门户

依托雪亮工程综治中心和便民服务中心，建设数字乡村大数据园区，实现数字乡村建设成果展示、综合调度、应用维护和市场化运作一体化发展。建设数字乡村综合门户，实现政务服务、社会服务和产业服务的统一入口、统一查询和统一管理服务，全面推动线上线下协同服务、共同发展。

（五）一个运营机构

按照"政府引导、企业主导、市场化运作"的原则，建立数字乡村运营公司，统揽建设和运营工作。

三、数字乡村具体实施内容和步骤

（一）按照数字乡村整体架构要求

成立数字乡村组织领导机构，编制数字乡村实施方案，搭建数字乡村支撑平台，开展三大服务领域各应用系统建设，构建线上线下一体化综合服务门户，组建市场化运营团队。

（二）按照数字乡村具体需求

政务服务领域以共享定制上级应用系统为主，社会服务领域以切实解决乡村实际问题为主，如何实施智慧养老和关爱小学生，产业服务领域以发展智慧农业和智慧文旅为主，扎实提升村集体收入和农民收入。

（三）按照信息系统建设步骤

开展数字乡村建设需求分析、编制数字乡村建设方案、开展数字乡村综合系统建设、实施数字乡村应用评估，探索数字乡村建设模式。

四、数字北宋建设实例分析

自开始乡村振兴服务以来，在派出单位的大力支持下，山东省东营市众多信息技术企业积极参与，市派北宋镇乡村振兴服务队和北宋镇统筹谋划、协同配合，着力开展数字北宋建设。目前，数字北宋建设框架初步形成，效果逐步显现，推动了北宋镇政务服务效率、社会服务能力和产业服务水平的有效提升。数字北宋综合门户登录界面见图 2。

图 2　数字北宋综合门户登录界面

（一）试点先行，建成前崔村数字乡村文化实践中心

完成政务外网到村延伸，实现省、市、县、镇、村五级网络互联互通，及时获得上级各类信息资源。配合雪亮工程，在村主要路口配置人工智能摄像设备（图3），疫情防控期间实现实时智能抓拍人员和车辆信息，方便劝导人员夜间执勤，使得村级社会治理水平大幅提升。以北宋镇航空影像为基础底图，完善基础数据采集整理，建成了村级地理信息系统（图4），并被列为全省智慧城市全景展示项目。建成前崔村数字乡村文化实践中心，配置了展示大屏、触摸屏、管理终端等，实现实时查看、体验、维护数字北宋建设成果。

图3　智慧社区智能监控

图 4 数字北宋地理信息平台

（二）精准导向，数字北宋政务服务功能逐步完善

结合北宋镇实际，定制北宋镇政务服务网上办事平台、政务公开信息平台，推进数字北宋网上办事服务（图 5）。在全镇推广使用全市协同办公系统，北宋镇副科以上干部、各部门单位负责人、全镇 72 个村党支部书记，共 120 余人实现移动化办公。建成全镇村情村貌平台，实现对全镇 72 个村的基本情况、历史沿革、人口数据等查询查看和统计分析。集成我爱我村财务公开平台（图 6），实现实时查看各村财务收支情况。

图 5 数字北宋政务服务领域门户

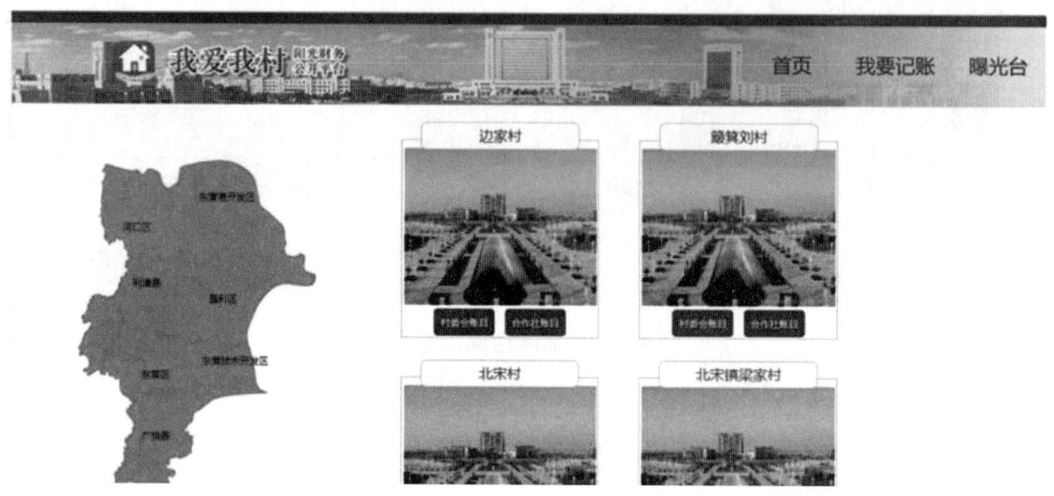

图 6　数字北宋阳光财务公开平台

（三）夯实基础，数字北宋社会服务功能效果初显

实施了数字北宋三维航飞摄影项目（图 7），对全镇 105 平方公里全域进行了无人机航飞摄影，对北宋镇周围和滩区重点区域三维建模，建成了数字北宋大数据平台（图 8）。结合雪亮工程，建成乡村地理信息平台，实现前崔村、高家村人口、房屋、农田等主要部件元素的数字化、可视化管理，提升村级社会治理水平。推进智慧养老服务（图 9），以部分村为试点，为 75 岁以上老人配置手环 40 余个，实时监控老人血压、心率、睡眠、运动轨迹等，方便与家人通话并能提供一键报警、姿态异常报警和电子围栏报警等，同时积极与医疗机构对接，推动智慧医疗产业化发展。

图 7 数字北宋全景影像系统

图 8 数字北宋大数据平台

图 9　数字北宋智慧养老管理平台

（四）紧贴实际，数字北宋产业服务功能渐行渐好

积极开展智慧农业试点，基于北宋镇三维数据信息，采集全镇设施农业大棚类型、数量、品种、产量和负责人等信息，实现北宋镇设施农业数字化、可视化管理（图 10）。建设北宋镇农产品追溯平台（图 11）、北宋镇农产品检测数据监管平台、建成北宋镇乡村振兴电商公共服务平台（图 12）。充分发挥大数据分析手段，实时分析统计不同时段农产品供给能力，积极对接大市场、大饭店、大超市等，开展网上订单服务。研究利用遥感、物联网等技术，积极推进大农作物的长势分析、病虫害检测和农业估产等工作，指导农业高质量发展。开展文化旅游景点信息采集和应用系统开发，推荐多条旅游线路，实现吃游购住一体化网上推荐和选择，全面推动产业数字化。

图 10 数字北宋设施农业大棚管理系统

图 11 数字北宋农产品追溯平台

图 12　数字北宋电商公共服务平台

数字北宋是贯彻落实《数字乡村发展战略纲要》的具体体现，也是推进乡村全面振兴的重要举措。虽然数字北宋建设框架初步形成，效果也初见成效，但还需完善工作机制，强化工作措施，按照《2020 年数字乡村发展工作要点》《数字北宋建设实施方案》，推动数字北宋真正激发信息化在乡村振兴中的巨大潜力。

下一步主要工作包括：

一是推动数字北宋建设运营机构组建，创建北宋镇数字经济产业园，实现产业服务反哺政务服务和社会服务，推进数字北宋建设可持续发展。

二是开展资源整合和应用扩展，不断推进数字北宋政务服务、社会服务、产业服务三大领域各项应用系统建设和应用范围，确实发挥好数字北宋服务农业“三农”的广度和深度。

三是开展分析评估，探索数字乡村建设模式，为数字乡村建设提供一种参考和借鉴，构建集规划、建设、管理、运营等为一体的数字乡村可持续发展模式，助力脱贫攻坚和乡村全面振兴。

第二篇
政府门户网站集约化研究与实践

试论大型集约化网站群建设意义

智政院原创

一、中国互联网发展状况统计报告

中国互联网络信息中心（CNNIC）于2019年8月30日在北京发布了第44次《中国互联网络发展状况统计报告》。

第44次《中国互联网络发展状况统计报告》显示："截至2019年6月，我国网民规模达到约8.54亿，互联网普及率达到61.2%。"（图1）

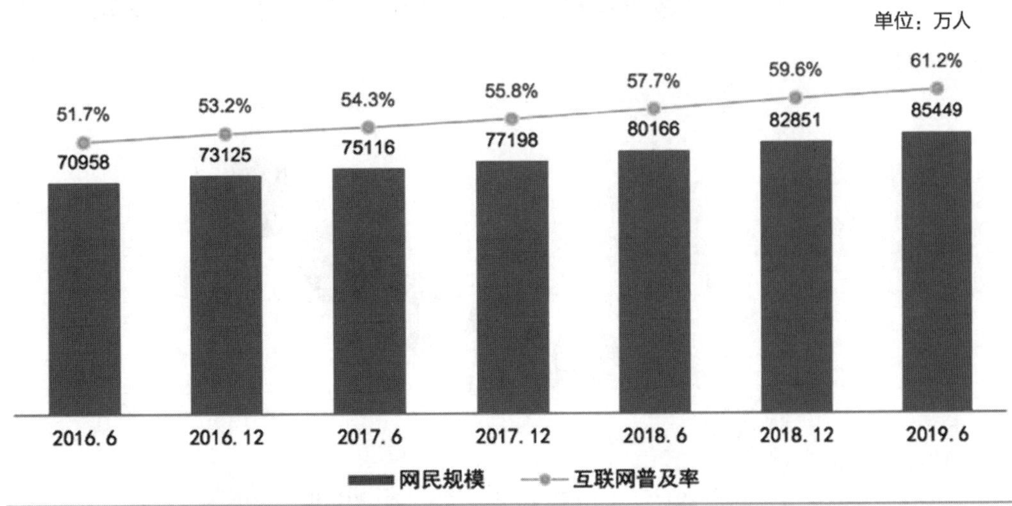

图1　网民规模和互联网普及率

“截至2019年6月，我国手机网民规模达到约8.47亿，手机上网的比例由2018年底的98.6%提升至99.1%。”（图2）

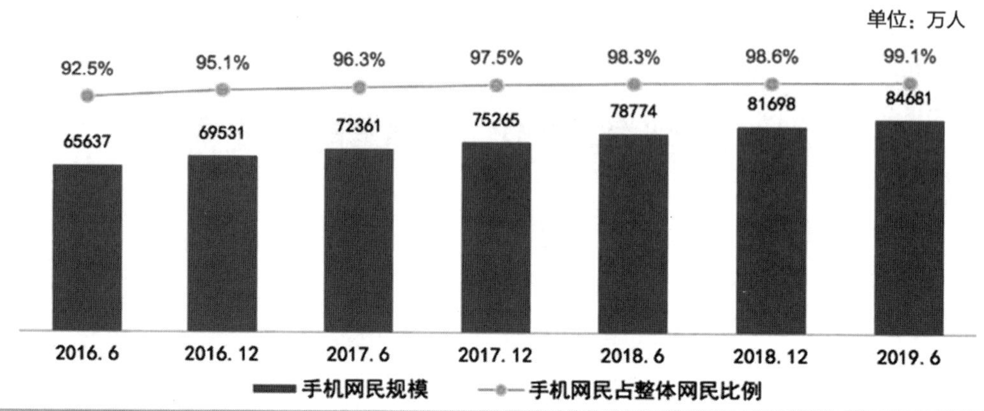

图2　手机网民规模及其占网民比例

二、中国500强企业

2019年9月1日，中国企业联合会、中国企业家协会在济南发布了2019年中国企业500强名单，其中国有企业265家，民营企业235家。

党的十八大以来，千亿企业持续增加，自2013年至2019年的7年中增加了71家。（图3）

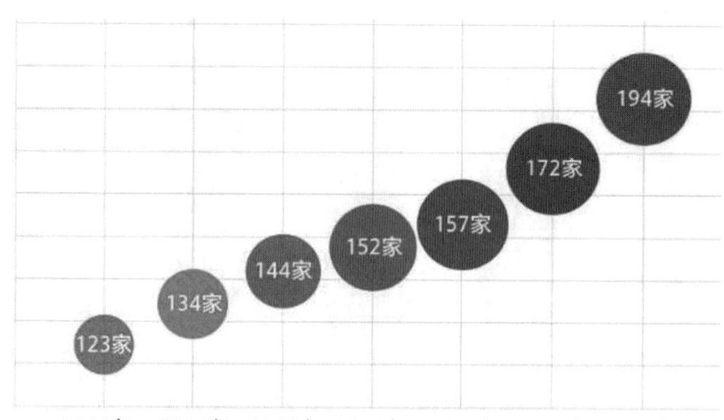

图3　千亿企业数量变化

三、世界 500 强企业

《财富》杂志 2019 年 7 月 22 日与全球同步发布了最新的世界 500 强排行榜。此次从数量上看，世界最大的 500 家企业中，有 129 家来自中国，历史上首次超过美国（121 家）。

图 4 表明，十多年来国内政府网站得到了蓬勃发展，离不开相继出台的一系列政策要求，如 2017 年 6 月 8 日发布了《国务院办公厅关于印发政府网站发展指引的通知》（国办发〔2017〕47 号）。

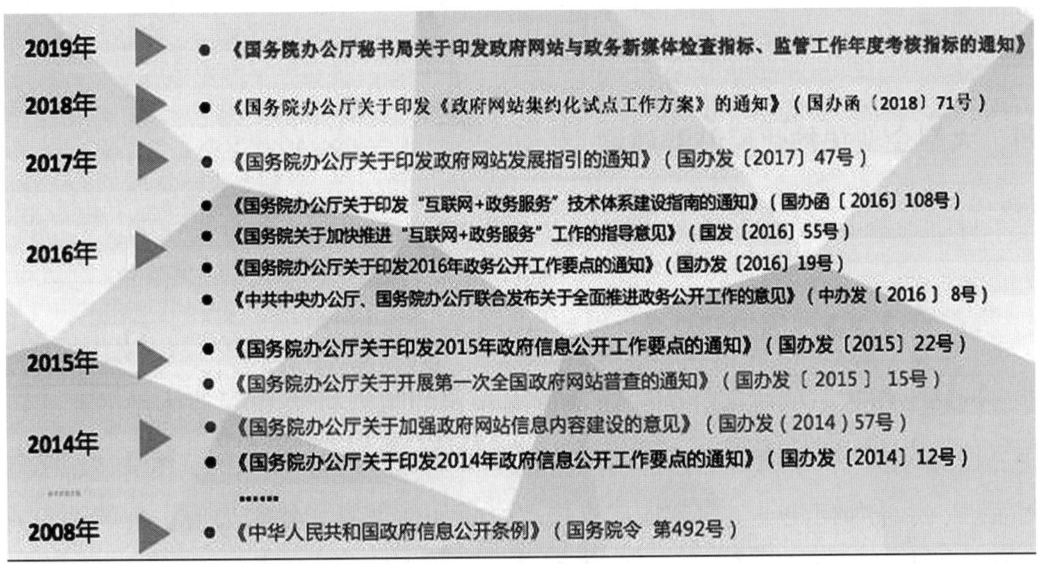

图 4　近十年系列政策

国内集约化网站群的发展阶段经历图 5 所示的几个阶段。

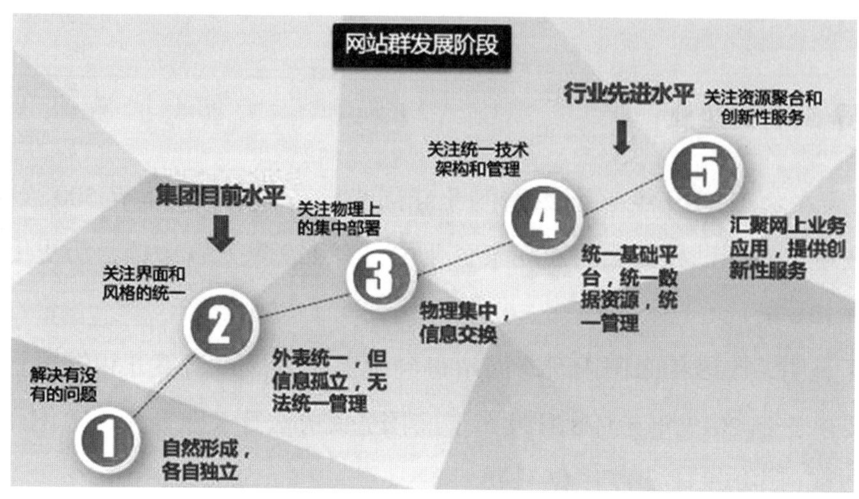

图 5　网站群发展阶段

四、大型企业集约化网站群建设

目前大型集团企业也迫切需要集约化网站群的建设，主要意义如下：

（一）改变管理体制不健全、规划建设不合理现象

网站工作是一项协调性强，需要建立稳定的组织机制和标准体系的常态工作。目前，大型集团企业系统内的网站尚未形成统一的管理体系与标准，网站如何管理、系统如何建设、内容如何管控、栏目如何设置、技术如何实现等均没有明确的要求，各单位各自为政，缺乏全面、系统的规划和有效组织，集团与下属单位网站之间、下属单位网站之间、下属单位内部网站之间未建立上下联动、左右协同的网站互动机制，造成“各管一摊”的现象。

而通过企业集约化网站群建设，建立一套科学适用的建设与运行管理体系，如图 6 所示，可改变此种现象。

通过大型集团集约化网站群的顶层设计，根据集团统一确立的形象规范，可对各单位进入网站群的子站制定支撑网站群建设的各类标准规范，形成网站群建设和管理的标准文件。例如，编制网站群技术标准、使用规范、管理体系、固化

各种流程；对页面设计进行调研、分析、对栏目进行规划；网站群管理制度、应急预案及应急响应体系编制。

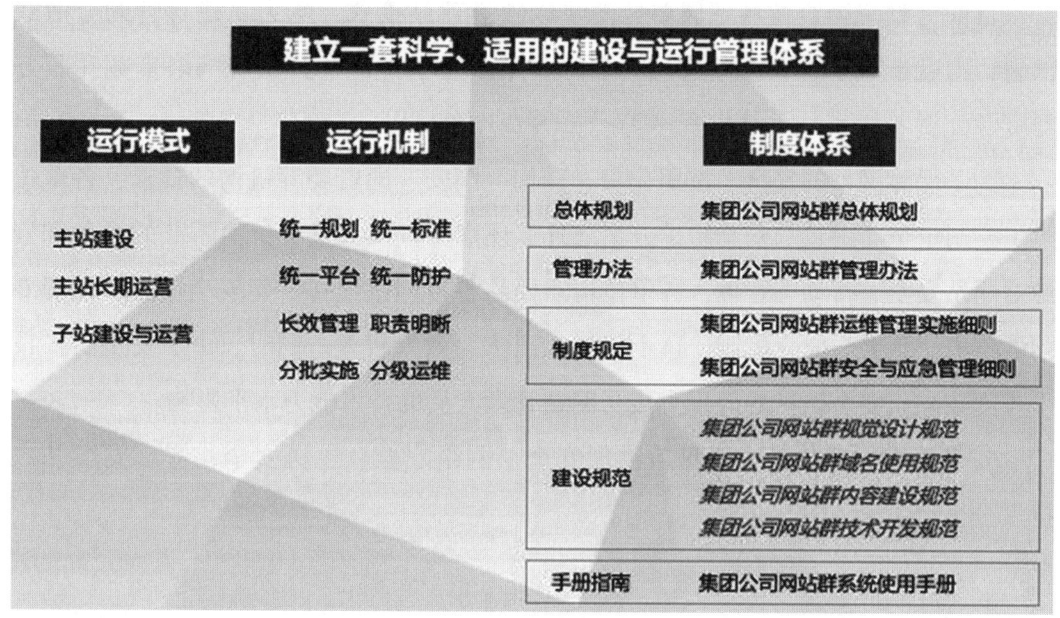

图 6　管理体系

（二）改善技术平台不一致、资源整合能力差问题

目前，大型集团企业下属各单位网站分别采用 PHP、ASP、JSP 等不同的技术实现方式，使用不同的网站平台产品，相关网站之间形成不了有机整体，个体差异大，无法实现集成，信息资源共享程度弱；不同的技术平台造成开发与运维难度提高，建站成本提高，且安全无法得到统一保护。

通过大型集团集约化网站群的功能部署，可搭建网站群系统管理平台，单套系统最大支持大型集团企业及所属企业 2000 个网站的建设和管理，包括网站群内容管理系统、互动交流系统、全文检索系统、信息采集系统、微门户系统、用户行为分析系统、招聘系统、信息报送、网站监测、安全监控系统等独立产品，及网站群建设所需的必要功能。实现一次搭建，全员使用，资源共享。

（三）解决安全防护难度大问题

目前大型集团企业各下属单位的采取独立建站模式，均为自建自管的分散式部署，这就造成了各级网站建设、维护费用参差不齐，并且出现网络带宽和服务器资源配置不均衡、重复投资多等严重浪费现象。

为了保障网站的安全、按照公安、网信、国安、国资委等机构的要求，各单位除了要制定全面细致的安全防护方案之外，还需要投入大量的价值不菲的设备和资源对网站安全进行动态管理，各单位均需要给各自网站配备一套安全设备、配置专门的值班、预警与应急机制，这不仅投入巨大、效果较差。同时，由于安全防护技术难度较高，安全防护的效果直接受网站管理人员的技术能力水平影响。

安全技术体系建设主要涵盖物理安全、网络安全、主机安全、应用安全和数据安全五个方面。

1. 物理安全

物理安全也就是硬件安全，它是整个集约化网站群系统安全的前提。在网站关键应用上，应尽量采用双机热备方式，并且定期对重要数据进行备份刻盘为保障网站群物理安全提供有效手段。并对集约化网站群平台增加防火墙、入侵检测、漏洞扫描、防病毒、网页防篡改等系统综合保障集约化网站群平台的物理安全。

2. 网络安全

网络安全主要关注安全域划分、入侵防范和抗拒绝服务攻击。

3. 主机安全

主机安全主要关注核心防护、辅助防护、扩展防护、审计功能、双因素认证、状态监控、服务器管理、用户管理、基于web的集中界面管理。

4. 应用安全

应用安全主要关注系统安全控制、日志管理、分布式发布和加密传输、权限管理控制、防 SQL 注入、用户验证码、IP 访问限制、数据库连接字符串加密、前台页面动静结合发布。

5. 数据安全

通过等保测评（建议达到三级等保要求），最大限度地减少了集团范围内所属企业门户网站的安全风险。

（四）解决风格差异较明显、视觉形象不统一问题

因大型集团企业未对各单位网站提出标准化、规范化改造意见，导致各单位网站出现与主站界面风格差异较大，存在门户网站标识、视觉识别标识使用不规范问题，不利于企业形象统一和文化融合。许多单位网站多年不改版，页面风格与百年央企、世界 500 强企业网站主流趋势相差较大。

通过建设集约化网站群，统一网站群视觉设计规范、网站群域名规范、网站内容架构规范等（图 7），可在互联网上树立与本身品牌形象相匹配的统一形象，形成宣传合力，提升品牌影响力。

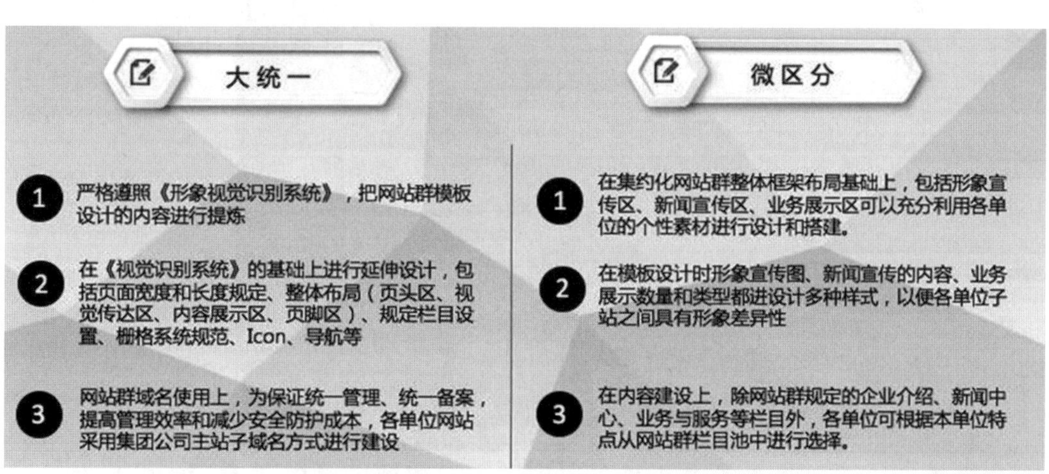

图 7　集约化网站群设计的大统一与微区分

（五）整体解决主体单位需求变动调整问题

互联网技术发展日新月异、主管单位相关要求变动调整多，对于大型集团企业非集约化网站群来说很难达到整体解决。如 IPV6 改造、HTML5 技术应用以实现手机端响应式访问、敏感信息筛查等方面。

集约化网站群平台可充分发挥规模优势，可扩展性强，通过“统一规划、统一标准、统一平台、统一防护”的建设原则，既可以满足统一管控的要求，又可以兼顾各单位个性化扩展需求。

（六）解决下属公司越多，整体投资越大问题

分散部署投入多，对于下属公司越多的集团企业整体投资越大，如图 8 所示。

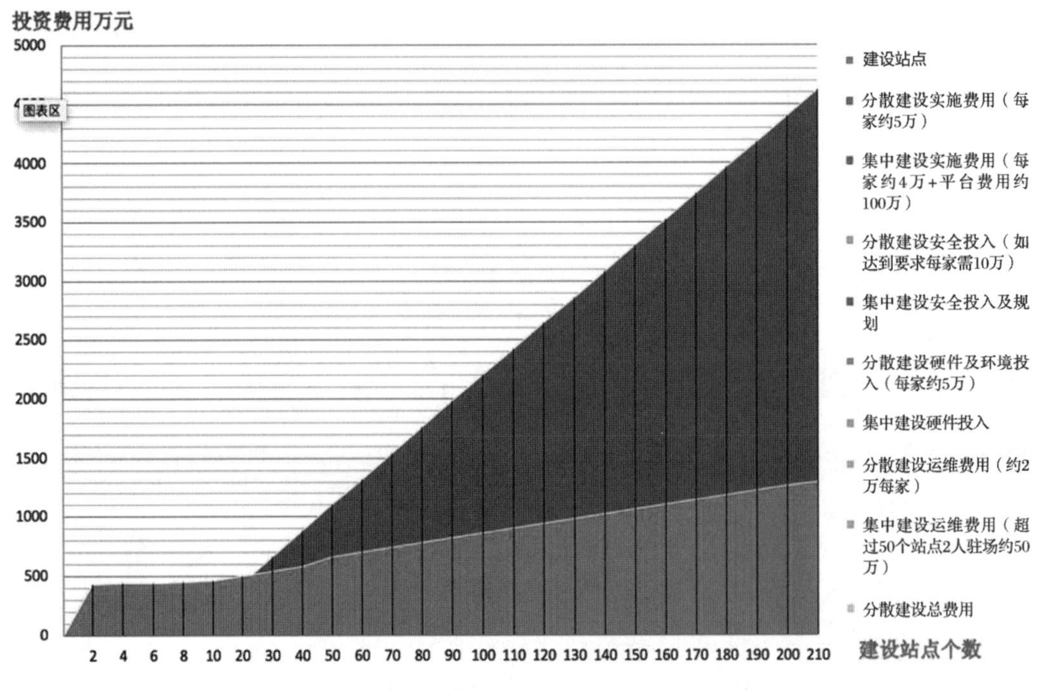

图 8　站点建设的投资费用

25 家站点规模之前，分散建设的投入会比集中建设投入少，约 25 家站点的

时候总体投入分散和集中建设费用相当，但 25 家之后集中建设的投入会有明显的优势。

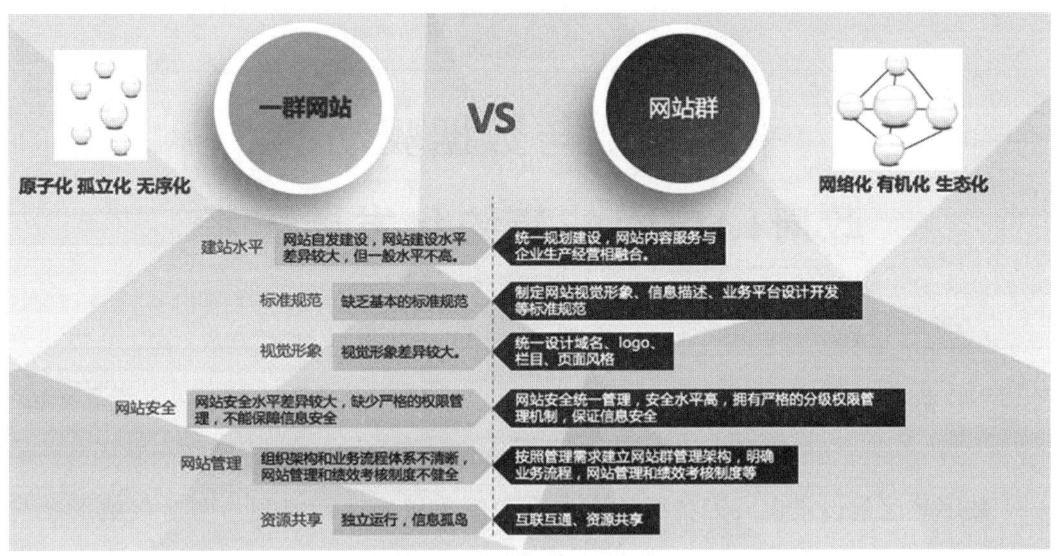

图 9　群网站 VS 网站群

通过大型集团企业的集约化建设将原子化、孤立化、无序化的一群网站变成网络化、有机化、生态化的网站群（图 9）。网站建设工作任重道远，我们愿与您一道披荆斩棘，共同为祖国的繁荣强盛贡献一份力量。

平台赋能与数据驱动的政府门户网站集约化发展思考

智政院原创

数字政府建设正在成为各级政府重构和优化权力运行流程、塑造权威形象与公信力、提升公众参与感与获得感的重要路径，通过优化政府运行的信息模式、组织模式与运营模式成为推动政府数字化转型的重要动力，而以“数据业务化”与“业务数据化”为重要特征与目标的政府门户网站集约化则成为支撑数字政府建设与运营的关键基础。

放眼全球政府网站发展历史，政府门户网站集约化建设领域有两个重要的标志性事件，一是2007年的英国政府网站“瘦身”运动，二是2015年开始的中国政府网站普查运动。2007年，当时的政府信息化水平位居全球前列的英国政府针对政府网站展开了一场大刀阔斧的“瘦身”运动，其最终结果是关闭90%以上的政府网站，将现有的951个网站缩减为26个（截至目前已经减少为24个）。这对当时正处在百花齐放的创新阶段的全球政府网站建设而言颇具轰动效应，背后其实已经涉及线上权力流程的重塑与在线用户体验的再造。

2015年，国务院办公厅发布《关于开展第一次全国政府网站普查的通知》（国办发〔2015〕15号），启动了全国政府网站普查工作。全国政府网站普查工作的主要目的是为摸清全国政府网站基本情况，以便解决网站中“不及时、不准确、不回应、不实用”等问题。针对普查中发现的存在问题的政府网站，督促其整改，问题严重的坚决予以关停，切实消除政府网站“僵尸”“睡眠”等不正常现象。目前全国政府网站普查已形成了常态化工作流程，并在中国政府网建立了全国政府网站数据库，定期通报抽检情况，最终将全国政府网站由最开始的85890个“瘦身”为目前的14525个。经历了近五年的全国性普查工作推动，不仅为政府网站的集约化建设奠定了坚实基础，同时在政务公开、回应关切等方面都具有极大的改观。

2018年11月，国务院办公厅印发《政府网站集约化试点工作方案》（以下简称《方案》），《方案》的指导思想中提及“打通信息壁垒、推进集约共享，提升政府网站管理和服务水平和建设整体联动、高效惠民的网上政府”，可见“整体、高效、共享”将会是政府门户网站集约化的关键所在。《方案》还确定了北京、吉林、安徽、山东、湖北、湖南、广东、广西、重庆、贵州10个省（区、市）和西藏自治区拉萨市作为政府门户网站集约化试点地区，要求各试点地区在2019年12月底前完成政府网站集约化工作，实现各级各类政府网站资源优化融合、服务便捷高效和数据互认共享等工作目标。《方案》在试点任务的具体工作中，提出要重点做好建设集约化平台、形成标准规范、构建信息资源库、提供一体化服务、强化安全保障五方面的工作。同时《方案》明确集约化平台“应向平台上的政府网站提供诸如站点管理、资源管理、权限管理、内容发布、用户注册、统一身份认证、站内搜索、投诉举报、个性定制、内容推送、统计分析、安全防护等十余类功能支撑”。自此，政府门户网站集约化正式进入“公众视野”。

在移动政务飞速发展、政务服务在线创新纷繁以及线上线下结合的政务服务模式层出不穷的时刻，如何看待在国家层面提出“政府门户网站集约化试点”的意义和价值？智政院认为，首先，政府门户网站集约化建设是通过数字技术、资源协同与机制设计推动建设“整体政府”的重要举措，是以用户为中心重构政务公开、交流互动、在线办事和用户体验的综合性与系统性工程；其次，政府门户网站集约化建设是支撑和推动政府权力运行与履职实现数字化转型的重要手段，是大数据时代政府机构提升服务创新主动性与风险应对灵活性的重要平台，有助于对过去的政府信息化发展沉淀的数据和资源进行激活；构建以政务服务、社会治理与市场监管为主要功能的数据要素市场需要政府网站集约化进行支持，政府网站资源的数据化、可视化与价值化，将成为未来数字政府建设的重要驱动力。

一、政府门户网站集约化建设案例分析

围绕《政府网站集约化试点工作方案》（以下简称《方案》）要求，智政院从10个试点省（市/区）中选取了湖南（图1）和山东（图2），以及集约化水平较高的非试点省份浙江（图3）进行简要介绍和分析。

（一）湖南省政府门户网站集约化建设

湖南省针对政府门户网站集约化试点工作拟定了“5226”的建设思路，所谓“5226”，即在2019年底前，实现建设规范、信息资源库矩阵、智能搜索、智能问答、互动交流平台“五统一”，省级政府门户网站集约化管理平台功能、省级政府网站用户体验“两优化”，全省政府网站监管能力、省级政府网站安全保障与全省政府网站安全监测预警能力“两提升”，政府网站数据、平台、服务、管理、安全、资金“六集约”。

湖南省政府门户网站集约化试点主要围绕标准规范、互联互通、共享共用、安全保障与特色发展五个方向开展。在标准规范方面，为保障集约化管理平台安全、平稳的运行，实现统一规范管理，湖南省制定的相关标准和规范主要包括：省级政府门户网站集约化平台建设、政府网站建设、统一信息资源库建设、集约化平台安全防护、集约化平台运维管理；在互联互通方面，湖南省为迁移至集约化平台的省政府门户网站、所有省直部门网站提供内容发布、音视频管理、依申请公开、互动交流等应用服务，提供网站监测、网站分析等运营监测服务，以及平台、服务器运维监控服务，并实现后台用户统一身份和单点登录；在共享共用方面，湖南省打造了“1+14”统一信息资源库矩阵，建设1个省级库、14个市州库，按照“先入库、后使用”原则，汇聚各地各部门政府网站信息发布、便民办事、互动交流等栏目信息互认共享。信息资源存储，统一管理，促进跨网站、跨

系统、跨层级的资源互调用和信息互认共享。目前，省级统一信息资源库完成部署，逐步进行数据清洗和入库，累计入库资源近 125 万条。此外，除了在安全防护方面加强安全责任边界划分、管理、预警和处置，湖南省在政府网站集约化创新方面着重推动下属市州的特色化发展，如在湘潭市与常德市试点用户行为分析、智能推荐、网站大数据平台、统一身份认证、信息资源共享等。

图 1　湖南省政府门户网站

（二）山东省政府门户网站集约化建设

山东省政府门户网站页面如图 2 所示。

图 2 山东省政府门户网站

山东省在推动政府网站集约化试点方面形成了一个平台、一套标准、一个数据库、一站式服务、一体化安全保障的“五个一”服务体系，目标是打造利企便民、透明高效、整体协同、精准服务的一体化网上政府。研究制定了涵盖总体设计、技术应用、数据内容及安全管理4大类16个标准规范；构建了分类科学、集中规范、共享共用的全省政府网站信息资源库，对政府网站信息资源以及对接应用系统数据资源实行统一管理。

山东省在运维机制、互动模式与应用创新方面打造了政府门户网站集约化的“山东模式”，在运维机制方面，实现网站运维服务的竞争PK机制，由部门评价网站运维工作绩效，可自行更换服务商，倒逼服务商提高网站运维服务质量。在互动模式方面，开发部署了包含领导信箱、民意征集、调查投票、在线咨询、投诉建议、留言评论等多个互动交流的业务模块，形成了“网站受理、后台办理、网站反馈”的运营体系和“统一受理、部门分办、结果公开、群众评议”的运行机制。在应用创新方面，在智能建站、智能检索等方面极大地提升服务功能的易用性与便捷性，进而提升集约化平台的运营效率与服务水平。

（三）浙江省政府门户网站集约化建设

浙江省政府门户网站集约化平台以统一架构、统一规范、集约建设、资源共享、分级管理、协同运维为原则，通过提供统一的数据接口，使得各网站主办单位在安全可控的基础上，将已有的应用数据接入集约化平台进行同步发布，实现数据资源集中共享，构建政府网站信息资源协同共享利用基底。在政府门户网站集约化建设过程中，主动适应数字化时代趋势，呼应浙江省推进政府数字化转型与“最多跑一次”的顶层设计。浙江省人民政府门户网站通过以“浙里看”“浙里办”“浙里督”“浙里问”等内容模块设置，为公众构建了覆盖看、办、查、问的全方位服务体验，通过“一体化服务”和优化政府网站智能检索、智能问答等功能，为公众提供高效便捷的政务信息服务。此外，借助省级政府数据开放平台和大数据技术的支撑，以多业务协同应用为突破，通过构建业务协同、数据共享模型等实施数字化创新应用建设。利用大数据平台，实现多网融通，为公众提供更加便捷可信的政务信息服务，持续提升政府网上履职能力和服务水平。

图3　浙江省政府门户网站

分析和对比湖南、山东、浙江的政府门户网站集约化建设内容即可了解，第一，是以标准规范制定来推动政府门户网站集约化已成为基本共识，因此湖南和山东在标准规范的设计上均列为首要任务且成效显著；第二是在运维与创新推动方面因地制宜、择机而动，对比湖南、山东的建设路径可以看出，山东更强调在运维绩效上的竞争机制，并将信息资源的集约化数据库与平台建设作为统一互动交流与政务服务创新的基础性支撑；第三是透过浙江省政府门户网站集约化平台建设模式看出，以政府门户网站集约化平台为依托，构建以用户为中心的政务信息服务闭环，围绕政府权力运行打通内外互动的数字化节点，提升公众参与感，有利于更大程度激活民间创新活力与政府运行透明度。第四是强调集约化平台的安全保障，将集约化平台的权责边界、安全防范措施、预警机制等进行了完善的部署设计。

二、“数字政府”时代的政府门户网站集约化创新展望

（一）政府门户网站集约化的国标与价值

在平台、数据与算法驱动的政府门户网站建设新阶段，我们需要重新认识“政府门户网站集约化”的目标与价值，首先对于数字政府建设与在线政务服务创新而言，政府门户网站集约化是为了实现“管理闭环化”，即实现从内容和服务的生产、运营、创新、评价等各个环节的可视化监测及数据反馈，消除不可预知的盲点；其次对于数字政务的治理手段与服务内容的落地而言，政府门户网站集约化是为了实现“治理结构化”，即针对不同人群、不同对象、不同区域的定向、精准的数字服务供给；再次是“服务长尾化”，即在集约化平台运营过程中通过数据沉淀不断发掘潜在用户需求，不断衍生出更多元、更丰富的政务产品。

（二）政府门户网站集约化的发展趋势

随着5G、云计算、人工智能、物联网等“新基建”的兴起，政府门户网站集约化必将迎来一个新的历史发展节点，那么未来将呈现何种发展趋势？

1. 互联网用户获取信息行为的转变

多元化政务信息发布矩阵的形成以及政府门户网站与其他发布渠道的系统连通，将实现政务信息的同源发布、多渠道展现，政务信息同源发布、同源管理已成必然。因此，建立政府门户网站集约化平台，并通过数据共享、服务分发、信息连接等途径实现与社会化平台、政务新媒体矩阵的同步运行，已成为政府门户网站集约化能力的重要表现。

2. 由“平台”转变为“助理”

大量智能检索服务、智能客服机器人以及其他智能化应用的使用，以及对内与对外、本地与异地、多部门与多网站间的内容持续整合，加快了信息、内容、知识的沉淀和应用创新，将推动政府门户网站与用户从“交互”走向“交流”，不断学习与识别用户的需求，并形成一套对内容、服务的个性化输出逻辑与路径。政府门户网站集约化平台在公众服务和办事领域的价值与形象将逐渐由“平台”转变为“助理”，这背后主要是数据与算法的支撑。

3. 逐步凸显数据价值

政府门户网站大数据带来的数据价值将逐步凸显。其主要体现在政府门户网站集约化平台自上而下覆盖的广度、深度与强度，在内容采集、创建、管理、传递、发布、共享等信息全生命周期过程中的各项功能应用将不断完善，在数据收集能力、收集范围、处理能力等方面将不断增强。因此当数据要素市场不断成熟，数据权责边界不断清晰，对数据的阐释能力、应用能力也将不断增强，因此未来将不是仅仅以内存大小来定义数据，还有可能以货币甚至其他单位来定义数据的价值。

（三）政府门户网站集约化发展中的三组关系

“新基建”时代的政府门户网站集约化发展还必须关注三组关系：首先是

“平台与平台的关系”，即集约化平台与第三方平台之间的关系，特别是以微博、微信、直播、小程序为主的新媒体平台，如何巩固集约化平台的堡垒作用，拓展第三方平台的输出能力，这也需要一套完善的统筹运营机制；其次是“数据与数据的关系”，即集约化平台上不同类型、不同领域、不同层级的数据之间的关系，要善于发掘、分析和探索出数据之间的关联，推动从数据发现需求并创新服务的运营机制；第三是“场景与场景的关系”，即不同部门、机构、层级之间涉及关联内容、关联服务之间的场景衔接与互荐，需要从技术、业务和体验上建立流畅的用户在线旅程。

在政府数字化转型与新兴数字技术的变革驱动下，不仅是中国，全球其他国家的政府网站也进入了一个创新与实验的密集阶段，比如美国加利福尼亚州名为“Alpha（阿尔法）”的政府网站改版项目采用快速迭代、敏捷开发的方式进行网站改版设计，并且注重获取公众的需求，坚持“以用户为中心”的政府技术的核心标准。“Alpha（阿尔法）”项目的一位负责人最为准确地描述了政府网站的未来——“Alpha（阿尔法）”的政府网站建设不仅仅是在建设“网站”，而是在构建数字时代的政府运行基本方式。这或许也应该成为政府门户网站集约化的终极目标。

政府门户网站的“第一平台”价值和未来走向

智政院原创

在我国成功控制新冠疫情的过程中，“政府门户网站”和“政务服务平台”在政府数字治理层面发挥了“一体两翼”的作用。相比于政务服务平台侧重于防疫服务应用创新，如“健康码”“口罩预约”“确诊患者同程查询”等直接为公众提供服务落地支持，政府门户网站彰显政府线上对外“第一平台”身份，在发布权威信息制止谣言传播、公布相关政策助力复工复产、汇聚信息与服务形成统一入口等方面发挥了更加综合性的作用。

比如中华人民共和国中央人民政府门户网站上线了“新冠肺炎疫情防控服务专区”，实时回应网民关切的问题，同时也对各地疫情防控相关专题专栏进行了汇聚，形成统一入口。见图 1。

江苏省人民政府门户网站的“坚决打赢疫情防控阻击战——江苏在行动”专题，不仅包含从中央到本省各级部门、各市县疫情防控、复工复产的部署信息，还有相关政策和专家连线等内容，帮助网民答疑释惑；同时，实时更新的“疫情快报”大数据和视频新闻等内容对疫情概况和复工复产进度进行了直观展示，有助于迅速稳定民众情绪、提振公众信心。见图 2。

图 1　中华人民共和国中央人民政府网

山东省人民政府门户网站的疫情防控专题，不仅汇聚了各层级、多视角的防疫部署信息资讯，还对疫情防控和复工复产背景下的诸如“复工复产”“复学”“实时疫情”“口罩”“健康码”等热门关键词做了智能检索的整合与排序，方便用户一键查找。同时，也在专题内聚合了一些疫情防控的相关服务，并在页面底部留有疾控中心专项 24 小时咨询热线，体现出门户网站信息、服务与互动综合入口的价值（图 3）。

江苏省人民政府

坚决打赢疫情防控阻击战

江苏在行动

疫情快报

全国

11例【新增确诊病例】 82827例【累计确诊病例】 4632例【死亡病例】 77394例【出院病例】

全省

0例【新增本地确诊病例】 631例【累计本地确诊病例】 0例【死亡病例】 631例【出院病例】

中央声音

省领导活动

联防联控

市县

部门

视频新闻

专家连线

政策信息

图2　江苏省人民政府门户网站

图 3　山东省人民政府门户网站

疫情期间，政府门户网站虽然没有产生如同“健康码”一样的爆款应用，但作为数字政府“第一平台”，其信息发布和回应的“权威性”和“一手性”，在疫情各阶段起到的舆论场稳定营造和公众信任支撑作用不容置疑。国外的一项调查显示：“在定期访问或使用政府网站的人群中，有高达 43%的人对政府评价比两年前更高，而 33%不经常上政府网站的人，对政府的态度没有发生明显变化。”

一、政府门户网站的政策路径

政府门户网站从无到有，再到明确成为政府线上对外“第一平台”，经历了多年发展历程。回顾这个历程，智政院理出了国务院办公厅针对政府网站出台的5项重要专项政策，这些政策节点为政府门户网站绘制出一条清晰的发展路径：

（一）《国务院办公厅关于加强政府网站建设和管理工作的意见》（国办发〔2006〕104号）（现已因时效废止）

本文件明确“2006年1月1日中央政府门户网站正式开通，标志着由中央政府门户网站、国务院部门网站、地方各级人民政府及其部门网站组成的政府网站体系基本形成。”并提出“把政府网站真正办成政务公开的重要窗口和建设服务政府、效能政府的重要平台”这一政府门户网站的基准定位，意味着自彼时起，全国政府网站形成了一个各级政府利用线上进行“政务公开”的渠道网络，也为门户网站注入了“以信息为本”的基因。

（二）《国务院办公厅关于进一步加强政府网站管理工作的通知》（国办函〔2011〕40号）

相隔5年之后，国办再次出台的文件聚焦于网站管理层面，提出“进一步加强对政府网站管理工作的领导……切实解决政府网站管理中的突出问题……充分发挥政府网站的信息公开、互动交流作用……不断提升政府网站工作水平”，应当说，这是政府网站体系形成5年以来，中央针对各地各部门实践中暴露出来的管理问题专门提出的一个指导性文件，注重管理职责的边界划定与落实，并且强调信息审核的重要性，网站整体的安全性和连通性，同时，将网站的基本定位从“政务公开”深化为“信息公开”和“互动交流”两个方面，使定位更加清晰和符合时代特征。此外，文件指出“对确实无力管好的网站或栏目，要果断予以关闭。”这一说法可谓此后政府网站进入集约化时代吹响的一个前奏。

（三）《国务院办公厅关于加强政府网站信息内容建设的意见》（国办发〔2014〕57号）

本文件的着力点是政府网站的“信息内容”建设，从信息发布、传播能力、内容支撑、组织保障等方面做出指导性安排。本文件中尤其值得注意的两点在于，一是自《国务院办公厅关于做好施行<中华人民共和国政府信息公开条例>准备工作的通知》（国办发〔2007〕54号）当中提到“各级政府网站要成为政府信息公开的第一平台”，首次在电子政务专项文件中再次强调“要将政府网站作为政府信息公开的第一平台”；二是首次明确提出“推进集约化建设。完善政府网站体系，优化结构布局，在确保安全的前提下，各省（区、市）要建设本地区统一的政府网站技术平台”。通过该文件，政府网站既稳固了自身对外“第一平台”的定位，也确立了集约化建设的推进大方向。

（四）《国务院办公厅关于印发政府网站发展指引的通知》（国办发〔2017〕47号）

2017年，大名鼎鼎的“47号文”（简称《指引》）发布。《指引》明确了政府门户网站集约化的具体路径及要求，“通过统一标准体系、统一技术平台、统一安全防护、统一运维监管，集中管理信息数据，集中提供内容服务，实现网站资源优化融合、平台整合安全、数据互认共享、管理统筹规范、服务便捷高效。”，另外，《指引》还首次明确政府网站名称、域名、设计等方面的标准化要求；首次明确提出政府网站信息资源库概念，要求构建统一信息资源库；首次系统化提出政府网站开办整合的流程要求。《指引》是一个系统性对政府门户网站集约化和其他相关标准化工作作出细化部署的顶层设计文件，为政府网站发展，尤其是集约化建设提供了一份目标明确、操作性强的“说明书”。同时，相比前述文件，《指引》在政府网站总体定位上有进一步的发展，一是将信息公开细化为：信息发布、解读回应，二是明确将“办事服务”加入进来，形成了“信息发布、解读回应、互动交流、办事服务”新的四大职能布局，实现政府网站从信息发布向政策解读、回应关切及政务服务的转变。

（五）《国务院办公厅关于印发〈政府网站集约化试点工作方案〉的通知》（国办函〔2018〕71号）

《指引》印发一年后，国办印发了开展集约化试点工作的文件，“推进政府网站互联互通融合发展……建设基于统一信息资源库的政府网站集约化平台，以信息资源共享共用带动试点地区政府网站整体服务水平的提升……支撑新技术、新应用、新功能的无缝对接，能够随技术发展变化持续升级和灵活扩展”，如果说《指引》是一份“顶层设计说明书”，那么本文件就是一个“具体实操策划案”，通过山东等10个试点地区建设集约化平台，形成标准规范，构建信息资源库，提供一体化服务等实践《指引》做出的顶层设计安排，以及优先采购国产软硬件系统设备，支持IPv6等举措满足数字政府新常态的要求，实现“以点带面”有序推进全国政府网站的集约化进程。

从以上5项文件中我们可以条理分明地看到政府网站政策路径的两条脉络：一是政府网站的定位越来越与时俱进：从“政务公开”到“信息公开、互动交流”，再到“信息发布、解读回应、互动交流、办事服务”，从单一的信息导向转为“信息、服务融合”导向；二是政府网站的建设模式从孤立分散走向集约化，有一个明确的需求萌发——概念引入——顶层设计——试点实践，最终通向全面推广的政策引领过程。这两条脉络一个在满足公众诉求上做加法，一个在控制体系冗余上做减法，不断稳固政府门户网站作为面向公众的线上“第一平台”的总体站位。

二、政府门户网站的未来走向

迈入2020年，新冠疫情在全球范围的爆发、中美国际关系的全面僵持导致的全球经济下行压力和国际贸易不确定性等外部因素，国家对“新基建”的大力推动、脱贫攻坚关键年等内部条件，以及政府门户网站本身确立的“第一平台”定位，都将对政府门户网站的未来演进趋势起到或大或小的塑造作用。

（一）满足“办事服务”的定位必然以推进“服务融合”为基础

政府门户网站集约化的大趋势不可逆转，在10个试点地区按照文件部署顺利完成集约化建设之后，其中的经验和教训都会促进全国其他地区的集约化更加顺利地推进。当前的集约化，无论是以浙江为代表的统建模式还是以江苏为代表的统分模式，总体目标一般都确立在区域内政府门户网站的统一集中建设和运维。但集约化的高级阶段，除了门户网站体系本身的纵向集约贯通，还应该包括和政务服务平台体系的横向深度融合，如此方能完全满足《指引》提出的四大定位中的“办事服务”这一定位。而目前，各地的集约化门户网站平台上的服务融合程度参差不齐，融合较浅的模式是在“办事服务”频道页做了一个服务分类的“外壳”，点击具体办事项目跳转到政务服务平台重新登录，用户体系并未打通；更深层的融合则是与政务服务平台的用户体系打通，统一用户跨平台登录，用户中心可以查看跨平台用户的信息；而以山东省人民政府门户网站为代表则更进一步，将政务服务平台的整个办事过程闭环“复制”到了门户网站，用户办事不用再跳转到政务服务平台，完全在门户网站内部完成。

“服务融合”深度会被一个地方的管理模式、建设预算、公众需求等各种因素所左右和影响，短期内无法简单地要求各地达到山东模式的深度。但智政院认为，用户体验的“连贯性”和“一致性”应当为融合程度划出一道“底线”，即能够让政府门户网站的“注册用户”流畅地完成整个办事服务过程，并且在门户网站的个人中心提供办事进度的实时反馈。至于实现方式是通过将办事流程整个搬到门户网站内部完成，还是通过与政务服务平台的统一用户和信息共享、数据交换来达成，这都不影响公众用户对政府“第一平台”可以提供良好办事服务体验的感知。

（二）世界时局和中国发展目标谋求网站实现更高效的“信息传播”

2017 年，习近平总书记在讲话中提出：“放眼世界，我们面对的是百年未有之大变局。”如今来看，此言可谓一语中的。新冠疫情在全球爆发并且短期内没有完全结束的可能性，使得全球政治动荡、经济停滞，中美关系的冻结更是为世界贸易恶化雪上加霜。在世界剧变的 2020 年，我国一方面要守护全国人民付出巨大代价换来的疫情相对平稳局面，另一方面又要实现夺取全面脱贫攻坚战最后胜利的预定目标，以及保持中国经济软着陆的基本航向不偏移。在这段时间内，政府网站建设了大量疫情防控、复工复产、惠企政策专题专栏，而未来一段时期内，政府依然会大量出台各类关于防控疫情、扶贫扶弱、激活经济方面的政策和部署，以及组织大量相关新闻和资讯的发布与传播；老百姓和市场主体为了活下去以及活得更好，也同样会比以往任何时候都对以上信息敏感而渴求。因此，在这个特殊的时代节点上，政府门户网站发布权威资讯和进行信息公开的重要性将得到前所未有的体现。这意味着政府门户网站需要强化信息发布、智能检索、专题建设以及作为官微、官博等其他官方渠道的信息基础支撑能力，从而更加及时、准确、高效地发布热点政策和解读，传播社会重要真相、辟谣止谣，来满足政府侧和公众侧的社会治理双向需求。

（三）“5G”促使政府门户网站从“信息”到“服务”全方位进化

5G 作为我国在科技高精尖领域处于世界领先地位的一张王牌，国家一直大力投入各项资源进行产业扶植与催化，而“新基建”战略的全面推行，无疑更使通讯产业 5G 化进程“如虎添翼”。2020 年底 5G 信号即将覆盖全国主要城市，而市面上的 5G 手机生态对消费者已经提供了足够宽广的选择面。5G 全面接管移动通信网络将使中国的移动互联网带宽、传输速率和可靠性得到质的飞跃，迈入全新阶段。

在政府门户网站方面，5G 除了促使“访问渠道进一步向移动端偏移”以外，对政府门户网站“信息”和“服务”这两个总体导向都将产生重要影响。在信息方面，信息表达方式将从图文二元化转为立体多元化，5G 的带宽优势，让发布新闻、公开政策和解读文件等从以文字和图片为载体进化成包含音视频、动画，乃至 VR 内容在内的多元化富媒体范式，从“图文并茂”到“声情并茂”。在服务方面，办事服务效率和自由度将获得极大解放。5G 的高速传输、低延迟，让电子证照的上传、调取、校验以及业务审批流转的过程大为缩减，办事从“秒办”向“毫秒办”进化，通过超高清的远程视频连线，拓展出人工窗口、自助机、网上办理之外的“第四空间”，综合人工与线上办事优势，带给公众全新的办事交互体验。政府门户网站在信息与服务融合全面打造对外“第一平台”的进程中，5G 将打破数据传输的束缚，造就具有磅礴想象力空间的办事场景和办事体验。

（四）“数据开放”将成为政府门户网站社会价值体现的全新着力点

2020 年 4 月 9 日，《中共中央、国务院关于构建更加完善的要素市场化配置体制机制的意见》正式公布。文件要求推进政府数据开放共享，探索建立统一的数据规范和标准、支持构建多领域数据开发利用场景。在本次疫情中，各地已经展示出数据发布和数据开放水平逐步提升的面貌。虽然各地水平参差不齐，但这次疫情时期，很多地方不仅发布了数据，还开放了数据，然后社会又迅速利用了这些开放出来的数据做成了各种应用，服务于社会公众。虽然“数据发布（开放）”并未明确进入《指引》提出的政府网站四大定位当中，但在 2019 年国务院办公厅制定的《政府网站与政务新媒体检查指标》当中，“数据发布”已被列入了加分项指标。这些情况都说明，在中央文件的部署下，在“新基建”对大数据的加持下，在社会公众的实际需求下，政府网站将“数据开放”纳入重要职能定位是一件“水到渠成”的事。目前，虽然各地政府门户网站大多也不约而同地开设了“数据发布（开放）”栏目，但在实际情况当中，能够为公众发挥真正价值的并不多，有些政府门户网站建设的栏目发布出来的全是干巴巴的罗列数据的文章，更不用说提供数据集的下载和接口，公众根本难以有效利用这些数据。有的政府门户网站名义上提供数据集的下载，然而实际提供的数据集数量和种类却十分有限，也不是社会利用价值高的数据，沦为鸡肋。

当然从疫情数据开放的实际情况可以看出，政府并非没有值得开放出来的高价值数据，社会也并非不能将这些数据价值充分利用起来服务大众，关键还是在于国家已经明确将数据认定为一种与资本、劳动等具有相同地位生产要素的情况下，政府门户网站是否有足够强的自我驱动力去做好“数据开放”。

经过集约化的“瘦身”之后，政府门户网站数量在我国超过500多万家网站阵营里，占比已经进一步缩减到0.5%以内，但却承担着对外发布政府政策措施、表明政府立场态度，为社会公众提供互动交流、政务服务、数据开放渠道等一系列重要职责，是政府在互联网端的“数字化孪生”。

政府门户网站的建设和运维都必须顺应时代发展、适应技术变革、响应社会需求，要让政府对外“第一平台”承载更多社会价值，变得更加“实至名归”。

数字政府时代基于中台实现政府门户网站价值升维

智政院原创

在电子政务向数字政府转型的语境中，政府门户网站的建设亟须一种基于微服务的中台化系统架构，以实现对信息发布、解读回应、互动交流、办事服务、数据开放等需求的及时响应、快速赋能和敏捷迭代。

我们来看两组数据，2015年7月，中国网站数量约为413万个，其中政府网站数量85890个，总体占比超过2%；2019年12月，中国网站数量约为497万个，其中政府网站数量14474个，总体占比降低到0.3%以下，从这里，我们可以看到“政府网站集约化”从明确提出到实行5年多以来的显著成效。然而政府门户网站总体规模的“瘦身”，伴随的是用户总量和职能定位的不断“充盈”：用户方面，可以2019年“互联网+政务服务”的用户总量升至2.39亿，相比2018年再度提升7300万为佐证；职能定位上，政府门户网站从最初承担单向宣传工作，单一定位于“官方媒体”，逐渐拓展成为从信息到服务全覆盖、全维度与公众进行双向交互的“综合性平台”。这种转变，源于数字政府语境之下，政府推动社会治理维度和治理方式向“互联网+”的全面转型，以及市场环境与公众需求变化带来的反哺。

一、通过“基于微服务的中台架构”实现后端集约化和敏捷化

如上文所述，在数字政府时代，一方面，政府网站的体系建设和管理模式在国家引领下不断趋向“集约化”，而前端页面和管理职责的“集约化”必须以后端系统的“集约化”为支撑，如果后端系统仍然是一座座孤岛、功能零散分布，那么整个建设和管理难度就会倍增；而另一方面，政府网站的用户规模和用户需求反而在急剧扩张和叠加，“用户规模扩大”挑战系统对高并发的承压和快速响应能力，“用户需求叠加”导致后端需要不断迭代出新的功能和应用，如果仍然以传统的“单一功能系统”去不断堆叠整个集约化后端，则很容易发生某个系统在高并发压力下崩溃，而后产生“牵一发而动全身”的雪崩效应，引发整个后端的系统性灾难，同时当我们需要进行功能迭代或应用扩容的时候，孤立的系统架构也会导致流程复杂、兼容困难、耦合严重，并且越叠越庞大的后端会像一个肥胖症患者般变得越发沉重和冗余。

因此，在数字政府大环境对政府门户网站形态的双向塑造下，网站的后端亟须“化繁为简、轻装上阵”，以一种基于微服务的中台模式来进行架构。政务中台架构将单一功能系统统一转化为模块化的微服务，当内容管理系统成为内容管理微服务、统一身份认证系统成为统一身份认证微服务门户网站后端从而集约成为一个统一的政务中台，得以成功“瘦身”。而中台架构对云和分布式、多级缓存和负载均衡的良好支持，能够有效应对高并发和大流量场景；灰度环境、微服务熔断和重启使问题能够控制在局部得到有效处理和解决；高度解耦的微服务架构使功能和应用的敏捷迭代成为可能，在此基础上我们将能够以高效率与合理代价建立网站并满足网站在内容管理、信息采集、互动交流、办事服务、数据开放、用户管理、运维监测、数据分析等方面不断激发的需求。

二、以智能化“内容管理”实现内容高效生产与分发

内容是网站之本，建立网站整体结构，而后以丰富、高价值的信息内容充实网站是最基础也是最重要的需求。网站的结构建立包含站点、频道、栏目、元数据、维度、权限等不同属性组及其对应关系的设置，内容生产的过程涉及对信息的编辑、增值、发布、维护与共享等多个环节。在集约化体系内，网站数量多，信息发布需求频繁，如果不能支持快速批量建站，建立一个集约化网站群的过程将漫长而复杂；如果内容管理不够智能化，如内容编辑和维护繁琐、多媒体支持乏力、多渠道信息难以共享，那么网站内容生产将陷入低效和苍白的困境，质量难以保障、分发耗时费力。

因此，我们需要利用中台的门户网站群集约化管理微服务这个核心模块，完成单网站和横向、纵向的虚拟网站群快速建站，并可实现多网站分布式部署和管理，在内容生产上实现一键导入、一键排版、批量发布、批量撤稿等智能化操作，提高建站和内容编辑与维护效率；除此之外，还可利用互联网音视频点播直播微服务为网站提供基于流媒体的多媒体服务支持，打造声情并茂的网站内容生产和展现形式；通过利用社会化媒体信息分享微服务打通多端渠道，实现网站信息在移动 App、微信、微博、头条、小程序等媒介的数据同源和推送同步。通过这些内容管理方面的智能化微服务，可以迅速构建集约化门户网站的整体框架和内容基础，亦可进一步丰富内容展现形式，拓展内容发布渠道。

三、以多元化“信息采集”完成信息素材自动汇聚

在实现基础的内容管理之后，网站需要进一步为访问用户提供更丰富、及时、高价值的信息内容。我们知道，政府门户网站需要按照各级政府统一部署进行要闻发布和信息公开，需要针对不同社会治理需求构建信息专题，需要捕捉舆论热点及时进行科学、客观、权威的官方回应。除了部分自主采编的素材以外，

大量信息资源和素材依赖于政府横向与纵向体系内的其他网站以及相关行业的一些专业性网站提供。面对这些浩如烟海的信息源，如果缺乏自动化的采集手段和标准化的管理方式，单纯依靠信息维护人员人工搜寻、搬运、整理、留存信息资源和素材，将导致效率低下、管理无序，开展上下级要闻和政策同步、专题构建、舆论回应等工作难度倍增。

因此，针对同一集约化体系内的网站，可以利用中台的信息资源库管理微服务实现各网站间的信息资源共享与利用，信息资源库管理微服务通过统一的数据标准与接口规范，建立安全高效、充分共享的资源中心，让集约化体系内的信息资源遵循统一分类、统一元数据、统一数据格式入库，实现信息资源“一处录入，全域标准化共享调用”，从而完成集约化体系内信息资源和素材的高效收集与反哺；对于集约化体系外的网站，我们可以利用信息采集微服务实现对预设目标网站、特定主题信息的监测与抓取，信息采集微服务基于用户自定义规则抓取信息，既可存入独立数据库，也可通过接口发送至特定平台或系统，从而实现更大范围内的信息资源和素材的有效采集。通过信息资源库管理微服务和信息采集微服务的多元化信息自动汇聚，沉淀下来的丰富信息素材，将为网站及时同步要闻与政策、快速构建信息专题、有效回应舆情热点等需求提供有效的信息资源支撑。

四、以多样化“互动交流”实现用户诉求智能响应

互动交流是政府门户网站另一个重要的职能定位。在信息内容的基础上，我们还需要提供强大的互动交流功能，以通达社情民意，响应公众诉求。在政府门户网站上，不同场景下的用户会产生不同的互动需求。例如，有的用户的目的是给领导写信、有的用户是为了获得专业性较强的咨询建议、有的用户愿意协助政府改善工作方式、也有的用户希望进行实时交流，获得实时反馈。面对不同的互动需求，如果提供的互动渠道过于泛化和单一，那么不仅公众很难获得满意的互动体验，同时公众提交的咨询、建议、投诉、举报等内容将十分混乱，也为管理者带来筛选、转办、回复上的重重困难。除此之外，公众的大量交互诉求，如果

没有人工智能手段辅助处理，则会迫使政府工作人员将大量时间和精力浪费在一些常规、标准化和模式化的回应之上。

因此，我们需要采用中台的统一互动交流微服务，实现领导信箱、咨询投诉、意见征集、问卷调查等多种互动入口的统一提供和集中管理，完成用户信件、咨询、投诉、建议的“一门式”受理和反馈；利用智能挖掘搜索微服务，对网站结构、内容、行为习惯进行挖掘和深度学习，最终实现快捷、精准、全面、智能的用户个性化搜索服务；利用智能机器人交互微服务，通过智能语义和机器学习等技术，不断深化基于人机交互的“仿真客服”体验，让用户以搜索替代问询，以智能问答替代人工问询，帮助减轻政府工作人员咨询办件负担；除此之外，还可以利用在线访谈微服务构建基于图文和视频直播的网上实时交互界面，为政府和公众搭建“面对面”的沟通桥梁，完成更加实时和直观的交流。通过以上多样化的交流互动微服务，细分公众交互诉求与场景，并以人工智能作为辅助，提升公众的互动交流体验，减轻政府工作人员非必要的咨询负担，将加快对公众意见与建议的处理和反馈。

五、以标准化“办事服务”满足用户一网通办需求

随着数字政府的不断发展和“互联网+政务服务”的持续推进，政府门户网站在信息与互动的基础上，越来越强调办事职能的发挥。在政府门户网站与政务服务平台融合不断深入的过程中，门户网站终将面临和政务服务平台相同的一个问题，即各地、各部门各自都存在大量政务服务与便民应用建设需求。如果没有一个统一的标准和平台，任由其各自为政去建设，那么在多个厂商、多种技术、多重标准的情况下势必导致应用界面和规范五花八门、兼容性差，形成一个个应用烟囱，同时还可能出现同类应用反复开发，造成各种资源浪费，而现有应用难以完成向集约化网站内的高效迁移。

因此，需要利用中台的应用开放微服务，制定应用建设标准和规范，获得统一应用接入与整合能力，对应用接入、应用审核、应用发布、应用上下架等进行

全生命周期的管理。按照应用接入规范，推动各地、各部门进行标准化应用开发，同时也将分散在各地、各部门的现存应用进行梳理与整编接入，形成一个统一的“应用开放生态”。

通过应用开放微服务对集约化平台提供应用服务支撑，从而实现应用服务集中供给、办事内容极大丰富、建设资源有效集约，促进政府门户网站办事服务能力升级，给政府提供更轻松的“一网通办”接入，给公众提供更流畅的“一网通办”体验。

六、以多维度“数据开放”实现数据要素价值供给

“数据开放”正在愈发成为政府门户网站信息、互动、办事之外另一个重要的价值维度。《政府网站发展指引》提出的“信息发布、解读回应、互动交流、办事服务”四大网站功能定位中虽然没有明确包括数据开放，但是2019年《政府网站与政务新媒体检查指标》中，“数据发布”已被列入了加分项指标，2020年国家也正式将数据作为一种新型生产要素写入政策文件，并要求推进政府数据开放共享。在数字政府大背景下，“数据发布（开放）”目前对政府门户网站是一个加分的可选项，未来则更有可能成为一个必选项。“数据开放”涉及的政府部门与公共机构广泛，各类异构系统和平台的数据如果无法在政府门户网站“数据发布（开放）”栏目高效实现整合并具备机读性，那么多维度数据开放的实现将极为复杂，或是沦为花瓶与摆设，难以为社会提供真实价值。

因此，需要利用中台的信息数据交换微服务，促成集约化平台与大量业务系统和第三方平台间的数据进行统一交换和共享，以信息数据交换微服务提供的数据资源梳理、元数据管理、数据标准、分类目录、资源注册、导航、搜索、数据可视化等功能实现数据清洗、可机读与便捷化管理。

通过信息数据交换微服务实现集约化平台与异构系统和平台数据的采集、交换、审核、发布与共享，将为政府门户网站打造有力的多维度数据开放，以高性价比为社会和公众提供数据要素的价值供给。

七、以一体化“用户管理”促成用户与数据全域融合

在前集约化和集约化早期，政府网站需要公众注册账号才能使用的功能种类有限，往往不同功能需要公众单独注册但尚可勉强接受。然而随着政府门户网站职能叠加越来越多，用户需要浏览信息、进行互动、需要在线办事、数据开放……同时集约化体系内又有诸多网站，如果这么多功能和网站的用户体系仍然像以往那样无法打通，那么对公众来说，面临大量重复注册、认证、登录以及记忆不一致账号规则的困难将成为一种用户体验灾难，甚至实质上造成对用户的“劝退”；对政府而言，用户体系的多头管理不仅是一种管理资源上的负担，也难以建立统一的用户画像，以便实现完整的用户行为分析，为网站未来发展提供数据辅助决策。

因此，需要利用中台的统一身份认证管理微服务，对集约化网站群内部站点及功能的用户体系进行贯通与整合。在保证信息的真实、合法与有效的基础上，通过对多域大规模用户信息的汇聚、关联与去重，高效实现统一用户管理、用户认证和单点登录三个层次的身份管理，从而实现面向公众提供统一的注册、认证、管理服务，达成集约化体系内用户信息的集中管理与数据安全管理。通过统一身份认证管理微服务完成用户体系的全站融合，让公众可以“一号登录、全站畅通”，并使统一沉淀的用户历史数据成为后续数据分析的有力支撑，从而保障公众获得流畅一致的用户体验，政府实现统一高效的用户管理。

八、以全方位“运维监测”保障平台与内容安全可靠

全国政府网站的检查指标年复一年不断细化和提出更高要求，同时随着全球局势的变化，国际、国内网络攻击隐患也不容忽视。政府门户网站如果总是轻易被挂木马、开后门，或是频繁宕机无法访问，或者把关不严发布了失当内容，那么就算内容再丰富、交互再优秀、服务再实用，也无法挽回网站的失态，反而会

由于大量用户的关注对恶劣影响起到推波助澜的作用。但是集约化网站群规模大、站点多、运维重点和难点千头万绪，不仅要关注后端各种软硬件支撑及网络、应用、数据在常规时段和并发峰值下的可用性和稳定性，还要关注前端页面资讯、公开、互动、服务等不同栏目，以及同步到各类政务新媒体渠道的内容安全性和准确性，如果缺乏智能化、自动化的监测管理手段辅助网站管理人员实现协同运维，那么集约化前端的和后端安全体系将很难做到面面俱到，滴水不漏。

因此，需要利用中台的网站集约化运行云监测微服务，对政府门户网站的信息、页面、应用和搜索引擎等维度进行多站点、全天候自动监测；利用网站与新媒体管理监测微服务，结合国家、地方或行业网站检查指标与新媒体监测指标，对政府门户网站总体安全性、健康度、运行环境、网站服务能力、政务新媒体运行状态等进行全面监测；利用互联网应用安全监测预警微服务，基于特有的白名单机制，实现指向明确的站群统一安全监测管理，为目标站群提供病毒、木马、赌博色情篡改等网络安全监测与防火墙服务；以上监测微服务对集约化平台发现的各种问题快速定位、实时告警以便问题得到及时处理，并可定期形成监测报告以供形成系统性复盘和完善建议。除此之外，我们还可利用错别字及脱敏处理微服务，在网站内容发布前对信息进行全面智能化扫描分析，实现事前内容纠错和脱敏处理，防患于未然，以便更好响应各级政府门户网站检查指标对敏感文字内容的检查要求，防止造成不利社会影响。

通过以上全方位的运维监测微服务，可实现给整个集约化平台打造从前端到后端、从基础设施到内容界面全面覆盖的安全运维体系，使整个集约化平台固若金汤。

九、以多层次“数据分析”推动平台持续自我进化

数字政府在不断发展，政府门户网站也需要不断驱动自我革新。只有形成“以价值吸引用户、以用户促进分析、以分析催生新的价值”这样一个良性循环，政府门户网站才能在未来始终贴合国家指导方针，紧跟数字政府发展浪潮，不断

为公众创造新的社会价值。

数据成为新的生产要素，多年来不断沉淀的数据也是政府门户网站的一座宝库。网站访问统计数据隐藏着哪些关于用户和内容的线索？用户行为轨迹描绘出怎样的用户画像，可以挖掘出哪些用户需求？用户数据和办事数据的结合暗示着用户具有怎样的办事偏好和场景依赖？如何将这些数据中千丝万缕的联系揭示出来，形成一种直观展示的结果和建议，从而优化网站管理，辅助领导决策？如果缺乏智能化分析手段的支撑，数据将始终只是一摊乱麻，看上去诱人却无从下手，不但白白浪费了多年积累下来的数据价值，而且网站管理和决策工作也只能走“靠感觉、凭经验”的老路子，效果无法预期、前景难以明了。

因此，我们可以利用中台的多种数据分析微服务。首先，利用网站访问统计微服务，实现政府门户网站的基础统计管理，获得包括内容、栏目访问量、PV、UV、来源、地区等基础统计数据；利用互联网用户行为分析微服务，实现网站访问数据和用户行为轨迹的综合分析，发现用户访问规律、绘制用户轮廓画像、挖掘用户潜在需求，制定用户活跃度、忠诚度和黏度指标，指导网站问题优化、提升网站服务的精准性和时效性；利用政务服务千人千面分析微服务，基于用户相关信息（年龄、性别、地域、职业等）、用户行为记录、办件信息、事项信息等数据，对用户办事偏好和办事场景进行精准预测与个性化推荐，实现从“人找服务”到“服务找人”；利用大数据分析和量化展现微服务，实现对上述相关数据的统一采集和汇聚、指标建模、数据处理、可视化展现等全生命周期管理，通过大屏实时化、动态化数据展示与多维分析，为管理者提供工作辅助，为领导提供决策支撑。通过这些多层次的数据分析微服务，我们将能够建立一套以科学、客观、量化、直观的数据关系为核心的数据支撑体系，辅助指引政府门户网站未来的发展道路，实现真正的价值升维。

参考文献

中国互联网络信息中心，第 45 次《中国互联网络发展状况统计报告》。

智能化、场景化、个性化，北京市政府门户网站"一网通查"搜索服务，破解政务信息"找不到、找不快、找不准"难题

首都之窗运行管理中心　余勇妮

2017年4月，国务院办公厅印发《政府网站发展指引》（以下简称《指引》），对政府网站搜索功能建设提出了更高、更细致化的要求。《指引》中明确提出，政府网站要提供包含错别字自动纠正、关键词推荐、拼音转化搜索和通俗语言搜索等功能，并根据用户真实需求调整搜索结果排序，提供多维度分类展现，聚合相关信息和服务，实现"搜索即服务"。

为落实《指引》要求，北京市人民政府办公厅于2019年4月印发了《关于坚持以人民为中心推进一体化网上政府建设的工作方案》的通知，旨在构建以"一网通查、精准获取"为目标，打造一体化政府信息发布平台。具体提出，要优化搜索功能，实现"搜索即服务"，升级智能搜索引擎，准确获取用户需求，智能展现集政策文件、政策解读、办事入口和咨询问答等服务于一体的完整场景，实现即搜即用、一键获取。丰富和完善"百姓体"词库，智能关联企业群众通俗语和政府文件语言。

北京市政府门户网站率先开展搜索功能升级，于2019年7月上线智能搜索平

台。该平台数据覆盖范围包括市政府门户网站（首都之窗）全渠道数据，即包含网站和微信等新媒体平台发布的所有信息，同时收录市级各政府部门网站数据，实现“一口入、全网通搜”的政务信息智能化搜索服务。到2019年底，数据搜索范围进一步扩大到全市16区政府网站，实现全市范围政府网站政务信息和服务全覆盖。用户在任意政府网站即可精准搜索本网站政务信息和服务，还可“一网通查”全市政务信息和服务。真正实现即搜即用、一键获取。针对企业和市民使用的高频政务搜索关键词以及常用政务服务事项，通过智能化聚合技术，北京市政府门户网站推出一百多项热门政务场景化服务。通过该项目的实施，北京市政府门户网站搜索服务水平得到了整体提升。

一、“一网通查”智能搜索平台的功能和应用特点

北京市政府门户网站“一网通查”智能搜索平台属于市级政府门户网站集约化平台共性应用系统，对全市政府网站范围内的信息、服务、数据、资料等进行全面采集，形成全市政府网站信息资源总库，与集约化平台网站用户行为分析系统结合，主动采集和分析用户关注热点及使用的高频服务，根据用户行为数据呈现的访问规律，提供智能化的个性化信息聚合服务，实现“千人千网”，变“人找服务”为“服务找人”。其智能搜索平台功能架构见图1。

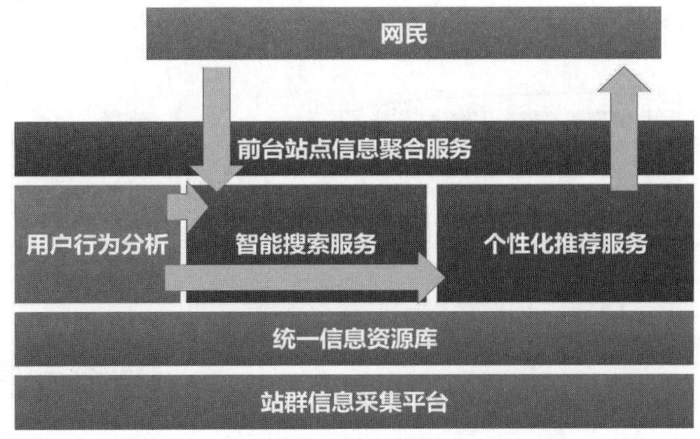

图1　“一网通查”智能搜索平台功能架构

"一网通查"智能搜索平台通过智能语义分词、自动聚类、关键词检索等技术（图2），实现全市政府网站的全库检索、全数据类型检索、全文检索、模糊检索、分类检索、关键词推荐、高级复合搜索、拼音转化搜索、错别字自动纠正等智能功能（图3）。

图2 拼音自动转化搜索功能应用示例

图3 纠错功能应用示例

北京市政府门户网站“一网通查”智能搜索平台在建设之初，即通过联合百度、360、搜狗等商业搜索企业，共同就政府高频政务搜索关键词进行收集、整合。通过政府职能部门结合业务工作对各搜索平台关键词表与政府业务进行一对一关联匹配，设置完成“百姓体”搜索词库，通过语义智能分词处理，实现政府官方语言与企业、群众通俗语言的智能翻译，大大提升搜索结果的精准度，提高群众办事效率（图 4 和图 5）。

图 4　基于“百姓体”关键词库的通俗词功能应用示例

图 5　关键词业务强关联的智能推荐功能应用示例

在开展大量用户使用政务场景的调研基础上，综合分析各商业搜索政务高频词，使"一网通查"智能搜索平台上线之初即满足用户"搜索即服务"的需求。平台还聚焦政府热点办事事项及与之相关联的服务信息，通过智能聚合技术，使与关键搜索相关的办事指南、在线办理导入、办事地图、政策文件及解读以及该事项常见咨询问答等内容一键呈现，并关联办事平台、智能问答和在线投诉等服务入口，使政务在线服务主动化得到显著提升。

例如，积分落户服务，便是通过智能聚合技术，实现了与积分落户相关的最新工作动态、政策法规、政策解读、热点问答、智能问答、业务系统入口、相关机构、智能推荐等的聚合呈现，如图 6 所示。

图 6　“积分落户服务”场景化功能应用示例

北京市在推进政府门户网站集约化工作中，高度重视政府信息数据资源化管理和利用，制定并印发了《北京市政府网站统一信息资源库数据规范（试行）》，为市区两级政府门户网站集约化平台标准化对接和应用打下了坚实基础。市区两级政府门户网站集约化平建成投入使用后，通过标准接口，实现全市政府网站信息资源统一管理，并为进一步利用发挥更多价值提供可能。“一网通查”智能化搜索平台目前可实现向市区两级政府门户网站提供按本站搜索和全市范围一网通查。同时，针对政策、机构、领导干部信息等分主题信息开展利用，创新推出政策导航、机构黄页、领导干部名片等应用，大大提升公众办事和查阅政府信息的效率（图 7）。

图 7　政府机构黄页应用示例

二、取得的主要成效

“一网通查”智能搜索平台上线以来已有超千万人次使用，日均搜索次数在 5 万人次，工作日平均搜索转化率为 67%。“一网通查”智能搜索平台的应用，有力的推动了北京市政府破解政策信息和政务服务中“找不到、找不快、找不准”的痛点问题，扎实有效地落实了国办关于政府网站提供“一网通查、精准获取”

的高水平搜索服务能力的要求。

基于深度业务学习，智能化搜索使找信息变得更快、结果更精准。

按照场景化进行关键信息大聚类、服务强耦合。

洞察用户需求、提供个性化专属服务。

机构改革如何实现网站的快速重构与改版

智政院原创

自改革开放以来，我国为适应经济社会的形势和降低行政成本，进行了多次较大规模的行政体制改革。

智政院通过分析认为，机构改革对政府网站的影响主要是原有网站后台系统的存留问题。有些机构为了省事方便，保留原网站，增加了一个统一“入口”。例如，人事局和劳动局经过合并变成了“人力资源和社会保障局”。由于原有的两个部门都有成熟的门户网站，便非常简单地做了链接，采用这种方式来展示新部门的名称、形象。很明显这种方式不契合机构改革后新部门的运作方式，其形象不统一，后期运维工作也复杂，不是长远之计，充其量只能作为一种短暂的过渡方式。

所以，机构进行了改革，网站就要同步改革。对于类似人事局和劳动局的合并，通常做法是，在原来两个机构网站中，确定一个功能相对更加完善的后台系统做保留，将另一个机构网站做迁移。做网站迁移会对网站内容产生影响，因而需要按照新部门的职能，重新梳理网站栏目、重新设置网站内容。同时对网站的页面也要重新规划，设计新机构的网站页面，要能展现新机构的新形象，更重要的是能让用户在全新的机构网站中方便快速地获取到政务服务内容。体制机制层面也会受到影响。管理人员的变动，对网站的发展思路也有调整。运维人员需要对新系统新网站进行熟悉适应。

一、网站改版重构的路径

机构改革后的网站改版重构，需要从以下五个层面开展工作。

首先是系统层面，以某一单位为主导，另一单位配合进行建设，系统整体功能建设要对标国家对网站检查指标要求，检查分析是否有功能缺项，如果完全符合要求，就直接在上面构建新网站，如果有不符合要求的，就需要新增或改造。

第二步就是对栏目的重新梳理，由于机构改革，原有的机构职能大部分进行了调整，所以网站内容的重构是查漏补缺的过程。因通常大部分内容需要保留，所以可以通过先克隆一个主导单位的网站，再在此基础上，围绕新机构新职能，增加优化网站栏目和内容。

第三个层面是 UI 设计，在页面设计上，首先要符合《政府网站发展指引》（47 号文）中的网页设计规范，再从机构职能定位、用户角度考虑，结合网站功能、信息内容的规划和设计需要，进行整体页面设计，同时还要遵循无障碍设计原则，让特殊群体也能方便地获得服务。

在页面模板制作中，会涉及大量的通用频道页、通用栏目页和通用文章页的重新调整，但这些通用页面的调整主要是换头换尾，为提高改版效率，通过 JS 调用方式，实现全站通用页面一键秒改。

第四个层面就是数据迁移，对于原网站为同构系统的，可直接通过栏目导出导入，将数据迁移到新网站中；如果原网站为异构系统，则要通过图形化的数据迁移工具来实现，首先将数据库里的数据根据特定的规则导出为标准的 XML 文件，再通过标准的 XML 文件来实现不同版本、不同类型的数据库系统之间数据的快速移植。

最后需要对新网站的管理运维人员要进行重新规划，将原网站中机构、用户导入到新系统中后，按照新网站栏目体系，为新的组织架构分配其管理运维权限。

以上是整个网站重构的实现路径，在具体项目实施过程红中，还会遇到以下重点难点：

二、重点难点分析

第一，数据利用问题。对于原网站数据，根据生成时间和数据价值，有三种处理方式，第一种，做数据封存，对于机构改革之前的部分网站老数据，不需要对外提供服务的数据，但又不能废弃掉，那我们就对它做刻盘封存；第二种，归档可查，对于部分有价值的历史数据，无须对外进行展现，那我们将这部分数据通过按规则批量打上水印，标注上已归档和归档时间后，不进行前台发布，但会在索引库中生成索引文件，保证能被前台正常检索到；第三种，近阶段的数据，随着机构调整，新网站的建立，需要融入相应栏目中，继续为公众提供服务。

第二，数据安全性问题。在做数据迁移时，会涉及包括文本信息类、附件、图片、视频等各种类型的数据，这些数据中可能会存在病毒等安全隐患，所以需通过安全监控平台，进行全路径、全类型的扫描，若发现敏感或异常文件则及时报警、立即隔离，确保新网站数据的安全。

第三，数据完整性问题。包括内容完整性和属性完整性。内容完整性方面网站数据除文本信息外，还有大量附件信息，这些数据在不同系统中，存放在各层级、多路径下，在数据迁移过程中，需要完整的迁移，否则非常容易造成前台访问错链死链问题。另外，信息属性的完整性，如显示时间，如果在数据迁移时，未进行处理，容易造成数据在网站前台的发布显示时间全部是数据迁移时间，这显然是不正确的，所以我们需要对原有信息的创建日期、显示日期等字段与新平台中对应字段做匹配，在信息导入的同时，要考虑信息日期的状态，以保证信息属性的完整性。

第四，原系统做了定制开发功能问题。若已定制或是与第三方系统做了对接，如何做取舍，这也是新机构网站管理人员需要考虑的。

三、建议

针对机构改革做网站重构改版，提以下几点相关建议。**第一，项目前期需求调研必须做充分，**原来网站系统有没有做定制开发功能，有没有与第三方系统做了对接，哪些数据必须保留、哪些数据需要移动什么栏目等等方面内容一定要调研清楚，避免一些重要数据或信息的丢失。**第二，原系统厂家配合度要高，**如果是异构系统，尽量协调原系统厂家配合，否则会造成大量的系统分析工作量。**第三，加强运维人员培训工作，**机构改革、人员调整后，对新系统、新网站不熟悉，通过加强人员培训，使运维人员快速上手，确保新网站的正常运行。

谈如何利用政务数据共享
打造多元化智慧政务应用

智政院原创

“各自为政、条块分割、信息烟囱、信息孤岛”是困扰我国政务信息化向纵深发展的老大难问题。“十二五”以来，通过统筹国家政务信息化工程建设、推进“互联网+政务服务”，如何管理和充分利用数量最庞大、价值密度高的政务信息数据，进一步解决目前的发展制约，是我们面临的新的课题。

政务信息资源的规范化开发利用和共享开放，是我国政务信息化建设多年来的努力目标。2002 年，《国家信息化领导小组关于我国电子政务建设指导意见》（17 号文）提出，要编制电子政务信息资源目录系统和交换系统；启动人口基础信息库、法人单位基础信息库、宏观经济数据库、自然资源和空间地理基础信息库的建设；推进政务信息资源的互联互通、资源共享。2007 年，国务院信息化工作办公室组织编制了政务信息资源目录体系和交换体系国家标准，为开展政务信息资源规范化建设奠定了重要的基础。党的十八大以来，国家政务信息化进入了最好的发展时期。

随着网络强国、大数据、互联网+等战略部署的全面实施，提出了政务信息资源开放的目标和时间表。

2016 年，制定政务信息资源共享管理办法，制定政务信息资源分类、元数据和目录体系的标准规范。

2016 年 9 月，国务院发布了《政务信息资源共享管理暂行办法》（国发【2016】51 号），紧接着 12 月，国家发改委就发布了《关于开展政务信息资源目录编制试点工作的通知》及附件《政务信息资源目录编制指南》（发改办高技【2016】2768 号），并组织相关中央部门和部分省级政府，开展政务信息资源目录的试点工作。

2017 年，构建基础类、主题类、部门类政务信息资源，形成跨部门共享基础。

2018 年，基本建成基础类、主题类、部门类国家级政务信息资源体系；初步形成国家政务信息共享平台、国家数据开放平台、国家政务服务平台。

2020 年，基本实现政府数据的部门共享和社会开放；政务数据共享和开放工作迈上新台阶。

政务信息资源库的开发利用和共享需要基于四个统一，即统一共享交换，统一资源格式，统一资源管理和统一服务调用，以保障资源库的科学高效的运行。针对国家基础信息资源开发利用，重点推动基础信息资源库依托内网、外网部署，积极开展基础信息资源试点应用，逐步扩大应用范围。针对部门信息资源共享，需要做到以共享为原则、不共享为例外，以公开为常态、不公开为例外作为政务信息资源共享开放的原则。对于能开放可开展普遍共享的信息资源，可通过内网、外网在内部不设权限的方式，实现普遍共享；对于涉及国家安全、商业秘密、个人隐私等不适合开放的业务信息，可提出共享路径，明确共享的有效需求和提供方式。

政务信息资源规范化开发利用和共享开放的前提是构建标准规范的体系，也需要在政务信息资源的数据归集、目录梳理、数据管理和利用等方面制定相关的技术标准规范和管理规范，来确保政务信息资源库平台在建设、管理、运行等方面都有据可依。针对政务信息资源归集的标准规范上，要形成管理规范、技术规范、对接规范和维护规范。针对政务信息资源目录梳理上标准规范上，需要制定目录分类、元数据、编码和维度等规范内容；针对政务信息资源数据的管理和利用的标准规范上，需要制定，目录编制责任分工、编制流程、准备工作、汇总与管理等规范文件。可以通过建设政务信息资源库平台，将资源目录的规划梳理、资源的归集传输、资源的清洗加工，资源监管共享到资源数据的分析利用整合到统一平台，以实现对政务信息资源的全生命周期管理。

政务信息资源的规范化开发利用和共享开放，在促进经济发展、完善社会治理、提升政府服务和监管能力等方面都具有重要价值。

通过对政务服务数据的分析和利用，抽象出相关的绩效指标，来量化政府内部绩效管理，并且对政务服务用户的行为和热点进行分析，可达到优化自身服务的目的，结合相关的业务数据分析，可来达到辅助决策的目的。

政务搜索的挑战与创新

智政院原创

随着《政府网站发展指引》一文的发布，国务院办公厅对政务网站的建设有了更明确、更详细的要求。其中也提到了优化政务搜索相关功能，并且是作为创新发展内容被提及的。更强调了个性化、便捷化、智能化的搜索。这也给传统的搜索引擎模式带来了更大的挑战和机遇。

一、政务搜索的挑战

政务搜索面临的挑战，大致可以分为以下四个方面。

第一，数据来源的异构化。这里首先解释一下“异构化”这个名词，众所周知全文检索是在结构化文档的基础上进行快速全文检索的。所以基本可以认为“结构化”是全文检索的必要条件。

但是在目前大型省级集约化项目中存在有很复杂的数据结构情况，所有需要检索的内容，都必须归集到全文检索服务器上，但数据来源又是五花八门，字段繁杂。这就是所谓的“异构化”。其中，部分异构站点只能靠数据采集来抓取，无法直接对接搜索引擎。这也给文档的“结构化”带来了很大的挑战。而且，大型集约化网站数据量级非常巨大，对结构化文档索引生成的效率，也有很高的要求。

第二，搜索条件的复杂化。搜索引擎最重要的一个指标就是“搜得准不准”，而政务网站在搜索精度上又比普通互联网搜索引擎要求更高。

而在大型集约化项目的复杂环境中，还存在站群搜索一类的联合、级联查询。有时候搜索的关键词，可能跨越数个站点，会包含省、市、区县三级，甚至五级联动搜索。

在数据量级非常大的情况下，对前台搜索的性能要求，也比小数据量的情况高得多。

第三，结果展现的多元化。一个集约化网站群，往往会包含几百甚至几千个各地市、区县、部门的站点。所有下级站点，都必须有自己个性化的模板设置，和内部的数据搜索功能。

这时候就需要自定义搜索结果页面的展现样式。甚至可能不需要搜索引擎提供的前台，只调用搜索服务，由地方自己做前端展现。

并且由于政府网站的特殊性，不能像互联网搜索引擎那样完全按照相关度或时间排序，可能还有一些特殊的排序要求，来达到最新、最重要的政策和信息优先展现的目的。

第四，搜索用户群体的多样化。传统的搜索引擎，搜索结果只和关键词有关，以关键词为导向。而《政府网站发展指引》中明确提出了更为个性化的要求，即以用户为导向，搜索也要做到“千人千网”的结果展现。

同时，搜索作为一个用户访问量比较大的入口，也是用户行为数据收集的前沿阵地，所收集的行为数据，能很好地给大数据分析提供支撑。

在政务搜索中，有一类非常重要的数据，也是以用户群体为导向的。那就是办事服务类的搜索。想要达到“千人千网”的搜索要求，就要有目的性地为不同的用户群体推送与之相关的办事事项。这也是政务搜索中的一大难点。

综合以上四点来看，政务服务搜索面临的挑战十分巨大。

二、政务搜索的创新

对于如何应对这些挑战，我们也做出了如下的创新。

首先，提供以搜索系统为核心的解决方案，包括提供数据采集、提供数据对接标准、帮助非结构化系统进行结构化改造以适应全文检索索引创建的一整套解决方案。

在浙江省集约化项目中，JGET 信息采集系统就得到了广泛应用。JGET 可以做到按栏目、主子项的定向采集，并且定期检测页面是否改版、及时更新。

同时使用数据资源目录，归集信息数据，并结构化存储异构站点信息，可随时全、增量同步给全文检索服务器。

制定统一接入规范，提供文档结构化标准及数据字典，支持包括 HTTP、HTTPS、FTP 等协议在内的数据同步方式。

分片存储索引数据，支持横向扩展，亿级、十亿级海量数据可快速建立索引。

第二，提供了基于 Query 的多种查询语句，在满足复杂的查询需求的同时，更高效地检索有用信息。

针对录入的关键词，划分四级搜索策略：关键词完全匹配搜索、关键词部分匹配搜索、关键词分词全匹配搜索、关键词分词部分匹配搜索。前两种策略为精准搜索，优先展示结果，未匹配到结果则自动转换为后两种策略匹配。

并且支持查询结果的去重、关键词纠错，按各种自定义字段分类定向查询。可跨站点完成上级或下级网站的逐级递归查询。为站群检索提供服务。

一条查询，分片搜索，多线程并行查询，提升查询效率。丰富的同义词、民用词库，有效解决"放管服"等政务专有词汇的关联查询问题。多种排序规则可选，除传统的按相关度、时间排序外，还可自定字段排序，多字段设定不同排序权重。

搜索结果排序可控，可人工置顶需要重点展示的内容，或将重点内容加权。

第三，拥有可配置的结果展现样式、可视化自定义模板，多种数据接口，将搜索微服务化。

根据元数据自由组合，可以在展现结果中做出表格、图文、自定义单元等丰富的展现样式，以满足各种数据不同的展现需求。各站点可自定义模板，通过可视化的方式修改各个模块功能的分布位置，支持 H5 模板同时适配 PC 和移动端。

提供包括去重分页查询、分类分页查询、按栏目/站点定向查询、多维度查询等在内的多种搜索服务接口。适应不同的微服务场景。

第四，记录用户搜索行为并进行分析，同时收集用户固有属性，抽象转化为用户画像。前台检索时根据已登录用户的历史搜索行为和固有属性，对照用户画像，匹配办事事项标签。

用户行为收集统计分析，可按站点横、纵向对比统计数据，分析各个站点间的热门搜索，PV、UV 统计。

用户画像是从固有属性、用户行为等多个维度，划分用户群体，可以自动给用户群体打标签，或手动修改标签。

前台用户登录后，自动推荐相同用户群体关注的信息。做到不同用户群体展现不同推荐内容的效果，丰富搜索结果展现。

三、非功能方面的安全、运维、性能提高

涉及非功能方面的安全、运维及性能提高有以下几点：

前台防扫描、爬取，有效防止 DOS 攻击，防止不明第三方反复扫描导致的性能消耗。

前台功能降级。前台访问压力大时，可暂时关闭部分非核心功能，提高前台访问速度，有效防止高峰浏览量引起的宕机和系统卡顿。

接口权限控制，防止不明第三方直接调用前台接口，控制数据输出。

后台权限控制，平台管理员控制全局设置，站点管理员控制各自站点的信息进出，模板、分类设置。

最后希望政务检索能在更快，更高，更强的道路上继续前行。

泰安市政府门户网站集约化建设分享

泰安市大数据中心副主任 陈臻

一、网站集约化建设总体情况

山东省政府办公厅认真贯彻《政府网站发展指引》（国办发〔2017〕47 号）要求，部署了做好市级政府门户网站集约化建设工作内容，构建了全省统一的政府网站技术平台。泰安市经研究，决定利用全省统一的政府网站技术平台，实施真正意义上的网站集约建设、集中管理，彻底解决过去整合不到位、分散建设、安全防护隐患等问题。制定了《泰安市政府网站集约化建设工作方案》，于 2018 年 5 月完成招标后，集中力量开展了全市网站集约化建设工作。

泰安市政府门户网站集约化开展情况如图 1 所示。

网站集约化建设严格按照“三统一”（统一技术标准、统一安全防护、统一平台管理）的要求，实行先整合、后迁移，分两个阶段实施。

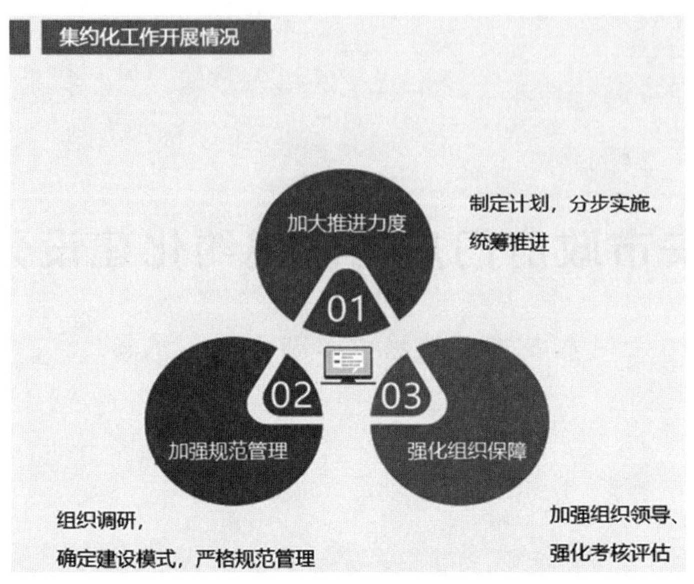

图 1　泰安市政府门户网站集约化开展情况

第一个阶段：完成市级网站集约化建设（2018 年 5 月至年底）。在当地部署了一套与省政府相同的网站技术平台，梳理各级各类政府网站信息资源和应用需求，确定整合迁移模式，将市政府及各县（市、区）政府门户网站，市政府各部门、参公事业单位，财政全额保障事业单位以及原来依托市政府网站平台建设的党委社团网站整合迁移至该平台，实现集中管理。原则上，每个部门（单位）只保留一个门户网站，部门内设机构（下属单位）网站整合迁移至主管部门网站；原有的县级政府部门网站整合至县级政府门户网站，不再单独保留。确因数据量大、业务事项多申请保留的，需经市政府办公室批准后方可保留。完成整合后，全市各级、各类政府网站由 119 个整合为 70 个，仅信用泰安网、公共资源交易网、价格信息网因数据量大、库结构复杂暂不具备迁移条件做了保留。

第二个阶段：向省网站统一技术平台迁移和上线运行（2019 年 1 月至 4 月）。在完成市级网站整合、迁移的基础上，进一步规范数据格式、完善系统功能，完成数据清理、更新、建设文档整理等工作，满足与省平台对接要求，将 70 个网站全部迁移到省政府统一网站技术平台，统一使用省平台提供的网站功能及网络、硬件、安全环境。经过一个多月的试运行及数据增量更新、变更网站备案、应用培训后，于2019年4月底全部正式上线，全面完成泰安市政府门户网站集约化建设工作。其工作开展情况见图2。

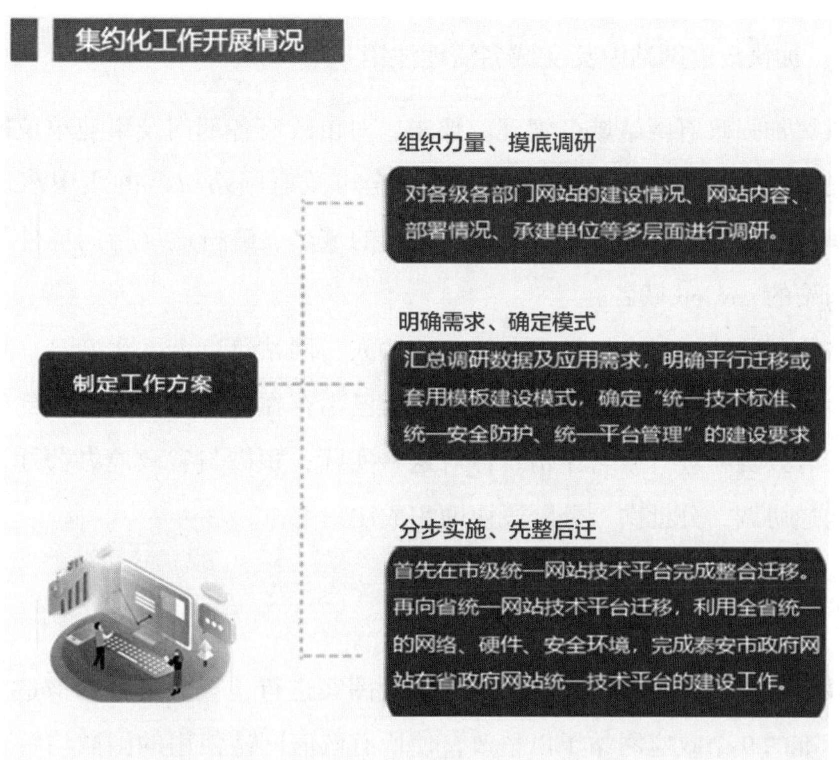

图2　泰安市政府门户网站集约化工作开展情况

二、规范政府网站管理

以网站集约化建设为契机，统筹推进政府网站功能完善、域名规范、信息变更等工作，切实加强域名安全防护及监测处置工作。

（一）规范政府网站域名使用

贯彻《加强政府网站域名管理的通知》（国办函〔2018〕55号）要求，严格规范政府网站域名结构，要求除市政府、各县（市、区）政府、泰山管委、高新区管委、旅游经济开发区管委保留独立域名外，市政府各部门网站不再使用独立域名，统一分配"＊.taian.gov.cn"二级域名，部门内设机构（下属单位）、事业单位网站使用"＊.taian.cn"域名，原域名将被注销。

（二）加快政府网站中英文域名清理注销

按照《加强政府网站域名管理》要求，对市政府各部门及事业单位网站域名使用情况开展全面排查，统筹组织实施对全市政府网站域名的集中清理注销工作，按程序清理注销网站已关停但仍未注销的域名、解析地址指向境外的域名和非政府网站的 gov.cn 域名。

域名清理注销过程中，发现有的单位法人、网站负责人发生变动，机构改革后网站主办单位发生变化、有的域名服务商已不存在，导致绝大多数部门无法按程序提供有效资料进行域名注销。针对这些实际，积极与省政府办公厅、通信管理部门沟通协调，分批次、分阶段协助完成注销工作。

（三）规范国徽图案使用

对各级各部门政府网站正在使用的国徽图案进行检查，责令国徽造型与颜色不符合标准的 9 个政府网站予以整改，使所有政府网站使用的国徽均符合《中华人民共和国国徽法》等相关法律法规要求。

（四）升级无障碍服务功能

对照《网站无障碍服务能力建设功能要求》，对政府门户网站、政务服务网站等开展无障碍服务能力建设情况自查，统筹组织实施技术改造。除 14 个党委、社团部门的网站无功能要求、不做无障碍功能部署外，其余站点无障碍浏览功能都达到最新标准。

（五）做好备案信息变更，规范网站标识

建立与网信办、编办、工信局及网安部门的协同机制，形成监管合力。及时

报备政府网站域名信息变更情况，启用二级域名“＊.taian.gov.cn”和“＊.taian.cn”后，网站ICP备案编号统一更改为鲁ICP备05015115号；做好党政机关标识和公安网安备案的变更工作；及时登录《全国政府网站信息报送系统》修改网站基本信息，并在网站底部添加网站地图、党政机关标识、网站标识码和“我为政府网站找错”留言入口，确保网站规范运行。

三、网站集约化工作成效

泰安市政府门户网站集约化建设工作成效如图3所示。

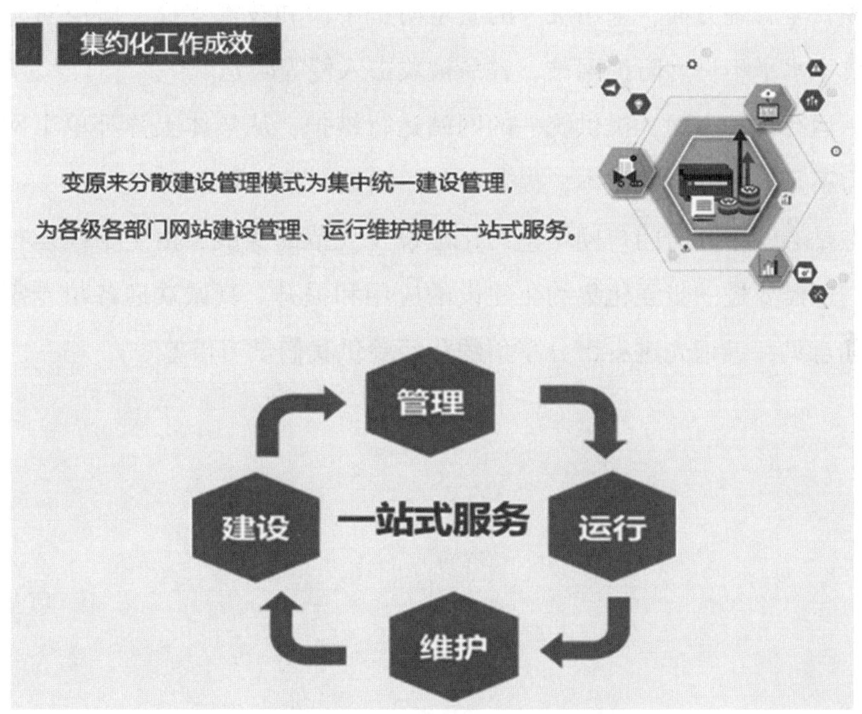

图3　泰安市政府门户网站集约化工作的成效

应用省平台统一的内容管理系统、智能检索系统、互动交流系统、信息公开系统、依申请公开系统、无障碍访问系统，在栏目合理度、用户体验度、功能完备度、网站响应度等方面均能满足政府网站集约化建设各项要求，从根本上解决了过去部门内部网站整合不到位、重复建设、“一家多网”，设置不规范、网站承建单位分散等突出问题，真正实现了资源优化融合、数据互联共享、管理统筹规范、服务便捷高效，网站运行维护水平得到极大提升，为服务型政府建设提供了有力支撑。

统一内容管理方面，提供内容的采集、编辑、传输、审核、发布等功能，建立扁平化的网站资源组织架构，通过集约化平台上网站间数据交换、信息多向共享，有效消除信息壁垒，实现网站发布信息的高效利用。

统一资源优化融合方面，政府信息公开与政府门户网站深入融合，采取“前台一张网、后台一系统”的建设模式，实现数据互联共享、管理统筹规范。

统一安全管理方面，采用统一的安全防护手段和技术支撑，解决对外开放端口多、技术水平不一、防护困难、容易被攻击入侵等问题。

统一运行维护方面，提供统一的网站运行维护，从整体上弥补单个网站运行维护能力不足，降低运维成本，提升各部门网站的整体服务能力。

以上是泰安市政府门户网站集约化建设及规范的实践，由于上线运行时间不长，我们还需要进一步强化集约化建设的应用和提升。真诚欢迎各位专家给予宝贵建议和意见，恳请先进省市分享集约化经验供我们学习借鉴。

徐州市企业服务平台案例分享交流

徐州市企业服务中心负责人　陈湘

一、背景及目标

为进一步优化政府公共服务，在推进营商环境持续优化、提升企业政策获得感和满意率上创造国内领先的经验，以服务企业为核心理念，以互联网思维重构服务流程，系统性重塑涉企服务模式，提升政策资源配置效率和服务效能。

在2019年1月6日周铁根书记在徐州市民营经济发展大会上强调：完善服务民营企业常态长效机制，设立市县两级企业服务中心，构建受理民营企业投诉、举报、维权服务体系，建立各级领导干部与企业家面对面沟通协商机制，规范涉企执法检查活动，做到“有求必应、无事不扰”。

为此，需要充分利用“互联网+政务服务”技术体系优势，以企业需求为导向，通过门户网站、App、微信公众号及线下等渠道，市、县两级联动，建成集所有企业服务的综合性平台。

在企业诉求方面要求提升诉求分流速度，启动“235”快速处理机制，加强“黄橙红”三色预警督办机制建设，形成诉求服务闭环，有求必应。

在涉企政策方面实现一站全清，一网通查、精准推送。

在专业服务方面，实现服务的一网通办和平台监管，让服务高效便捷、安全放心。

二、总体框架

徐州市综合性企业服务平台主要提供的服务包括政策服务、项目申报、诉求服务、专业服务、公共服务、志愿服务、活动发布、营商环境评估、投资领导、涉企检查、小微企业共 11 类服务。

整个平台主要采用"1+2+3+3"模式，分别是：

1 个平台，统一平台，提供综合企业服务；

2 级展现，市县 2 级站点页面提供涉企服务；

3 级联动，市县镇三级联动，解决企业诉求和提供服务；

3 端服务，提供 PC 端、微信端、App 端 3 端帮助企业随时随地享受服务。

平台的技术架构主要包括 5 个部分：服务层、应用层、数据层、支撑层、基础设施层，同时标准化体系、安全运营体系、信息安全体系以及相关管理制度作为支撑将贯穿这 5 个层次，保证平台的标准化、规范化。

三、建设内容

企业服务云平台门户将通过 PC 网站、App 和微信公众号为企业提供一站式全平台全区域服务，3 个端口的建立有效扩大了企业用户查找服务、办理服务、提交诉求的入口，帮助用户随时随地享受服务，实现多端一体化综合性服务。

服务平台门户设计了市县两级区域站点切换，包括徐州市及下辖的 12 个行政区和功能区，两级站点设计可以为不同类型企业提供相应的服务，用户可以精准查询企业所属区域的服务详情，更加便捷。

结合徐州市企业服务中心对外提供的服务内容，及当下企业用户关注的服务焦点，平台建设了 11 个服务内容，基本涵盖了企业服务全类别，分别是政策服务、项目申报、诉求服务、专业服务、公共服务、志愿服务、活动发布、营商环境评估、投资领导、涉企检查、小微企业，切实有效的帮助用户解决问题。

（一）政策服务方面

平台提供了政策订阅、政策收藏、政策申报等功能。

政策订阅。用户可根据自身需要设置不同类型的订阅字段，并可以随时对订阅信息进行修改；后台将根据用户订阅的字段信息将相关政策推送至企业用户中心的“我的订阅”分类下。

政策收藏。实现了所有政策信息设置前台收藏功能，用户点击收藏后，可进入用户中心“我的收藏”中进行查看，并支持取消收藏。

政策申报。申报类政策上传时，如有申报系统，需提供申报系统链接地址，用户点击后可直接跳转该业务系统在线提交政策申报。

政策服务。通过在政策信息管理平台中完成政策目录、政策类别配置，对涉企政策和相对应的解读文件进行统一的归集、审核、录入、发布，形成标准统一政策服务库。基于政策服务库实现对外的政策订阅、收藏、检索、推送。

（二）诉求服务方面

平台提供了诉求发布、诉求状态查询等功能。

诉求发布。为完成身份认证后的创业者或企业用户（企业联系人）提供在线发布诉求功能，用户选择诉求分类后填写诉求标题及内容即可提交。提交诉求时用户可以选择政府部门，但提交的所有诉求由企业服务中心统一审核并分发给受理部门。

诉求状态查询。用户可到用户中心“我的诉求”中查看诉求受理情况，诉求状态包括待受理，受理中，已处理三种。同时用户可对已受理诉求的受理情况进行评价，服务中心通过对评价分析可以再次升级优化服务。

诉求服务。通过用户在12345、线上、窗口等多种方式提交诉求内容，诉求将提交至诉求后台管理系统。企业诉求管理平台对诉求信息进行审核，由企业服务中心管理员进行派单，交由对应的市级部门或区县企业服务中心进行办理。诉求办结后诉求人会收到短信通知，在我的办件里查看办件结果并且进行评价。在诉求工作流程中，建立预警督办机制，可以设定超期督办，或者是对评价不满意的办件进行审核重办。以此形成诉求服务闭环，做到对每一个诉求的有求必应。

（三）专业服务方面

平台开设专业服务栏目，由优质专业服务机构或个人入驻，身份认证上传服务资质通过审核后，可发布服务产品，为企业用户提供相关服务。

用户可以按照服务分类、收费方式、机构人数、机构所在区域精准查询专业服务，也可以按照服务分类、所在区域查找服务机构。每个专业服务的展现支持图片、文字、视频等多种信息类型。服务的需求方可通过邮箱、手机方式与服务商进行联系，沟通服务需求和价格，线下完成服务的对接。

要成为专业的服务机构，可通过平台为其提供的申请入口，进行企业身份认证，通过后，可在线申请成为服务机构，填写服务机构基础信息并上传服务资质，平台会进行审核，审核成功后即可以发布自己的服务信息及产品。

除此，平台为个人志愿服务提供入口，个人可以通过申请成为专家志愿者，来为其他企业提供咨询服务。专家志愿者需要提交行业类型和擅长领域，平台在接到咨询时，后台会自动匹配到相关的专家，专家志愿者在后台可以看到相关咨询，并对问题进行回答。

专业服务整体流程是基于企业专业服务需求，平台提供了由个人或者服务机构提供的服务产品，通过邮箱、电话沟通进行服务对接，确定服务需求和价格后购买服务，并在线下完成服务内容，最后服务需求商对服务结果进行评价。整个服务过程会在平台的监督下进行，一方面是保护服务需求商和提供商的基本权益，另一方面是保证交易过程的合法合理。

（四）公共服务方面

将江苏省政务服务网公共服务板块嵌入徐州市企业服务平台，并实现单点登录。同时链接小微企业服务平台、企业信用信息平台、税务平台、徐州税务网站、徐州市科技计划项目等平台，以及各涉企部门官方网站、各市县区政府官方网站。

（五）涉企检查方面

平台提供涉企备案查询，备案公示功能。在以前的涉企检查中，行政执法部门“想查谁就查谁”、执法人员“谁想查就可以查”的问题普遍存在。针对这一问题，平台通过建立涉企检查报备机制，对需进入企业检查的需要提前报备申请，同时对所有涉企检查备案进行公示，进一步规范行政执法检查行为，减轻企业负担，提高行政执法效率，优化企业发展环境。

（六）纪委监察督办系统方面

平台建立该系统的目的是监管诉求受理部门的执行，保障每一个诉求都有结果。企业服务中心督办后，各部门若仍不受理企业诉求，则短信提醒纪委监察部门，由纪委监察部门“问责”。

（七）活动发布方面

平台发布公益惠企、评先评优、政策宣讲等活动信息，企业可进行活动信息查看，活动预告列表可通过活动分类、活动区域字段、活动日历检索；活动展示列表可查看已完成的活动详情，包括图片花絮展示，媒体报道展示等。

企业用户可以在活动列表查询近期发布的活动预告，并进行活动报名，通过填写提交报名表相关信息后，交由相关各活动主办机构进行审核。在报名页面还可以查看报名结果。

报名通过的网站用户可以对参加过的活动进行星级评价和文字评价，提交评价信息后台。

回顾一下活动发布流程，首先是部门服务机构归集活动，填写相关表格交由平台发布展示，用户在互动预告列表中查询到活动并在线报名，参加后再到平台进行评价。

（八）小微企业认定方面

平台提供小微企业认定网上办理功能，实现企业“一网通办”。企业用户在签订承诺书、填写提交相关的基本信息后，交由平台审核，通过后可以在平台打印认定书。

四、建设现状

截至 2019 年 8 月 20 日，徐州市综合性企业服务平台 PC 端、App 端、微信端均已上线试运行。现已归集国家级、省级、市级各类涉企政策 800 多条，各类企业陆续入驻徐州市企业综合服务平台。同年 9 月底，全市 20 多万家企业进驻徐州企业综合服务平台，各类涉企政策达到 1000 多条。

当然平台还在进一步优化升级，二期上线的功能包括营商环境评估模块、投资引导模块、数据统计大屏、小微企业认定等。

政府网站运维服务趋势

智政院原创

从 2015 年《关于开展第一次全国政府网站普查的通知》印发，对全国政府网站的“家底”进行排查摸清，到 2017 年印发《政府网站发展指引》，政府网站建设有了“操作指南”，政府网站建设正逐步从“能用”向“好用”转变。

2019 年 4 月 18 日，国办发布了最新的《政府网站与政务新媒体检查指标》和《政府网站与政务新媒体监管工作年度考核指标》，2020 年 6 月对照两份新指标对全国政府网站和政务新媒体及其主管单位的第一轮检查正式开始，同时，政务新媒体首次纳入量化考核。

一、单项否决，标明政务公开平台建设底线

对政府网站检查时，如出现单项否决指标的情况，那么就认定为网站不合格，其他指标也不再会进行评分。

二、分级分类，采用阶梯式考核

除单项否决指标外，检查指标还包括了扣分指标和加分指标，这两项指标主要对政府门户网站进行检查。

三、网站运维的发展趋势

网站维护工作分为救火式、被动式、主动式、服务式、价值式五个模式。现阶段的首要任务是摆脱救火式模式，变被动“救火”为主动的提前预警。

四、运维现状与困难

政府网站群、网站集约化、政务服务网各种业务系统越来越多，系统对资源的依赖性高，系统一旦出现问题，需要逐个排查，故障定位难。

日常运维工作流程混乱，或者没有标准流程，造成工作效率低下，运维质量无法评估，无法确定哪里需要提高。缺乏知识库，导致同类故障重复发生，解决问题效率低下，对某个专业人员依赖高。

资源台账不细致、不清晰，关键配置信息登记不完善。

业务部门支撑缺位、内容质量保障不高、黏性差等诸多问题存在，许多地方政府网站处于边缘化的境地，网站办不好，群众不爱用，领导不重视，越来越边缘化，陷入恶性循环。

五、如何提升运维水平

通常的做法是建立运维管理制度、主动巡检，及早发现隐患、掌控所有配置项信息，实现资产全生命周期管理、技术储备，全面提升组织能力。

这些工作运转起来以后又会发现由此产生的新的问题。如手工化的设备健康检查耗时费力，依赖命令检查技术门槛高，缺乏有效监督和提醒，问题发现不及时，巡检记录难以统计、分析。运维人员每天面临大量的重复性、手工性的故障排查工作，不仅费时费力，而且容易出错。由于人员的经验和技能很难复制，需要形成知识库，进行经验积累，避免同类事件再次发生。

综上，网站运维需要从整体考虑，进行统一综合管理、运维监管服务。

六、网站群运维管理体系的建立

根据国内政府网站建设发展的模式，结合实际情况，出台了系列网站管理办法。包含：工作职责、保障要求、考核规定、软硬件维护机制等，以构建完整的网站群管理制度体系。编制《互联网网站管理办法》等管理及标准制度。

有些网站采取了技术服务外包的建设与运维模式。

外包工作则划分为三块，一是技术服务外包，负责网站的整合、日常运维、新应用开发，专业技术服务。二是内容运维外包，负责完成网站的内容组织和运维，三是网站安全运维服务外包，全面负责网站系统的安全保障工作。专业的人做专业的事。

关于运维环境方面，前期对服务器统一规划部署，满足集群及分布式部署要求。数据库做集群应用做负载及分布式部署、解决线上单点故障。运维过程中自动化巡检及报警。根据故障类型设定故障等级，并作为对运维人员的考核依据。

（一）强化日常监测

强化对网站进行日常数据监测是一个较为有效的方法，在访问量，内容更新、报送信息统计等方面进行数据跟踪监测，随时反馈，及时更修改。

对网站建立日常扫网机制，将网站加入监控平台，做到异常预警、网站运行监控、应用可用性监控、服务器资源监控、木马监控等。发现问题后通过微信、钉钉、邮件等多种形式提醒。也通过大数据量化平台大屏的方式展现出来。

（二）年度绩效考评

结合国办网站评估指标和方法，制定考核管理办法和绩效评估指标，通过每半个月的普查进行考核管理，季度总结改进，年度通过政府网站绩效评估管理系统进行自评、改进和专业考评，并将日常相关得分在年度绩效考核中作为加分项。

在网站群各单位内设立信息员，方便沟通协调。定期开办学习班和组织交流考察活动，邀请专家对信息员进行培训，提高各子网站单位人员的运维管理水平。

（三）外部工单系统

一些技术厂商为了更好地与客户互动，推出了外部工单系统，网站运维的过程中所有的服务请求可以通过微信、PC 等提交问题，技术员会进行线上受理，安排计划、处理后反馈，整个任务完成后用户填写满意度调查。处理的每个环节推送对应的反馈信息。

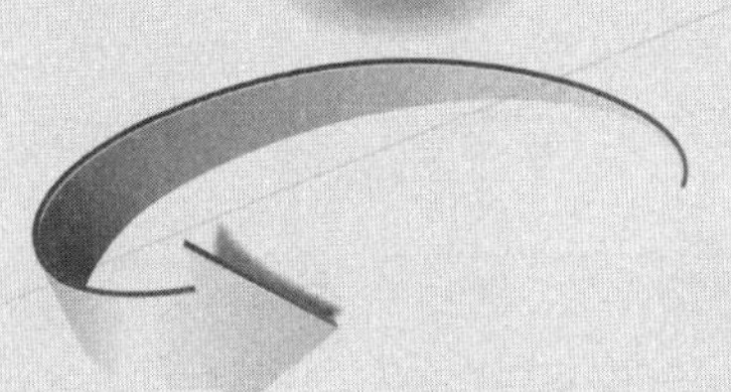

第三篇

政务服务多端一体化探索与实践

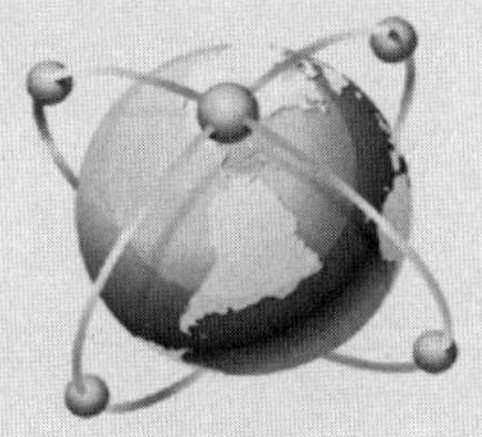

疫情冲击下的政务服务平台社会治理功能与价值洞察

大汉软件副总裁　房迎

社会治理是通过一系列的价值、政策和制度来制定与实施决策，以推动和管理经济、政治、社会进程的方式。而新兴数字技术的发展则从社会治理的主体、模式、工具、场景等方面进行创新与变革，这样直接导致社会治理由一种国家行为与政府行为逐渐演绎为一种全民参与的共治行为，且其背后对算法、数据与平台的依赖性与粘连度越来越强。

一、数字时代的社会治理内涵变迁

从本次新冠肺炎疫情的冲击来看，政务服务平台在社会治理过程中充当的角色、价值与影响逐渐凸显。其背后的原因是，首先，数字时代的社会治理能力输出方式是以数字化产品交付为前提的，政务服务平台天然具备这样的功能与用户基础；其次，数字时代的治理与服务的边界越来越模糊，在政府行政职能层面可以对“治理”与“服务”进行分类，但从用户获得感层面而言只能从用户体验和感受来区分政府执行力度的强弱；再次，数字时代的社会治理精准化程度往往有赖于政务服务平台的基础设施、数据沉淀与运营能力。

因此，要深度研究疫情冲击下政务服务平台的社会治理功能与价值，必须从以下四个方面进行思考：一是治理工具的数字化。数字化技术、平台的应用已将社会治理工具进行数据化，从感知、决策到执行环节的治理行为实现，都是以基于移动化、智能化的产品工具来实现。二是治理主体的生态化。政府行政与执法机构已不再是唯一的主体，平台企业与社会公众成为社会共治生态的一部分。三是治理模式的柔性化。强制性的、刚性的传统社会治理模式已经逐渐褪去，依托于数字技术，以强调用户体验、感受以及接受度的柔性化治理模式得到社会公众的接纳，并能激发社会公众参与的能动性。四是治理场景的涌现化。由于数据与平台在社会治理过程中的裂变效应与生物性，社会治理的场景不再是完全固定或可控，而是随着数字空间与物理空间的融合演变，逐渐演绎、涌现出更多全新的应用场景，如健康码、通信行程卡就是典型案例。

二、疫情之下的政务服务平台社会治理价值洞察

基于国家一体化在线政务服务平台的建设推进，微信、支付宝小程序等社会化平台的积极参与，以及政务信息资源共享与政府数据开放工作的不断深入，不论是在数据资源的产品化层面，还是用户体验与获得感构建层面，政务服务平台的功能与价值在本次疫情中都呈现出诸多突破性创新。

本次疫情形势的演变不仅是政务服务平台的一次压力测试，同时对社会治理的应对能力与创新能力也提出了巨大挑战。其中，基于政务服务平台的健康码、通信行程卡、密接人群自查、复工复产登记、热点区域限量开放等应用在疫情防控与社会经济运行恢复过程中均发挥了重要作用。以浙江省为例，浙江政务服务网和“浙里办”App根据公众和企业的实际办事需求，开设了“综合交通专区”“营商服务专区”“公安综合服务专区”“人社综合服务专区”以及“国民医疗健康专区”等便民服务专区，“一站式”解决了群众个性化的办事需求。其中，2020年1月23日至2月9日，“公安综合服务专区”和“人社综合服务专区”，

已分别为群众提供服务 58680 次和 21839 次。[①] 哈尔滨市则通过调用公安部门、国家卫生部门的身份信息和病例数据信息，提高街道、乡镇进行人员信息的甄别工作效率，做到高效出具外出务工证明。此外，哈尔滨市还通过市级政务服务网和政务服务 App 同步开通惠企服务，公布税费减免、用工服务、财政补贴、贷款支持等惠企政策 160 余条。[②]

由此可见，在不断推进和输出创新政务服务的同时，政务服务平台的能力与触角已逐步延伸到社会治理领域，如在交通、社会安全、流动人口管控等方面。在政务服务方式创新、行政管理效能提升和数据资源开放共享的推动下，实现社会治理资源高效匹配，达到通过数字技术与平台效应提升社会治理效能的目标，为创新社会治理模式拓展了新渠道、新路径。

疫情冲击下的政务服务平台的社会治理功能与价值主要体现在以下几个方面。

（一）以数据开放支撑和引导区域疫情防控治理对策

通过对疫情期间各政务服务平台观察发现，依托国家卫健委所发布的疫情数据动态播报，运用大数据技术，对疫情相关情况进行动态监测、更新发布，形成趋势变化图或病例分布图，使公众可以及时获取有关地区确诊病例、疑似病例、境外输入病例等数据和掌握疫情变化态势，清晰了解自身所处地区疫情的情况，一方面通过把握疫情演变的全貌，可以支撑和引导区域性的疫情防控对策，另一方面可以有效提醒公众进一步增强自身防护意识，稳定社会情绪。

此外，部分省市依托政务服务平台作为公共入口、公共通道，围绕“复工复产”提供诉求响应、需求调查和惠企服务等综合服务，并且利用大数据技术将城市运行相关数据进行融合分析，实现对区域复工率和缺工率或区域客流等数据进行统计和监测。同时，借助数据可视化技术清晰、准确的展示区域运行情况或城

① 浙江日报：疫情防控特殊时期，线上政务服务“不打烊”

② 黑龙江日报：跑出“加速度”！疫情期间省级政务服务网办率 93.56%

市运行情况。如浙江省绘制形成了“企业复工率指数”“疫情五色图”和“复工率五色图”。这不仅可以为政府制定和推出社会治理对策提供更为具象的决策依据，同时可以帮助公众和企业调整和优化自身的生活节奏与复工复产计划，全面翔实了解企业复工复产情况、区域商业活动情况，为科学、准确地指导企业复工复产等决策活动提供数据支撑。

（二）以公众参与通道打造社会共治生态

国务院“互联网+督查”平台，在疫情暴发之初即率先推出了“疫情防控线索征集”入口，并进行汇总整理和督办。这一举措的推出不仅为应对疫情提供了社会信心，同时也倒逼基层扫除防控工作盲点、难点，更为务实有效地开展防控工作。6 月 1 日，国务院“互联网+督查”平台为扎实做好“六稳”工作，全面落实“六保”任务，针对市场主体，特别是中小微企业和个体工商户在复工复产、复市复业和享受落实支持企业纾困发展政策措施等方面遇到的困难和问题，面向社会公众征集关于“六稳”“六保”政策措施落实的问题线索和意见建议。① 由此可见，依托于国务院“互联网+督查”平台自上而下的超级入口，将基层声音直达最高决策层，已成为全面把握社会运行态势、为社会治理模式优化与问题解决提供针对性决策的重要方式。

（三）以数据产品推进公共服务与社会治理融合

健康码当属本次疫情期间涌现的典型应用，通过将疫情防控热点地区的数据与个人流动数据的融合，为公众健康出行提供支撑。随着健康码应用的逐渐成熟，各地开始依托具有开放融合特性的政务服务平台，借助智能手机、小程序等基础设施为公众提供“移动政务 App+第三方政务服务平台”的多元化健康码服务渠道，如江苏、山东和安徽的健康码都可以经过政务服务 App 或支付宝小程序申领。从各地健康码的应用情况和使用数据来看，多数地区都在结合实际的基础

---

① 新华网：国务院“互联网+督查”平台公开征集关于“六稳”“六保”政策措施落实的问题线索和意见建议

上，与其他地区的数据进行互认共享。同时，得益于全国一体化政务服务平台的共享数据支撑，各地健康码信息实现互通，打破不同地区间的健康码互认数据“围墙”，减轻公众申请多地区“健康码”的不便，保障健康码实现了“一次申报、全省通用、跨域互认”。健康码同时承载了公众的出行需求与城市的治理功能，对于公众而言，是一种特殊时期便捷化的出行工具，对于城市管理部门而言则是一种柔性化的治理举措。

各地区健康码相关数据如表 1。

表 1　各地区健康码相关数据

地区	健康码相关数据统计（发布）时间	健康码申领人数/领码人数	健康码累计访问量	健康码累计亮码次数	来源	文章标题
上海	3 月 4 日发布	—	—	自从 2 月 17 日“随申码”正式发布以来，半个月内，总亮码次数已超过 4700 万次，平均每天有 300 万人次亮码	文汇报	平均每天 300 万人次亮码“随申码”成精准防控利器
江苏	截止 4 月 17 日	注册总数已突破 5900 万	—	—	江苏政务服务微信公众号	我省苏康码注册总数突破 5900 万！
天津	截至 3 月 16 日	超过 350 万	—	超过 1500 万次	天津日报	天津超 350 万人申领“健康码”
山东	5 月 6 日发布	全省已发放健康码 5567 万张	—	亮码出示使用 8.46 亿次	大众日报	山东发放健康码 5567 万张，亮码出示使用 8.46 亿次
海南	截至 4 月 1 日	995.7 万	—	—	海南日报	海南健康码领码人数已达 995.7 万
广西	4 月 17 日发布	注册用户超 1200 万	每小时峰值访问量超过 300 万人次	超 2 亿人次	广西壮族自治区大数据发展局	“广西健康码”亮码次数超 2 亿人次
山西	截至 3 月 14 日 18 时	850 万	—	—	山西日报	“山西健康码”申领人数已达 850 万

续表

地区	健康码相关数据统计（发布）时间	健康码申领人数/领码人数	健康码累计访问量	健康码累计亮码次数	来源	文章标题
浙江	截至2月24日12时	5047万	—	—	浙江发布	【新闻发布会】政府新闻办举行浙江省新型冠状病毒肺炎疫情防控工作新闻发布会（第二十八场）
黑龙江	3月11日发布	注册用户已超过1300万	—	累计亮码破1亿人次	黑龙江日报	"龙江健康码"累计亮码破1亿人次，为数千万黑龙江居民服务
贵州	3月2日发布	"贵州健康码"小程序累计注册人数突破520万人次	累计访问量破1亿人次	累计亮码次数突破5000万	多彩贵州网	"贵州健康码"累计访问量破亿！贵州民众一"码"出行
福建	3月18日发布	在线制码超过700万	—	亮码通行超过3000万人次	央广网	福建省"八闽健康码"已亮码通行超过3000万人次
重庆	截至4月14日	总申码量超过1208万人次	总访问量超过4.8亿次	—	华龙网	"渝康码"亮码次数超过4.8亿次为重庆提供数字化防疫支撑
杭州	截至2月19日	申请人数突破千万	—	—	浙江在线	杭州健康码申请人数突破千万
武汉	截至6月26日	—	—	累计扫码亮码人次超过25亿次	长江日报	126天扫码亮码超25亿次，武汉消费活力加速释放
六安	3月23日发布	申请量突破70万个	—	群众亮码599万次	安徽网	六安"安康码"申请量突破70万个
宿迁	截至3月底	注册人员总数1529959人	—	—	宿迁市政府办公室	宿迁市152万余人注册使用"苏康码"

此外，“通信行程卡”的出现进一步完善了疫情期间的防控措施，通过手机运营商查询个体相关的行程信息，面向出入区域、场所的防控要求，其具有比“健康码”更大的覆盖范围与精准度。用户仅需要通过手机号码注册和验证码，就可以使用“通信行程卡”服务，与设备的智能与否没有必然关系。并且“通信行程卡”在设计过程中考虑到全国手机用户的多样性和特定人群的使用便利性，一方面，与国务院的微信小程序以及北京等全国 17 个地方政府平台实现对接①，另一方面，保持以短信、网页、小程序和 App 等多种形式提供。在公众出行方面保持便利、较低成本的获取通道，同时为防控部门更为精准、有效地把握防控形势，更为准确地捕捉到有效的城市治理与疫情防控信息提供了支撑。

(四) 大数据应用改善和提升完善社会民生福利

疫情期间各地均有一系列惠企政策出台，以帮助企业渡过难关，但惠企政策红利如何能够快速、精确地被企业获取？如何将线下“送服务”转换为线上“送服务”，如何更为有效地提升公众和企业的获得感？以杭州市为例，杭州市依托城市大脑构建“亲清在线”平台，借助数据中枢中的资源整合、数据协同基础，通过公共数据的比对、关联和核对，以及闭环式的信用承诺管理，实现了以“租房补贴政策兑现”为突出代表的流程优化，打破数据“壁垒”，以“数据跑步”代替“公众跑腿”，让用户切实享受到技术进步带来的红利，让服务和福利“秒送”入户。“亲情在线”平台的表现层，是为受疫情冲击的企业和工作者提供“零延时”的补贴扶持与社保保障服务，但在其背后支撑的是强大的数据治理底层，通过对企业、工作者的相关数据进行汇总、识别、定义，并对接社会信用体系，最终形成了一个可控的社会治理数据闭环。

从各类应用的用户价值来看，政务服务平台通过构建多渠道、便捷服务的方式方法，使得公众更易“触达”政务服务平台，获取满足生产生活服务的信息或数据，提高对政府透明度的感知。此外，信息采集渠道的统一全面、数据资源的

① 南方都市报：全国人大代表刘多：“通信行程卡”已提供服务超 14 亿次

常态更新以及数据资源的开放共享，一定程度上降低了决策层获取决策所需数据的难度和时间成本。并且，随着面向公共服务和社会治理的服务理念转变和数据可信度提高，决策的科学性也在逐步提高。

从各类应用的社会影响来看，政务服务平台在公众和企业与社会治理行为的互动过程中扮演“枢纽”的角色，其经由公共数据的开放共享或城市运行数据等各类数据的交互关联，使得物体与信息之间的时间、空间距离在逐步缩短，社会治理的触达能力增强。另外，各类社会力量逐渐参与社会治理中，一个“共建、共享、共治”的社会治理生态正在逐渐形成。以“健康码”为例，在疫情期间健康码的信息采集依靠统一的信息来源渠道，通过简化信息填报步骤和传递流程，实现信息填报工作效率的提高和信息传递层级的减少，实现位置数据、消费数据、健康数据等数据的“融合交互”，将每个人的行动路径等信息数据化，在“健康码”后端形成了一条动态的数据链，实现“冷数据”变“暖”，达到了疫情可监控、出行可追踪的目的，有助于流行病学的调查工作。

三、运用政务服务平台提升和优化社会治理能力的思考

（一）寻求“数据红利”与社会公平之间的平衡

在政务服务平台的服务创新过程中，虽然保持开放、共享的姿态，努力实现政务服务均等化、便捷化，使公众和政府用户能够享受到的科技“红利”、政策“红利”越来越多，但是也会有一部分“数字难民”很难快速获取这些“红利”。健康码作为一个在疫情期间“引人注目”的超级应用，在实际应用中“获取不平等”与“应用不平等”的问题逐渐凸显。“获取不平等”即是指在保证健康码目前的应用场景下，应为尚不具备智能手机使用能力的“数字难民”拓展其他应用模式。“应用不平等”即是指需要进一步降低应用成本，推进多区域的互认以及数据共享。这应该是政务服务平台在未来社会治理中推进“无障碍应用”的重要方向。

（二）寻求“机器决策”与“人工决策”之间的平衡

目前，在政务服务领域已经不断出现“无人化审批”“无人化服务”等模式，未来依托于政务服务平台的社会治理场景也将出现“无人化”趋势。但是，在信任以机器和算法支撑的智能化决策的同时，必须警惕可能给社会治理秩序带来的干扰，防备“提前审判”（来自《未来互联网》一书，大数据通过分析预测某人将要犯罪而进行提前审判）的情况出现。

目前，我国已在《信息安全技术个人信息安全规范》（GB/T 35273-2020）的“信息系统自动决策机制的使用中”规定：“向个人信息主体提供针对自动决策结果的投诉渠道，并支持对自动决策结果的人工复核”。在创新应用的实际运用过程中，政务服务平台确实会提供申诉纠正或投诉渠道，以便进行自动决策结果的人工复核，避免机器自动化决策绝对化影响个体，但会由于自动化决策的复核建设不完善等多方面的原因，使得实际的申诉纠正存在受阻的情况。由于在政务服务过程中的自动决策影响可能是单一对象与场景，而在社会治理行为层面的自动化决策的影响与波及面将被无限放大甚至失控，因此，如需继续进一步提升政务服务平台的社会治理功能，必须关注和推进自动化决策机制的完善。

（三）个人隐私安全应该成为数字治理的首要考虑前提

中国互联网络信息中心发布的第45次《中国互联网络发展状况统计报告》显示，截至2020年3月底，中国在线政务服务用户规模达6.94亿，较2018年底增长76.3%，占网民整体数量的76.8%①，用户规模的大幅增长，随之而来的便是用户隐私安全担忧的增加。并且，随着政务服务平台的建设完善，大量的用户信息得以汇聚共享，诸如身份信息、证件信息、运动轨迹信息等。而且，新兴信息技术的发展应用对政务服务平台的支撑作用增强，使得公众办事“少交材料、少跑腿”的服务创新得以实现，增加政务服务平台对社会治理的支撑，但在此过

① 中国政府网：CNNIC发布第45次《中国互联网络发展状况统计报告》

程中社会第三方的参与程度不断加深，个人隐私数据的应用场景、流向将被迅速放大，个人隐私安全正在成为备受关注的问题。通过政务服务平台延伸和拓展“共建、共治、共享”的社会治理生态，应将政务服务平台的个人隐私数据安全作为首要考虑前提。

新冠肺炎疫情下的移动政务应对策略与案例剖析

智政院原创

由于湖北武汉的新冠肺炎引发的严峻的疫情防控形势，城市与乡村、室内与室外、线上与线下进入“草木皆兵”的“战时”状态。如果说2003年的“非典”疫情客观上极大地推动和培育了中国电子商务的用户基础与发展环境，那么2020年的新冠肺炎疫情很可能成为中国移动政务普惠化的重要节点，特别是在政务服务“一网通办”加速发展，政务App与小程序得到政务服务机构与办事群众共同认可的当下。

一、新冠肺炎疫情下的移动政务服务演进路径

根据智政院的调研与观测，全国31个省（自治区、直辖市）政府网站均开通了新型冠状肺炎疫情防控专页，内容涵盖疫情通报、防控要闻、各地应对举措、防控服务、科普知识等多个方面，及时准确发布中央、各省市的疫情信息和防控政策，做到各类消息公开透明，帮助群众答疑解惑。除在网站设立专题外，各地还充分发挥大数据平台作用，整合各地方政务服务移动端平台、支付宝及微信小程序等服务入口，搭建疫情防控专题，帮助民众足不出户及时掌握当前全国疫情防控态势。

各地政务服务移动端专题建设如表 1。

表 1

地方	移动端专题（App/支付宝/微信）	主要服务内容
广东	“粤省事”：“广东疫情防控服务”专区	提供全国疫情情况、权威防疫资讯、群防群治战疫情和防疫便民四大内容。
浙江	“浙里办”：浙江省新型肺炎公共服务与管理平台	提供主动申报、疫情线索、医学观察服务与管理、最新疫情动态和卫生健康资讯、线上智能问诊等服务。
安徽	“皖事通”：“新型肺炎防控专题”	提供疫情实时跟踪、疫情防控通知发布、医疗救治定点医院名单、疫情防控健康科普知识、确诊患者相同行程查询等服务。
福建	“闽政通”：“福建省新型冠状病毒感染的肺炎防控便民服务平台”	提供卫生健康热线、疫情防控、疫情辟谣、疫情 24 小时直播、疫情智能问答、价格举报、高速封堵查询、12345 便民服务等服务。
北京	“北京通”：新型冠状病毒肺炎防控专题	提供疫情实时进展情况、国家和北京市疫情防控相关部署、全市发热门诊查询、定点医院查询、在线疫情智能咨询、确诊患者同乘查询、12345 反映疫情相关诉求等服务。
上海	“随申办・市民云”：一网通办新型肺炎防控专栏	提供上海疫情最新动态、实时防控公布（全国/上海）、相关查询服务、长三角省市相关信息汇总等内容。
江西	“赣服通”：江西疫情服务专区	提供包括附近疫情、患者同行程、谣言查询上报、周边疫情、12315 疫情督查、定点医院查询、科学防护最重要、趣味 PK 答题、停课不停学等功能和服务。
吉林	“吉事办”：新型肺炎疫情防控公共服务专区	提供全省疾控中心和卫健委应急值守电话、全省新型肺炎定点救治医疗机构和发热门诊医疗机构等多项查询服务。
天津	“津心办”：“防控疫情 天津在行动”疫情防控服务专区	提供全市 47 家发热门诊地址及电话查询、发热门诊候诊信息定时播报、就近医院“一键查”功能、疫情智能助手、疫情权威新闻、疫情防护知识等服务。

续表

地方	移动端专题（App/支付宝/微信）	主要服务内容
河北	“冀时办”：新型肺炎疫情防控专题	提供防疫信息、发热门诊查询、医疗救治定点医院查询、新型肺炎确诊患者同行程人员查询等服务。
河南	“豫事办”：疫情防控专区	提供疫情动态、患者同程查询服务。
重庆	“渝快办”：“全力以赴 坚决打赢疫情防控阻击战”专栏	提供中央部署、重庆行动、疫情通报、防控知识、辟谣专题、疫情自诊、药品咨询、确诊患者活动轨迹查巡等服务。
湖南	“新湘事成”：“抗击新型肺炎 湖南在行动”	提供发热门诊和定点医院查询、发热自查、同行程查询、疫情防控监督热线电话查询、湖南疫情实时数据播报等五项服务。
湖北	“鄂汇办”：疫情专区	提供疫情实时动态、医疗救治信息、应急通讯录、疫情防控信息、疫情相关线上办理事项、在线义诊、患者同程查询等服务。
江苏	江苏政务服务：新型肺炎疫情防控专题	提供疫情申报、疫情信息、网上办事、确诊人员同行查询等七大类服务。
四川	四川群防快线平台微信小程序；四川省新冠肺炎防控平台	提供个人疫情防控信息自主申报、在线自测问诊、可疑疫情线索上报、权威信息发布、违规行为举报等服务。
广西	“爱广西 App”：新型肺炎防控专题	提供实时疫情跟踪、疫情防控线索征集、确诊患者同行程查询、广西定点收治医院明细、疫情自诊、智能问答、在线义诊等服务。
辽宁	“辽宁省 12320 健康通”微信公众平台；辽宁新型冠状病毒感染的肺炎服务平台	提供疫情实时查询、定点（发热）门诊导航、主动申报与疫情线索提供、疫情辟谣、新型冠状病毒感染的肺炎科普、发热症状自查六大功能。

数据整理：智政院综合，部分内容来自“新华财经-中国金融信息网”

随着疫情的发展形势变化，移动政务服务对疫情防控的介入和参与主要可以分为以下三个阶段。

（一）基于移动政务服务平台的信息公开，以降低公众恐慌

当疫情爆发初期，整个社会公众尚未对疫情的发展形势、防控措施以及可能

影响具有初步认识和判断的时候，政府机构通过政务服务 App、支付宝及微信小程序，率先推出疫情防控专栏，对疫情的相关数据、发展轨迹、科普知识、防控措施以及咨询解答等进行推送和输出。在这个阶段，移动政务服务平台主要解决的问题是稳定社会情绪，并有限地为疫情阴影下的公众提供必要的在线服务，其解决的路径多采取的是"App+支付宝/微信"联合推进的模式。

（二）基于移动政务服务平台的在线服务，以输出服务价值

当疫情发展迈过初期的恐慌期，社会公众对疫情的爆发原因、如何防护、可能影响等具备了不同程度的了解与判断的时候，相比信息，他们更需要是恰当与到位的在线服务支持。比如，如何判断自身是否感染？如何搜索发热门诊？如何申领必要的防护物资，等等。在这个阶段，各地省市移动政务服务平台，利用"App+小程序"的模式，将线上线下结合的服务模式充分运用，从自我诊断、居家隔离、在线咨询、物资申领、疫情地图查询等方面持续地进行了服务创新，从很大程度上像因防控措施升级而逐步限于室内和线上活动的市民，依然可通过移动政务服务平台获取必要的服务，尽量不影响日常生活秩序。

（三）基于移动政务服务平台的智能应用，以实现数据防控

本阶段的移动政务服务重心主要是围绕返城复工的新一轮人员流动展开。从前期的政务公开到在线服务，疫情期间的公众已经基本熟悉了移动政务服务的相关服务内容与操作步骤，政府机构与社会公众也初步体验到利用移动智能技术可以如何更有效地实施疫情防控。但是，对于基层街道与社区而言，如何更有效地实现从"介绍信""出入证"等防控手段到真正利用平台、数据、算法实现"数据防控"的跨越，依然存在认知和操作上的鸿沟。除了多数城市采用的是个人、企业的复工申报、健康申报等数据采集措施，本阶段也有城市开始推出创新措施，如杭州的"健康码"，以"绿码""黄码"和"红码"来对人流进行分类管控，实现更快速的城市恢复运行。

从疫情发展的态势与各地应对方式来看，各省、市已基本形成了以数据共享平台或数据中枢平台（部分城市为城市大脑平台）为后台支撑，以省、市统一政务服务 App 为依托，以 App 专栏、独立 H5 专页、支付宝和微信小程序等为服务输出端口，以城市及乡村基层网格化工作人员为地面支持的疫情防控移动平台支撑体系。

二、新冠肺炎疫情对移动政务服务发展的影响及其应对策略

（一）影响

国家行政学院电子政务研究中心在《2019 移动政务服务发展报告》中指出，中国已建设 31 个省级政务服务移动端。并且，移动政务服务加速发展“App+小程序”成主流模式。2020 年 2 月 3 日，国家卫生健康委办公厅发布《关于加强信息化支撑新型冠状病毒感染的肺炎疫情防控工作的通知》（国卫办规划函〔2020〕100 号）（下称《通知》），《通知》中提及“深化‘互联网+’政务服务”，并且强调要强化政务服务一网通办，通过网上办、自助办、掌上办、咨询办等途径实现“不见面审批”，实现“远距离、不接触”，达到最大限度隔绝病毒的传播途径。这是自疫情爆发以来，首次从国家层面对政务服务工作规范提出要求。而以网上办、自助办、掌上办、咨询办实现“不见面审批”的本质即是全面推行、扩散和深化移动政务服务能力。

从《通知》要求可以看出，本次疫情至少在四个方面将对移动政务服务产生深刻影响：首先是移动政务服务的用户教育。移动互联网与智能手机的快速覆盖与下沉，成为移动政务服务实现深度渗透的用户基础，而由于疫情防控的需要，在对个人健康信息申报、二维码应用、移动视频应用等，对身处街道、社区、乡村的基层用户将完成重要的应用启蒙，使这部分“五环外”的用户真正成为移动政务服务平台的忠实用户。其次是推动跨部门数据共享与应用。由于疫情的关注和应对首先来自卫健部门，对于政务服务、大数据、公安、民政等部门的影响与协同需求相对滞后或延迟，所以在数据的采集方式、协同规则上也具有相应的差异。随着整个政府部门与全社会的参与，数据开放与共享共用成为一个核心话

题，甚至可以认为，数据开放与共享共用的力度、质量、水平即是疫情防控的效率、能力与成果。再次是人工智能+政务服务的快速发展。由于海量集中的政务服务需求爆发，以及相比平常时期更庞杂、更精细的安全性服务加入，利用算法手段去预先识别、自动判断与优先推送，不仅可以降低政务服务机构的工作复杂度，同时可以提升办事人员的用户体验。第四是推动自助政务服务设备的能力升级。相比平常时期的自助办理，疫情防控的非常时期可能还需匹配对重点目标人群的识别和判断、对安全卫生操作流程的设计以及对不同区域的流动服务能力的支持。

（二）应对策略

由于各省市的发展情况、人员构成、产业特征、地域分布等均有差异，防控疫情形势的发展从一开始较为“步伐一致”的移动政务服务应用推出，到了当下逐步出现的符合地域特征的移动应用创新。从各省市的疫情移动政务服务支持与应对策略来看，可以基本分为三个方向。

首先是国家级平台与社会化第三方平台支持和介入的“普惠应用”。如国务院“互联网+督查”平台推出的“疫情防控线索征集”、国家政务服务平台推出的“同行程查询”以及第三方机构推出的疫情地图“疫况”。此类移动应用的出现，主要是基于海量的数据汇聚与云服务的支撑，以满足最广泛的用户需求为目标，不管是出自公益还是商业目的，其对疫情阴影下的公众心理安全需求产生的当下价值都是值得肯定的。

其次是来自地方城市与互联网平台的自觉性创新产生的“爆款应用”。如各地城市提出的“口罩预约”、健康平台推出的“定点医院查询”“在线问诊”等。此类应用基于各地城市的公共服务基础、资源、能力，围绕市民紧缺的防护物资、医疗资源等推出了基于移动平台的在线服务，一定程度上为有需求的市民提供了必要的数字化支持。

再次是围绕营商环境的企业复工申报、车辆及个人入城登记等开发的移动应用，从目前全国各省、市的复工推进来看，由于对防控形势的判断不一以及移动政务服务的能力差异，在推进进度与防控措施上已经出现了越来越大的差距，不少省市开始推行“健康码”来快捷管理务工人流，而个别地区限于对数字化技术和平台的应用能力，甚至干脆劝返无房产证的试图入城人员。由此可以看出，基于移动政务服务平台的数据应用、分析、处理与线下执行能力，已经成为非常时期城市的“韧性指标”与自我修复能力指标。

三、基于 App 与小程序的移动政务服务疫情防控样本解析

案例一：“随申办·市民云”App——一网通办新型肺炎防控专栏（图 1）

图 1 网通办新型肺炎防控专栏

"随申办·市民云" App 建设的"一网通办新型肺炎防控专栏"主要分为四个模块，一是推荐服务内容，首页包括确诊病例涉及区域及场所、发热门诊、来沪人员健康登记、防控建议等服务；二是发布疫情数据，发布包括上海和全国的疫情数据动态；三是上海市的疫情防控权威发布动态信息；四是疫情防控专区的"更多服务"还包括热点防疫信息、市民互动、长三角其他省市信息汇总、在线公共文化服务、第三方服务（接入了远程办公、视频会议、远程教学等<含腾讯、华为、百度等品牌>服务）等模块。

从"随申办·市民云" App 的疫情防控服务专区建设思路可以看出，相比其他省市，上海作为超级大都市在面对城市灾难应急情况下，围绕市民需求与自身发展需求所推出的应对策略确实自有逻辑。首先，上海非常重视政府信息公开与数据开放，所以在专区首页的政府疫情防控动态是滚动播报的。其次，上海更擅长利用和调动社会资源而非包办服务，比如针对疫情的发展形势，其在专区内逐步介入远程办公、远程会议、远程教学等相应服务，利用各公司优势为市民提供服务。最后是作为世界级都市，其人口、产业和文化的多元化特征使然，尽管是在严峻的疫情形势下，上海依然在移动政务服务平台推出了"在线公共文化服务"的专项内容，希望以此满足宅家市民的文化消费需求。此外，上海与其他城市相比还特别关注到受疫情影响的两个群体与对象，一是在沪工作的外国友人，二是长三角其他省市疫情防控情况。这些均是由上海独特的城市位势与发展特征所决定的。

案例二："赣服通"小程序：江西疫情服务专区(图2)

图2　江西疫情服务专区

"赣服通"建设的江西疫情防控服务专区主要包括四个服务模块：一是疫情数据，包含江西和全国的数据动态；二是查询工具，主要包括附近疫情、患者同行程、谣言查询等；三是抗疫服务，包括上报周边疫情（含个人申报与他人申报）、12315疫情督查、定点医院查询、科学防护最重要、趣味PK答题、停课不停学等。此外，还包括“专家义诊”通道与“共同关注”专栏。

“赣服通”建设的江西疫情服务专区是通过支付宝小程序推出的，与同类中部省份的疫情防控小程序服务相比，“赣服通”也凸显了自身的建设特色。首先在数据应用方面，“赣服通”推出的“附近疫情”对降低社会恐慌、提升防控警觉性具有相当重要的意义和价值，与目前出现的由媒体或第三方数据公司推出的疫情地图相比，“赣服通”的“附近疫情”查询应用针对目标地域内的数据应更准确与实时。其次是依托于支付宝平台，“赣服通”在第三方数据资源的运用上非常务实，在“患者同行程查询”“谣言查询”“停课不停学”等应用上，广泛地接入了第三方资源，再进行统一体验优化向用户输出统一服务；第三是“赣服通”将“专家义诊”服务在全国首次接入政务服务小程序，将原来只为用户提供的在线自我诊断、发热门诊地图、定点医院查询等服务再度向前推了一大步，基于目前大部分用户均只能在家居家观察或者隔离的情况下，专家在线问诊服务是与患者同行程查询、疫情地图起到同样“公众心理稳定器”作用的移动服务。

基于“随申办·市民云”App与“赣服通”小程序的建设思路与模式特色分析，可以发现不同省、市在面对同一场危机时，其服务对象希望通过在线平台获取的核心服务是基本一致的。这个“一致”还包括通过信息申报、数据提交、资源协同实现“个体安全”与“公共安全”的平衡，不同的平台和建设模式最终取得了殊途同归的效果。从各自提供的辅助性与延伸性服务来看，基于小程序的服务输出具有更快速度和更高效率的拓展性。但是，由于新冠肺炎疫情是关乎政府决策、治理能力、服务效率、资源协同、数据开放等多维度的社会事件，仅仅依靠一个部门、一项服务、一个举措远远解决不了问题。对于用户而言，疫情爆发初期肯定会关注到最快速的反应平台，如微博、微信、小程序等，但随着疫情的持续发展，要稳定、高效与可控地获得对疫情防护及相关性影响的预知，特别是对于城市市民而言，来自政务服务App的信息与服务是不容替代的。

疫情过后，或许我们应该提出的问题是：在"'App+小程序'的移动政务服务主流模式"发展现状之上，"App与小程序"将如何更好地实现移动政务服务发展协同？

“App+小程序”并存时代的移动政务服务能力建设

智政院原创

中国互联网络信息中心（CNNIC）发布的第44次《中国互联网络发展状况统计报告》显示：“截至2019年6月，我国网民规模达8.54亿，手机网民规模达8.47亿，在线政务服务用户规模达5.09亿。”得益于4G、移动互联网、智能设备、微信与支付宝的覆盖及应用普及，通过智能手机、平板电脑、自助设备等接受政务服务和开展在线办事正在成为主流用户行为。随着“互联网+政务服务”的不断渗透与深入发展，政务服务的建设、运营、体验模式正在发生深刻变化，对跨部门协同办事需求越来越迫切，对政务数据资源开放共享要求越来越高，对政务服务的建设主体、运营主体以及生态协作主体的权责界定变得越来越需要创新思维。也因此，对移动政务服务的平台选择、建设路径、运营策略等成为数字政务发展的焦点话题，政务App与小程序（微信、支付宝、百度小程序等）则成为了移动政务服务的当前热门拓展对象。

移动政务服务应用面临的是有限的手机桌面、有限的用户时间与有限的用户场景之间的竞争。当年手机应用市场成为竞争热点的时候，它的基本逻辑是——用户存在对App搜索、下载的强烈需求。但是，当智能手机的出货量巅峰已过，手机用户与换机频率在全球的增长开始面临“天花板”，用户对移动服务的使用习惯逐渐成熟，移动应用市场马上出现了两个问题：80%的用户时间分配给了极少数的 App（据一项研究表明，通过用户每周打开的常用 App 不会超过 5 个）；用户的刚需应用将会继续追求更简易、更优雅的操作体验，同质化应用的竞争将更加激烈。对于政务服务机构而言，面对移动政务服务的发展，由于政务服务内容的特有属性，虽然不需要去关注同质化应用的白热化竞争，但是政务服务机构在满足于因超级平台的海量用户与用户体验带来的政务服务输出效率的同时，也应关注到公共服务平台与商业平台融合、协同发展时可能存在的风险。

一、“App+小程序”并驾齐驱的移动政务格局演变与形成

智政院认为，中国政务服务机构对“移动政务服务”的认知其实是从以“两微一端”为标志的“政务新媒体”开始的，并在最开始强调“政务公开”“政策解读”“回应关切”等为主要价值。通过对从 2016 年到 2018 年的文件梳理可发现其演变。

“积极推进平台服务向移动端、自助终端、热线电话等延伸，为企业和群众提供多样便捷的办事渠道。”

——《国务院关于加快推进“互联网+政务服务”工作的指导意见》（国发〔2016〕55 号）

“政务新媒体是指各级行政机关、承担行政职能的事业单位及其内设机构在微博、微信等第三方平台上开设的政务账号或应用，以及自行开发建设的移动客户端等。

“各地区、各部门要遵循政务新媒体发展规律，明确政务新媒体定位，充分发挥政务新媒体传播速度快、受众面广、互动性强等优势，以内容建设为根本，不断强化发布、传播、互动、引导、办事等功能，为企业和群众提供更加便捷实用的移动服务。”

——《国务院办公厅关于推进政务新媒体健康有序发展的意见》国办发〔2018〕123 号

"推动政务服务向'两微一端'等延伸拓展，为群众提供多样性、多渠道、便利化服务。结合国家政务服务平台建设，加强和规范政务服务移动应用建设管理，推动更多政务服务事项提供移动端服务。调动社会资源力量，鼓励开展第三方便民服务应用。加强政务新媒体监管，提升服务水平。

——《国务院办公厅关于印发进一步深化"互联网+政务服务"推进政务服务"一网、一门、一次"改革实施方案的通知》国办发〔2018〕45 号

"充分发挥'两微一端'等政务新媒体优势，同时积极利用第三方平台不断拓展政务服务渠道，提升政务服务便利化水平。"

——《国务院关于加快推进全国一体化在线政务服务平台建设的指导意见》国发〔2018〕27 号

在近三年关于"互联网+政务服务"的文件中，"政务新媒体"与"两微一端"一直是最为主流的说法，其中在"国办发〔2018〕123 号"文件中提出了政务新媒体包括"在微博、微信等第三方平台上开设的政务账号或应用"，这里的"应用"即是指以 API 模式出现的政务服务小程序，但并未得到重点关注。目前，随着大型互联网企业进入数字政务市场以及用户习惯的逐渐养成，政务服务小程序已经呈现出超越"两微一端"，并进化为一种用户主流的在线政务服务办事平台。

为更进一步对"App+小程序"并驾齐驱的政务服务模式进行分析，智政院对全国 32 个省市（含新疆生产建设兵团）的政务 App 与小程序的建设情况进行了梳理，如表 1。

表 1　全国 32 个省、市、自治区政务 App 与小程序

地区	App	小程序	地区	App	小程序
北京	北京通 App	北京政务服务（微信小程序）、北京通（支付宝、百度小程序）	湖北	鄂汇办 App	鄂汇办
天津	津心办 App	津心办	湖南	湖南省政府门户网站 App	新湘事成
河北	冀时办 App	冀时办	广东	广东政务服务 App	粤省事
山西	一部手机三晋通 App		广西	广西政务 App	广西政务
内蒙古	内蒙古蒙速办 App		海南	海南政务服务 App	海南政务服务网
辽宁	辽事通 App		重庆	重庆市政府 App	渝快办
吉林	吉林省人民政府 App	吉事办	四川	天府通办 App	四川政务服务
黑龙江	黑龙江全省事 App		贵州	云上贵州多彩宝 App	贵人办事
上海	随申办 App	随申办	云南	办事通 App	云南政务一部手机办事通
江苏	江苏政务服务 App	江苏政务服务	西藏	西藏政务服务 App	西藏政务
浙江	浙里办 App	浙里办	陕西	陕政通 App	陕政通
安徽	皖事通 App	皖事通	甘肃	陇政通 App	
福建	闽政通 App	闽政通	青海	青松办 App	
江西	江西政务服务网 App	赣服通小程序	宁夏	我的宁夏政务服务 App	
山东	爱山东 App	爱山东	新疆	新疆政务服务 App	新疆政务服务
河南	豫事办 App	豫事办	新疆生产建设兵团	兵政通 App	兵政通

通过表 1 可以发现，目前我国政务 App 在全国 32 个省市中实现了全覆盖，其中 25 个省市（含新疆生产建设兵团）建设了政务服务小程序，并且，有部分省

市在微信、支付宝、百度同时开通了小程序。由此可见，随着移动互联网、人工智能、大数据、区块链等数字技术的发展深入，政府机构与公众的沟通与交互正在从“媒体化”阶段过渡到“平台化”阶段。政务 App 正在成为移动时代数字政府的关键入口，成为打造一体化政务服务平台的重要支撑，成为各级政府沉淀政务服务数据、提供个性化服务、推动政府数字化转型的重要平台。通过微信、支付宝、百度等超级平台的数字基础设施与用户资源支撑，政务服务小程序则成为各级政务服务机构开展社会治理、提供政务服务、推动市场监管等职能的重要手段与标配。

政务 App 本质上已成为移动时代政务服务机构的“自营店”，而政务服务小程序则成为入驻各大超级平台的“旗舰店”。

二、“App+小程序”并存时代的观念与洞察

目前，全国省市在推广普及移动政务平台的重心各有偏差，部分省市以政务 App 为主打平台，也有部分省市以政务服务小程序为主要阵地。对于政府机构、技术厂商与终端用户而言，他们对政务 App 与小程序的价值认识、定位差异以及发展走势均具有不同的看法与体会。

对于政务 App 而言，政府机构可根据需求进行独立开发建设，用户可通过应用市场进行自行下载，政府机构对 App 平台的内容、服务、数据、用户等均可以实现全流程可控。政务 App 最大的压力并非来自建设而是运营，每个 App 其实都是用户桌面上的一座“孤岛”，没有具有吸引力的“硬核服务”则很难让用户进行自主分享与应用。此前屡登新闻版面的“僵尸 App”主要来自缺乏用户思维的体验设计与运营规划，用建设 WEB1.0 的思维建设面向数字原住民的产品，从而导致“能看不能用”的现象出现。对于政务服务小程序而言，政府机构可借助第三方平台的基础设施、海量用户资源、用户体验等实现迅速的覆盖和触达，可以在用户运营上极大地提升效率，拓展政务服务输出的质量与社会价值。但对于政府机构而言最大的“顾虑”在于“安全”与“公平”，搭载于第三方平台的政务

服务小程序最大的特点是快速推出利企便民式应用，在涉及政务服务核心数据对接方面的安全性是否能得到保障，当商业互联网平台的战略重心发生转变，政务服务小程序还能否为社会公平提供普惠、稳定的服务。

“App+小程序”并存发展的形势本质上宣告了移动政务服务“所有权与使用权”融合时代的开启，政务服务机构在数字空间的价值回归到政务服务资源、内容、数据、场景的研究、策划与设计，其关注的重心已不再是像“互联网+政务服务”发展的初期阶段一样过分关注“平台所有权”，而更关注“平台使用权”以及“平台价值定义权”——提供什么服务、如何提供服务、如何应用服务数据等。

从本次疫情期间上线的天津移动政务服务平台“津心办”App与“津心办”支付宝小程序的对比可以看出，如图1所示，首先，面对“App+小程序”并存发展的趋势，“津心办”App和小程序在UI视觉、体验设计以及使用习惯上均保持了用户操作的一致性，针对本次疫情的应对均上线了“疫情防控专栏”。其次，相对于App而言，小程序更是发挥了“旗舰店”的作用与价值，对服务的推荐与选择更有讲究。如App平台的推荐区推出了“推荐服务”“关注服务”“热门服务”与“缴费专区”，小程序则仅提供更为精致的热门服务，当然这也与平台的用户体系、侧重价值有关，相比之下App平台比小程序的服务呈现更为丰富完整。再次，在单项服务的应用便捷性上可以看出，小程序则更具有优势，由于依托于已有的用户数据与账户体系，小程序的“健康码”则直接自动授权和直接领取，而App平台则需要登录以及跳转操作。此外，通过App和小程序的对比亦可发现，对于小程序而言，与查询、咨询、出行、医疗、教育等民生类、支付类、证件类、证明类相关的应用，小程序在体验设计、流程简化等方面更易操作，体验更佳。而涉及企业法人类服务及个人相关的行政审批类服务，则需要通过App平台获得更为完整的服务，小程序还不足以支撑起“重数据”的政务服务应用。

图 1　“津心办”App 与“津心办”小程序

三、“App+小程序”并存时代的移动政务服务能力提升建议

面对“App+小程序”并存的全新局面，如何提升移动政务服务能力？智政院认为，至少需要从以下四个方面提出发展建议。

（一）重新理解平台价值

要突破移动政务服务的发展瓶颈，必须重新理解移动政务服务平台的价值，必须从“重硬件”“重软件”过渡到“重数据”的运营发展阶段。移动政务服务平台将是指以 App 为核心，以微信、支付宝、百度等平台小程序为延伸，以 5G

时代逐渐诞生的丰富多元的智能化 API 应用为生态的各种平台与应用的总和。移动政务服务的未来价值将是指一家政务服务机构旗下的所有移动政务服务平台的用户、数据、算法及创新能力的总和。只有从这个角度来理解移动政务服务的未来发展走势，才可能适应“App+小程序”并存时代的城市发展与用户需求。

（二）重新定义用户场景

移动政务服务平台在保持迭代开发、敏捷开发的同时，更应被视为一个面向未来城市的操作平台，可以随时响应和接纳即时性的城市发展需求。最为典型的案例就是本次疫情中出现的个人健康申报、口罩预约、周边疫情、复工备案、健康码等等应用，这类应用的出现是没有被任何移动政务服务平台提前研究、规划与预案设计过的。但是，城市是不断进化的，用户需求是不断浮现的，用户场景不再是在每年数字政府的工作要点文件里，而可能出现在每一个城市运行的细节中。因此，移动政务服务平台需要重新定义用户场景，需要通过用户使用数据去不断感知和发现新的用户场景。从这一点而言，小程序或更有用户优势。

（三）重新塑造服务能力

通过本次疫情可以发现，一个成熟的移动政务服务应用并非政务服务或大数据部门与科技企业合作就可以完成的，要形成具有竞争力与社会口碑的应用，城市管理、交通部门、公安部门、卫健部门等均会涉及较为深度的参与，不同部门的视角，不同机构的数据优势，通过跨部门的协同与合作，最终呈现一个个爆款式的移动政务服务应用。此外，要重新塑造服务能力，移动政务服务平台的建设以及运营人才团队建设也非常关键，比如美国加州官方政务服务平台的改版，就引入了参与英国数字服务设计的多学科团队参与，社会学、心理学、艺术等多学科人才的参与最终可以在无形中为移动政务服务平台建设提升软实力。

（四）重新激发创新活力

“App+小程序”并存发展为移动政务服务的社会化创新提供了更为广阔的空

间，政务 App 与政务服务小程序的不断深入发展将使每个平台的价值、品牌与能力越来越清晰化，面对不同服务模式、体验以及内容的选择将越来越特色化，因此对服务创新的需求将越来越强烈。目前，国内的有上海市数据开放的创新竞赛，国外有 iGApp 移动政务服务应用开发市场，本次疫情中也出现了同行程确诊患者查询、“疫况”等社会化应用。要更为积极地面对未来移动政务服务需求，政府机构应该出台移动政务的发展指引及 App、小程序的设计规范，并通过政务数据与公共数据的开放，以推动更具有创新力的企业参与，打造移动政务的众创局面。

上“码”战“疫”
政务服务移动端拓疆契机

智政院原创

多年以后，掏出手机时，我们可能仍会回想起依靠一个二维码在中国大地上通行的那个遥远的春天。

2020年的春天注定不平凡，它目睹了疫情的残酷无情，铭记了英雄的逆行无畏，也见证了社会治理、经济活动的运行空间从物理世界向数字维度的迁徙。“防疫专题”“复工专区”“不见面审批”“无接触办事”，在疫情意外带来的机遇之中，迸发出积藏已久的能量，让老百姓体会到在一个特定情况下缺少“互联网+政务服务”竟然“寸步难行”“诸事难办”的实感，而其中最令人印象深刻的无疑是依托移动政务服务渠道的“健康码”。

一、“健康码”的来龙去脉

时至今日，“健康码”已经在全国遍地开花，而大家基本上也都知道这是浙江首创的一个防疫新举措。事实上，“健康码”起源于杭州，2020年2月9日，杭州政府宣布，将推出新的数字化防疫措施，而支付宝“健康码”就是措施之一。此后两日内，“健康码”就已经在杭州得到了全面推广。在一周之后的2月

19 日，浙江、四川、海南三省相继宣布，将在全省范围陆续覆盖“健康码”。到 2 月 23 日，上海、山东、安徽、云南等地也相继上马相关项目，已有上百座城市通过“健康码”进行数字化防控疫情管理；2 月 29 日，国家政务服务平台上线了“防疫健康信息码”并开始逐步对接各地“健康码”；3 月 23 日，国家平台“健康码”已与全国 31 个省和新疆建设兵团实现了互通互认。至此，一个全国范围内的上“码”战“疫”集团军完成了整编和统一号令。

当我们回顾这个星火燎原的过程，会发现最初为杭州市政府点亮第一缕星星之火的是阿里巴巴。根据支付宝的说法，“健康码”的灵感来源于地铁上的“人肉测温”，灵感涌现之后，开发团队在大年初四（1 月 28 日）开工，到初七（1 月 31 日）已经拿出了第一个小样，当时称之为“健康打卡产品”。而到了 2 月 5 号，第一版“健康码”正式诞生，每半小时迭代优化一次。7 号，H5 版本发布，9 号，杭州市政府进行了官宣，“健康码”在支付宝正式上线。

如果说，杭州“健康码”“平地一声惊雷起”似的惊艳登场，背后是浙江发展数字经济的战略选择，数字科技创新的基础和实力，重视数字化系统整体竞合的生态大环境，以及和这个环境已经形成共生关系的阿里巴巴令人叹服的创新力和执行力，那么“健康码”短时期内在全国“春风一夜百花开”，则充分见证了中国体制优势下统一政府体系对有效社会治理手段的迅速示范和快速复用，以及“移动政务服务”在中国已经初步成熟的生长土壤和环境张力。

“健康码”的快速兴起，本质上是“成熟技术+大数据平台+强力推动”的组合。其实，二维码技术在中国人的生活当中早已扎根多年，使用一个二维码完成在线支付、安装应用、浏览信息的用户习惯已经被移动互联网培养到滚瓜烂熟，这次的“健康码”只是在一个巧妙的时间点上运用了一次“拿来主义”，基于国家和各省政务服务平台已然庞大的用户存量以及支付宝、微信更加天量的用户数据做一个用户自主填报信息+大数据综合判断的政务应用，对长期专注于数字政府领域的技术提供商而言也拥有足够的底层数据支撑。而“健康码”在各地普遍应用的首要因素，还是各地政府在这个非常时期，对运用移动端的信息渠道进行数字化治理的全面理念解放和强力的推动实行。这一方面来源于近一段时期内中央屡次做出的运用数字化技术进行疫情防控、完善国家治理体系和治理能力的指示，另一方面则是由于移动互联网在中国早已完成了自我生长和用户教育，而疫情带来的“非接触治理”需求，给从“掌上购物”过渡到“掌上办事”提供了一个顺理成章的机遇。可以说，在一种“悲剧意义上”的天时、地利、人和之际，“健康码”正所谓“生逢其时”。

二、“健康码”的百花齐放

“全国一盘棋”上码抗疫的局面中，阿里巴巴等互联网巨头的深厚运营根基和流量加持，以及数字政府领域的专业服务商所提供的技术平台和解决方案弹性，比如支付宝战略合作伙伴，参与国家和 17 省政务服务平台建设的大汉软件，使各地“健康码”的建设呈现出一种“百花齐放”的局面。在 31 个省级行政区和新疆生产建设兵团都已上线“健康码”的当下，我们可以看到各地“健康码”的建设理念、功能侧重、运行实效、后续考量都会有一些基于区域特性的亮点，有的地区注重迅速扩大人群覆盖面，有的地区构建以家庭为纽带的“健康信用体系”抬高人群通行效率，有的地区将个人自主填报和第三方数据核验相结合提升数据客观性，也有地区在摸索“健康码”后续功能延伸的长效机制等。

（一）浙江——全国首创、人手一码

浙江作为全国首个提出“健康码”的省份，其“健康码”最初是浙江省“一图一码一指数”精密质控复产计划的一个组成部分，最终却从体系中脱颖而出，成为各地移动政务服务支撑数字化疫情管控争相效仿的对象。诸如“绿码、红码、黄码”三色动态管理、14 天自主隔离健康打卡、自主信息申报机制等建设理念和规范都来自于最初的“杭州健康码”，后续各个省份建设的“健康码”基础功能和逻辑大致都遵循“浙江模式”。而浙江作为最早上线“健康码”的省份，据统计目前已经基本实现了“人手一码”的覆盖度，其首创精神和推广力度不得不令人赞叹。

（二）江苏——附属卡、长三角互认

江苏的省级"健康码"是在"江苏政务服务平台"各渠道上线的"苏康码"，可在江苏政务服务 App 和江苏政务服务支付宝小程序上申领。在"苏康码"上线前，江苏各地已经有南京市的"宁归来"、苏州市的"苏城码"、无锡市的"锡康码"等城市码，和其他地方一样，江苏省内各城市码的"兼容性"成为很大的问题，"苏康码"的上线从技术和行政层面为各市的"健康码"互认提供了一个解决方案。在后续迭代中，"苏康码"上线了"附属卡"功能，主要是让无法自主申领的老人、儿童等，可由具备申请条件的亲属以附属卡形式申报，主卡负责其附属码数据的真实性。公众在家庭出行时，可以使用主卡逐个展示多个附属卡，提高人群通行效率。此外，长三角也是首批推动区域共享互认"健康码"的地区之一。"苏康码"和浙江、上海、安徽三省的"健康码"实现了效力等同。

（三）上海——多维校验、输入性风险管控

上海的"健康码"是"随申码"，"随申码"可以通过"随申办"App、支付宝、微信小程序三个端进行申领。"随申码"用于个人健康风险校验的数据覆盖了多领域多维度，数据来源全面并且能做到动态更新，可以使其校验结果更客观和准确。除此之外，在中国本土疫情已经基本得到控制，海外疫情呈现爆发趋势的局面下，上海作为国际性大都市，承载世界贸易和交通枢纽的职能导致其"输入性风险"不可小觑，"随申码"的一项功能的侧重点也放在了对输入性风险的管控之上。港澳人士也可直接通过注册"随申办"App 实名用户，获取"随申码"。

（四）海南——迅速覆盖、境外红码

根据海南省大数据局的统计，海南省"健康码"从 2020 年 2 月 18 日上线后

的 12 天时间内，领码使用人数突破 660 万，与全省常住人口数相比，覆盖率达到 70. 72%，累计访问量达到 5600 余万人次；2 月 28 日，海南与浙江签署《新型冠状病毒肺炎疫情防控“健康码”互认协议》，琼、浙两省“健康码”实现“互认”；3 月 22 日，海南“健康码”上线新功能，支持家庭成员间帮忙打卡，“健康码”用户在添加已注册成员，组建家庭后，家庭成员之间可以帮忙打卡，夫妻均能展示老人小孩的“健康码”；此外，用户如手机号丢失，无法展示“健康码”，也可以通过其他家庭成员进入找回；同时还新增了境外人员红码规则，如果用户证件号码在境外防疫名单中，则会被标识为红色。

（五）天津——互联网+医疗、长效演进

天津“健康码”通过“津心办”App 和小程序等政务服务渠道申领，从 2 月 29 日上线截至 3 月 16 日，申领人数超过 350 万人，累计亮码次数突破 1500 万次。天津“健康码”探索后续长效演进机制，将依托“津心办”一网通办平台，拓展“健康码”在“互联网+医疗健康”相关应用场景，推动“健康码”向“津心码”演进，政务服务、商业消费、交通出行、社区治理等各种城市日常应用场景均可以使用。

（六）国家政务服务平台——汇聚全国数据、赋能地方“健康码”

国家政务服务平台“防疫健康信息码服务”2020 年在 2 月 29 日上线，基于“一体化政务服务平台总枢纽”的定位，通过统一接口标准和数据共享支撑大数据分析，方便公众自查与填报防疫健康信息，为企业复工和社区防控实现无接触信息核验，赋能地方平台加强防疫管理。国家平台“健康码”相比各类“地方码”，一是具备全国真实权威数据的汇总优势，依托国家政务服务平台统一身份认证体系、统一电子证照系统等，能够汇聚国家级层面包括卫健委、工信部、医保局等部委，铁路、民航、客运等公共交通，以及电信运营商、医院发热门诊、用户自主申报等多维度信息资源，其大数据分析基础更加全面坚实；二是国家平台“健康码”建立了《全国一体化政务服务平台防疫健康信息码接口标准》，可

以全面为地方“健康码”赋能。上文已提到，2020 年 3 月 23 日，国家平台“健康码”已与全国 31 个省和新疆建设兵团实现了互通互认，意味着各地“健康码”利用国家平台数据共享“总枢纽”作用，同时也实现了各地区“健康码”的互信。

三、“健康码”的不和谐音

虽然各地“健康码”发展得如火如荼，在疫情防控中展现出了移动政务服务“全民参与”的网格化治理潜能，为社会公众今后如同“使用移动电子商务那样的高接受度和普惠程度来使用移动政务服务”埋下了一颗种子。但“健康码”现象中也或明或暗地浮现出一些问题和隐忧，如果不能处理得当，种子也可能无法长成参天大树，而沦为昙花一现，移动政务服务的春天也有可能并不会真正到来。

（一）一地多码和跨域不互认让公众无所适从

在整个上“码”战“疫”的进程中，各地“健康码”不断涌现并作出一些创新的举措固然让人为全国范围内数字政府建设触角的延伸感到欣慰，但是从辩证的角度来看，各省各自为战的建设乃至省内各市独立上“码”的局面在初期确实给公众带来很多不便和困扰。“一地多码”“一人多码”的局面不仅体现在老百姓根本弄不清楚“市级码”“省级码”“支付宝码”“微信码”这么多码自己到底该用哪个码；也表现为市民辛辛苦苦在本地“健康码”上申报打卡终于弄到了“绿码”，但是跨省复工的时候却发现对方不认，甚至有的城市连本省统一的“健康码”效力也拒绝承认，只认自家城市码。持绿码、有行程证明，结果还是隔离 14 天再说，一心复工的老百姓也只能有苦难言，何况“健康码”都是由政府统一授权发布的，如果公众获得的认知是两地政府互相间都不能达成信任，试问政府的公信力还能剩下几成？

（二）“健康码”使用和变色的黑箱机制无法以理服人

2020年2月16日，杭州市政府宣布已发放700多万“健康码”，“红码”达到了三十余万，而“红码”当中有3万人提出了申诉，质疑的焦点就在“健康码”“变色”的黑箱机制。根据支付宝的说明，“健康码”的“红黄绿”是根据大数据“综合判断”，所谓“综合判断”就和“有关部门”一样让人难以捉摸。当湖北的疫情重灾区“绿码”繁多，但杭州本地的居家市民却“一夜变色”，还有部分省外复工的亲戚，显示的却是“绿码”时，一句“综合判断”显然难以服人。实际上在“健康码”推进的过程中，由于人口流动的动态性，以及信息填写的门槛之低，都在无形间会稀释“健康码”的信噪比；还有些地区的“健康码”，上线时宣传得“锣鼓喧天”，当市民真正使用时却发现找使用说明是“众里寻他千百度”而不得，或是找到了也写得“语焉不详”，尤其是对于一些如归国人士无户籍信息、小孩没有身份证之类的情况复杂的特殊人群，可能根本无从下手，从而没有办法正确填报。在这些情况下，难以判断有多少“红码”是被误伤，而被“误伤”人群由于缺乏明确的细则可以比对，纵然身体上自认倒霉，心理上恐怕并不会真正接受。

（三）线下登记的倒车凸显“健康码”依然存在体验痛点

如果站在城市、省域的大视角，会发现“健康码”纵然无法做到“有码走遍天下”，但“无码寸步难行”至少承载了“健康码”对人员有序流动的管控意义和价值。然而，当我们将视角缩小到个人的日常生活，则会发现“健康码”在某些重要场景的“失位”，比如居住小区、办公场所，就笔者的亲身经历而言，从疫情开始到现在，或许直到疫情结束，这些场景的“通行方式”与“健康码”无关，依然是一张纸、一支笔和一张纸质通行证。为什么我们可以凭一个符合要求的“健康码”进入机场、高铁站、商场、公园这些公共场所，却进不了自己的办公室和家门？细想之下会发现，公共场所的人流存在不可预知和单次性，“健康码”可能是唯一的解决方案，而我们最重要的日常场景，如上班、回家，恰恰具有规律和重复性，在这种可控的场景下，管理者本能地认为"线下登记"的综合成本要小于使用"健康码"，这一方面可能是由于管理者本身并不具备足够的数字化时代思维，另一方面可能是政府引领的网格化数字治理的完全下沉还有待时日。但最重要的问题还是出在"健康码"本身的用户体验依然存在痛点。对于管理方，除了前面提到的"红码"误伤和异地码不认以外，就算你手机上展示给我一个"绿码"，我又如何确保这一定是你自己的手机？到最后，不如给你发一张纸质通行证完事。而对于市民来说，每日进行健康打卡说起来容易，如果不是事到临头，又有几个人能真正坚持下来，还是拿着一张纸质证明"躺进"比较舒服。

（四）疫情过后"健康码"是否会成为食之无味的鸡肋

疫情的"滤镜"之下，诸如"口罩预约""疑似患者同程查询""健康码"一类的政务服务应用如网红般受到万众瞩目，但是冬天总会过去，疫情终将结束。到了常态生活回归的那天，以"健康码"为代表的具有"应急管控"属性的这类政务服务应用应该何去何从？

从现实的角度来说，如果疫情过去之后对"健康码"弃之不用，那么前期对底层平台搭建的投入，运维推广释放的各种资源都将成为一种"一次性消费"而非"投资"，这无疑是一种巨大的浪费。遥想 2008 年奥运会，举国投入巨大人力、物力、财力建设了令世人瞩目的高标准场馆，但是十年之后的一组照片中，这些缺乏后续常态运营方案的场馆已然荒废成一种"遗迹"，只把那一场盛宴的记忆留存在了人们的脑海当中。难得"健康码"掀起了公众集体使用移动政务服务的热潮，并在特定场景中完成了凸显移动政务服务重要性的用户教育，如果不能及时为"健康码"谋划更多具有实际价值的使用场景，尽早摆脱对单一的"应急管控"场景的依赖，那么其使用价值将以疫情结束为分界点造成巨大落差，从而使其成为尘封在市民手机回收站里的一缕数字化回忆。

四、“健康码”的几点启示

（一）全国一体化政务服务需要更强的整体谋划和应用开放战略

如今，政务服务区域一体化和全国一体化的机制正在卓有成效地解决“健康码”的跨域互认问题，无论是长三角、京津冀这些大型经济圈内部，还是浙江与海南、山东与贵州这种具有某个方面强关系性的省份间，都在逐步推动区域间的“健康码”“跨省互认”。而更为重要的是，依托全国一体化在线政务服务平台，“总枢纽”国家政务服务平台已经建立了“国家防疫健康信息码”，既可以充当地方“健康码”互信互认的纽带，也可以直接以“国家级健康码”作为全国通行凭证，极大加快复工复产，促进区域经济恢复。不过，这个过程也使我们意识到“全国一体化政务服务”的机制建设还有相当长的路要走。如果“健康码”全面推行之初，能够在全国一体化的框架之下通盘考虑，以国家平台为指挥塔和司令员，可能每一个市民只需要领取一个具有全国效力的“健康码”，“一码通行”的进程会缩短许多。退一步说，如果要求一开始就通盘谋划，会错失宝贵的时间窗口和影响地方政府创新热情，那么是否可以建立一个“国家级的应用开放平台”，对于“健康码”这种社会意义重大、时效性高的政务服务应用，首创的地方政府可以将应用上报到平台，直接提供给其他地方复用，从机制上减少重复建设、缩短铺开时间、降低互认难度。

（二）移动政务服务应急治理需要提高精度和透明度

如果说“健康码”的匆匆上“码”带来的“薛定谔式”误伤从某种程度上是疫情紧迫性导致的“不得已而为之”，那么在今后出现类似重大突发情况和风险之前，我们理应“吃一堑长一智”，提前做好移动政务服务应急治理体系的完善规划、配套机制，对其中涉及的汇聚第三方数据进行智能化判断，需要对数据采集和聚合加强精度，降低损耗度。尤其重要的一点在于，对于涉及限制公众权利的治理手段和数字应用，政府应当尽到充分、透明的告知义务，让用户完全理解“游戏规则”，知道自己该怎么做以及为何受限，提高公众对数字政府和移动政务服务的接受度和信任度。

（三）移动政务服务应用需要更好的运用技术手段和用户思维提升体验

对于弃“健康码”不用而回到线下登记的囧境，除了通过自上而下更大力度的推动贯彻执行以外，恐怕还是要从“健康码”本身的体验着手。对用户而言，决定其是否长久使用一项服务的核心因素只有两点，即有没有用，好不好用。这个结论缩小到移动政务服务的范畴，亦或者特定到“健康码”之上依然适用。“有没有用”的问题在疫情的大背景下不证自言，“好不好用”的问题才是社区、企业倒退到线下登记的症结所在。手机转交带来的身份疑云和亮码过程对通行效率一定程度上的阻碍可以通过技术手段进一步解决。比如，手机内的“健康码”信息理论上是可以和机主人脸信息进行一对一绑定的，那么当小区出入口设置了人脸识别设备，人员只需通过“刷脸”代替“亮码”即可完成自己的身份核验，排除了使用他人手机“亮码”的可能性并且还能提升通行效率。此外，对于用户自主申报信息的机制，很多“健康码”要求每天两次申报逐一勾选每项内容，这里是否可以考虑采用“变量思维”去寻求用户申报的便捷性和准确性的平衡？以“用户思维”为基础，运用技术或非技术的手段都可以不断去促进“健康码”好不好用问题的改善。

（四）移动政务服务价值延伸取决于政府视野与长效投入

智政院也欣喜地发现和获知，很多地方已经在研究“健康码”的长效发展方式，以便充分地利用“健康码”的建设和推广基础。比如上文已经提到的“津心码”向“互联网+健康医疗”方向的延伸，还包括江苏、江西等地探索让“健康码”向承载移动政务服务中的信息调用和支付等场景的“通用码”过渡等未来发展方向。各地政府在“健康码”的考量上具备“风物长宜放眼量”的视野首先十分值得赞许，接下来的要点则会再次回到拓展出来的种种使用场景到底“有没有用”及“好不好用”的问题之上。这一方面需要规划和决策者跳脱出单纯“造政绩”的思维，而是以当地公共服务特质与痛点为动机进行场景设计，另一方面也需要有足够坚定的决心持续投入人力、财力、物力，以支撑多场景背后需要整合和运营的各种信息和服务资源，去为个人和法人搭建一个移动政务服务的“一码通办”入口，让“健康码”的长效演进成为一个切入点，使这次疫情的“危机”真正转化为移动政务服务“纵马扬鞭”在公众心中和指尖开疆拓土的一个“契机”。

移动端场景规划与设计

智政院原创

2019年7月21日，国家行政学院电子政务研究中心在广州发布了《2019移动政务服务发展报告》，报告显示："截至2019年7月1日，全国31个省、自治区、直辖市和新疆建设兵团已建设31个省级政务服务移动端，小程序以其'轻、便、易'的特点受到青睐，'App+小程序'正在成为移动政务服务的主流模式。"App和小程序是功能性的平台，其他的政务新媒体平台多以内容发布为主，因此我们这里讲的移动端场景规划与设计也是基于App和小程序平台的规划和设计。移动端的特点是个性化、移动化、便捷化，在设计和规划时，要结合移动端特点，发挥移动端优势，为公众提供更人性化、更方便、更优质的服务。

移动端的场景主要包括入口场景、服务场景、办事场景、我的场景、业务办理场景和及时应用场景等。本文将围绕主要场景，分享一下业务规划和设计的经验。

一、入口场景设计

所谓"入口"，即移动端的首页（图1），是产品的第一交互页面，也是用户对移动端的第一感知。用户使用移动端的体感流程可以大致归纳为了解、激活、转化和留存，首页也起到让用户从了解到留存的至关重要的作用。

图 1　移动端的首页

首页设计的基本原则是让用户对产品有整体的认知，建立用户的全局观，并对重要的功能提供导流的入口。作为产品入口页面，首页侧重于整个端的核心功能和亮点的展示、新功能新服务推广、热门内容及推荐内容展示、重要辅助功能入口，包括地区切换、搜索、扫一扫、消息通知等。

在首页的功能规划上，要注意展示有用的功能和服务。用户使用政务服务，最主要的目标是解决问题，因此首页的核心功能的展示和好的交互体验是最关键的，避免次要功能或无用功能展示在首页上。现在越来越多的 App 和小程序，会将高频的电子证照放在首页的中心位，从用研测试反馈来看，相对具体的服务事项，证照才是用户对政务服务的第一认知方式。证照是用户社会关系的体现，用户找政府办事的最终目的通常也是为了获取某个证、某个许可，因此把证照放到首页，强化证照的展示，可以吸引偶然进入用户，引导用户探索其他常用的功能和服务。其次，首页要为用户提供实时更新的内容和推荐的内容，对于用户来说，一打开首页就希望能看到最新的服务、内容和通知，因此基于用户画像、用户使用行为及热点事件等因素，推荐与用户相关的办事服务是至关重要的，旨在让用户打开端就能并能快速找到可能需要的服务，提高用户的使用效率。

二、服务场景设计

（一）服务入口设计

服务入口作为承载各类服务的移动平台（图2），通常需要容纳上百项甚至上千项的服务事项，因此在服务入口的设计上，既要保证服务内容的完整，又要保证用户能便捷地找到相关的内容，这就要求我们合理地组织服务，而不是一味的堆砌。

图2　服务入口

服务的组织方式通常有两种，一是按照服务的提供部门归类，二是按照服务的主题归类，即同类事情的集合。按服务的提供部门来组织服务是一种常见的处理方式，但是在实际办事过程中，用户往往并不能把需要办理的事情和各个主管部门一一对应，且许多事情需要多个部门配合处理，因此这种组织方式并不是直接解决用户问题的方式。按服务的主题归类，可以称为主题分类法，这种分类方法以概括凝练的主题标识服务，接近用户生活中的认知，且主题名称通俗易懂，易于用户接受和理解，是以用户为中心的组织方式。因此我们摒弃以部门为维度组织服务，改以按主题组织服务。按主题组织服务要注意两点：一是服务的主题分类要合理，二是以直白的方式描述各分类提供的服务内容或概要。

在服务数量不多的情况下，可以采用每个分类下透出四个服务的方式，并展示服务来源，这样一方面可以填充页面，另一方面可以提高服务的公信度，并调动部门接入服务的积极性。

（二）主题服务分厅设计

所谓主题服务分厅，即服务的二级首页，承载单个主题为中心的系列服务内容。在主题服务分厅的设计上，同样要考虑服务的组织形式，有些主题下，会有很多服务，不能将这些服务毫无章法的一股脑全部呈现给用户。这就要求我们对主题下的服务再次梳理和归类。

首先，要建立用户对主题的全局认知，知道了这个主题是干什么的，用户才能安心地探索自己感兴趣的内容。通过对不同服务的解构，在页面的主要区域展示通过梳理提取的服务主题的核心名词或任务，帮助用户更好地理解各类抽象概念。同时，在整个页面信息布局上，尽可能展示某类服务的框架性信息。以出入境服务为例，出入境提供的服务数量很多（表 1），如果不经梳理，直接展现，页面会臃肿不堪，用户需要在几十项服务中寻找需要的服务，直接提高了用户使用服务的成本。通过对服务梳理可以发现，这些服务从证件维度上分，可以分为三类（图 3）：护照相关、台湾通行证相关、港澳通行证相关。从使用类型维度上分，又可以抽象为查询、预约和办理。将这两个维度作为主题的主框架，再细分各分类下的相关功能，那么用户对于出入境这里可以做什么，就会有一个比较全局的认知和理解，进而能够快速在相应分类下找到需要的服务。

表 1 "出入境"服务内容

大陆居民往来台湾通行证和签注签发	应邀签注（外省市户籍居民）	市公安局	办理类服务
大陆居民往来台湾通行证和签注签发	乘务签注（本市户籍居民）	市公安局	办理类服务
大陆居民往来台湾通行证和签注签发	乘务签注（外省市户籍居民）	市公安局	办理类服务
大陆居民往来台湾通行证和签注签发	商务签注（本市户籍居民）	市公安局	办理类服务
大陆居民往来台湾通行证和签注签发	商务签注（外省市户籍居民）	市公安局	办理类服务
大陆居民往来台湾通行证和签注签发	学习签注（本市户籍居民）	市公安局	办理类服务
大陆居民往来台湾通行证和签注签发	学习签注（外省市户籍居民）	市公安局	办理类服务
大陆居民往来台湾通行证和签注签发	其他签注（本市户籍居民）	市公安局	办理类服务
大陆居民往来台湾通行证和签注签发	其他签注（外省市户籍居民）	市公安局	办理类服务
往来港澳通行证和签注签发	首次申请（本市户籍居民）	市公安局	办理类服务
往来港澳通行证和签注签发	首次申请（外省市户籍居民）	市公安局	办理类服务
往来港澳通行证和签注签发	换发申请（本市户籍居民）	市公安局	办理类服务
往来港澳通行证和签注签发	换发申请（外省市户籍居民）	市公安局	办理类服务
往来港澳通行证和签注签发	过期申请（本市户籍居民）	市公安局	办理类服务
往来港澳通行证和签注签发	过期申请（外省市户籍居民）	市公安局	办理类服务
往来港澳通行证和签注签发	补发申请（本市户籍居民）	市公安局	办理类服务
往来港澳通行证和签注签发	补发申请（外省市户籍居民）	市公安局	办理类服务
往来港澳通行证和签注签发	旅游签注（本市户籍居民）	市公安局	办理类服务
往来港澳通行证和签注签发	旅游签注（外省市户籍居民）	市公安局	办理类服务
往来港澳通行证和签注签发	逗留签注（本市户籍居民）	市公安局	办理类服务
往来港澳通行证和签注签发	逗留签注（外省市户籍居民）	市公安局	办理类服务
往来港澳通行证和签注签发	探亲签注（本市户籍居民）	市公安局	办理类服务
往来港澳通行证和签注签发	探亲签注（外省市户籍居民）	市公安局	办理类服务
往来港澳通行证和签注签发	其他签注（本市户籍居民）	市公安局	办理类服务
往来港澳通行证和签注签发	其他签注（外省市户籍居民）	市公安局	办理类服务
往来港澳通行证和签注签发	港澳商务签注（本市户籍居民）	市公安局	办理类服务
往来港澳通行证和签注签发	港澳商务签注（外省市户籍居民）	市公安局	办理类服务
往来港澳通行证和签注签发	本市户籍居民港澳商务签注首次申请	市公安局	办理类服务
往来港澳通行证和签注签发	本市户籍居民港澳商务签注换发申请	市公安局	办理类服务
往来港澳通行证和签注签发	本市户籍居民港澳商务签注补发申请	市公安局	办理类服务
往来港澳通行证和签注签发	本市户籍居民港澳商务签注过期申请	市公安局	办理类服务
往来港澳通行证和签注签发	外省市户籍居民港澳商务签注首次申请	市公安局	办理类服务
往来港澳通行证和签注签发	外省市户籍居民港澳商务签注换发申请	市公安局	办理类服务
往来港澳通行证和签注签发	外省市户籍居民港澳商务签注补发申请	市公安局	办理类服务
往来港澳通行证和签注签发	外省市户籍居民港澳商务签注过期申请	市公安局	办理类服务
往来港澳通行证和签注签发	本市户籍居民旅游再次签注（双向速递）	市公安局	办理类服务
往来港澳通行证和签注签发	派出所自助加签预约（本市户籍居民）	市公安局	办理类服务
普通户照签发	首次申请（本市户籍居民）	市公安局	办理类服务
普通户照签发	首次申请（外省市户籍居民）	市公安局	办理类服务
普通户照签发	换发申请（本市户籍居民）	市公安局	办理类服务
普通户照签发	换发申请（外省市户籍居民）	市公安局	办理类服务
普通户照签发	过期申请（本市户籍居民）	市公安局	办理类服务
普通户照签发	过期申请（外省市户籍居民）	市公安局	办理类服务
普通户照签发	补发申请（本市户籍居民）	市公安局	办理类服务

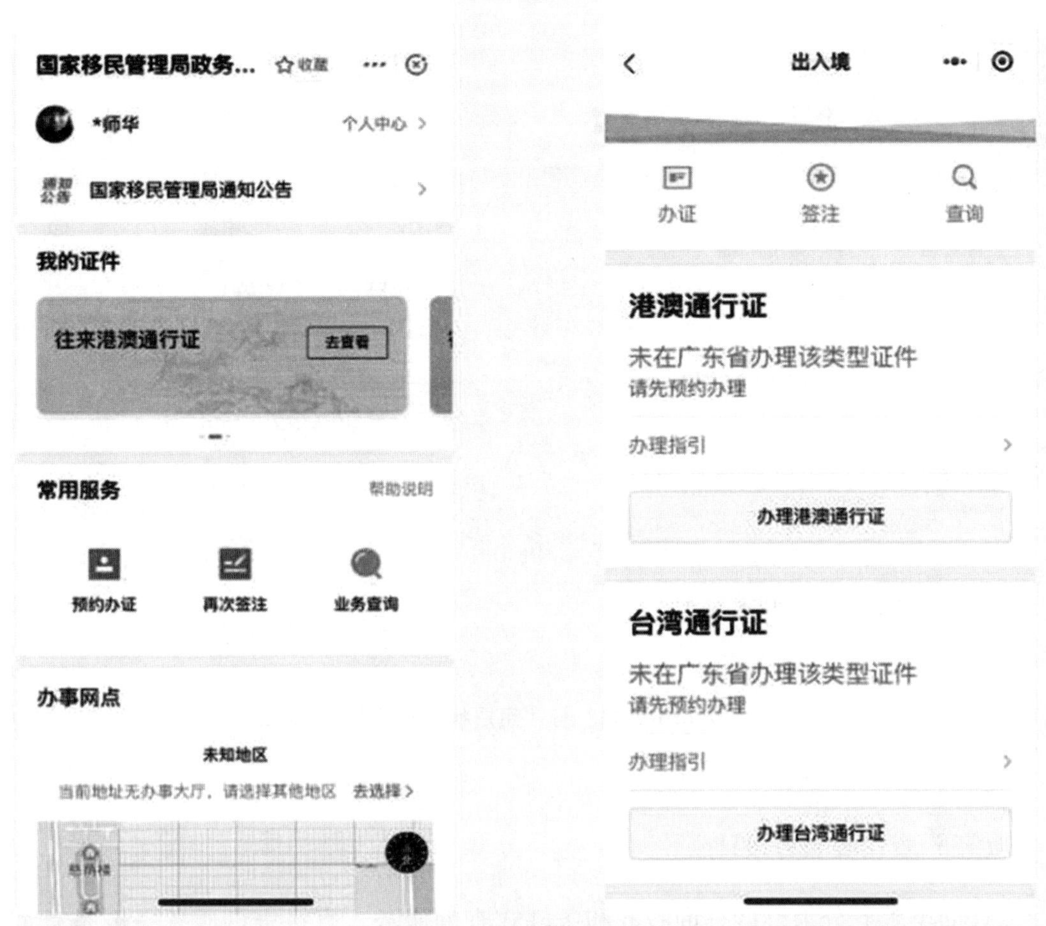

图 3　“出入境”服务页面

其次，不同类型的政务服务，从用户角度来看，可以抽象成查询类、预约类、办理类三个大类。对于根据用户身份信息进行查询的服务，可以将查询的数据直接展现出来。对于“约”和“办”的服务，往往是和用户的状态相关的，有些服务对于某些用户极有可能是办不了的。比如未办理过通行证的用户不能也不需要办理挂失、再次签注等业务，仅可申请办理新的证件。那么就可以根据用户的状态进行预判，给予合适的推荐。通过“我的基本信息+我的状态+我能做什么”的公式来组合业务，不仅可以使信息组织更有逻辑性，减低用户选择任务的负荷，也可以减少因用户状态不满足条件引起的错误业务申请量。图 4 所示为

“入口平铺式”与“用户状态展示式”的对比。

图 4　“入口平铺式”与“用户状态展示式”的对比

（三）查询类服务设计

查询类服务分为直接查询服务和条件式查询服务，直接查询服务一般是查询公共的、通用的信息，比如景区查询、公共厕所查询等；条件式查询需要根据一定的信息才能获取查询结果，一般是查询与个人或企业相关的数据，如社保查询、成绩查询（图 5）、企业信用查询等。在设计条件式查询服务时，要分析查询的条件，尽量减少用户的输入，比如查询社保数据时，应自动获取用户的身份信息，直接展示社保数据，而不是让用户自行输入身份证号或社保卡号。对于隐私性、安全性要求高的数据，可以辅以人脸识别保障数据安全。对于用户比较关心的数据，可以提前暴露查询信息，如公积金余额，可以在进入公积金主题服务分厅时直接展示，也可以在个人中心直接展示，减少用户的操作路径，提高查询服务的使用效率。

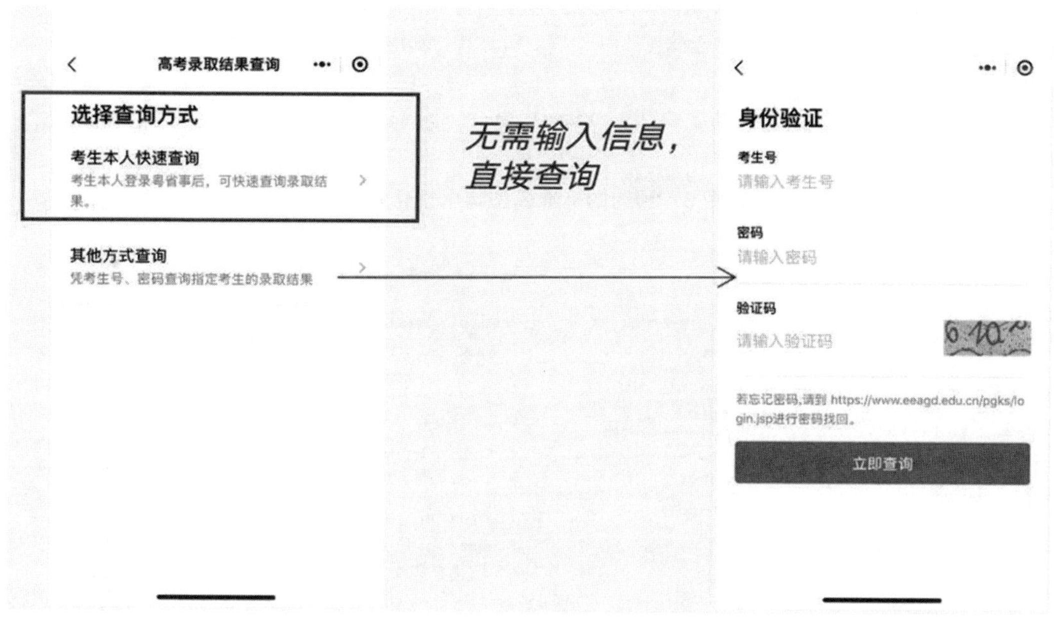

图 5　成绩查询

（四）预约类服务设计

预约类服务分为预约去网点办事和预约上门办事两种情况。预约上门办事的使用场景多在便民服务，比如燃气公司的预约上门抄表、检修服务。在预约场景的设计上，我们定义了预约的标准模型，即选网点——选时间——确认信息。定义标准模型的意义在于形成统一的预约流程，降低用户使用过程中的突兀感。有些特殊的预约事项，比如出入境预约、不动产预约，需要在预约前提交预审材料，对于这种个性化预约流程，也应在符合标准模型的基础上作个性化设计。预约的标准模型和个性化设计如图 6 所示，标准模型的预约流程如图 7 所示。

图 6　预约的标准模型与个性化设计

图 7　标准模型的预约流程

（五）办理类服务设计

事项办理时，众所周知的痛点是业务之间的系统未打通，导致用户每次办理时，都需要反复填写身份信息。另一方面，由于业务可能涉及多个管理部门，互相都要验证一遍用户的信息，在一个业务中也会出现反复填写的情况。如果将办理过程迁移到移动端，由于移动端手机屏幕的限制，用户往往不愿意浏览更不愿意填写那么多内容，因此在设计办理类服务时，要首先推动后端能力打通，再进行前端信息预判，减少同类信息重复填写工作；在材料提交上，利用电子证照库，将证照与办事的材料关联，自动获取用户的证照信息，减少材料的提交；对于限定本人办理的业务，使用人脸识别实人核身。以简化办理流程、减少每一次跑动为目标，推动事项流程优化，为用户掌上办理提供最大的便利和最佳的用户体验。因为业务流程数量庞大，我们也定义了办事的标准模型，即基本信息——

填写表单——上传材料。标准模型统一了以前无预知的办事过程，减少了用户对业务办理的认知负荷，使得整个办事流程更加统一、高效。对于个性化办事流程，也在符合标准模型的基础上作个性化设计。办事的标准模型和个性化设计如图 8 和图 9 所示。

办事	办事过程（标准过程）	基本信息	填写表单	上传材料		
	残疾人证办理（个性化过程）	基本信息	填写表单	上传材料	预约医院	医院评残

图 8　办事的标准模型与个性化设计

图 9　标准模型的办事流程

三、办事场景设计

办事场景规划主要包括办事指南、在线预约、在线办事和办件查询等功能的规划，因为在线预约、在线办事和办件查询，与刚刚在服务模块中介绍的预约类、办理类和查询类服务的规划思路是一样的，所以这里就着重讲一下办事指南的规划。

国办函〔2016〕108号文中提到：“办事指南是为方便用户办事，在实施清单标准化基础上对政务服务事项的办理主体、依据、流程、材料、注意事项等内容所作的指导性说明”。但是当前，大部分移动端中的办事指南，只是行政事项的机械罗列，是政府内部运转模式的直接呈现。掌上办事用户体验不佳的很大原因是语言隔阂。例如，“生二胎”，官方表述叫“再生育”，不太容易理解。大量的专业术语让普通用户也很难理解如何使用这些服务。

为了化解用户痛点，我们需要对事项做梳理，为海量事项构建全流程导引体系，把高频、跨部门、跨层级的多个政务服务事项进行融合串接，形成一个个场景式服务，并用尽量直白的语言进行表达，同时在一些细节上也着力为用户减少操作（图10）。比如已掌握的信息自动填表、以人脸识别快速验证用户身份等，从总体上再造了整个用户办事的流程。

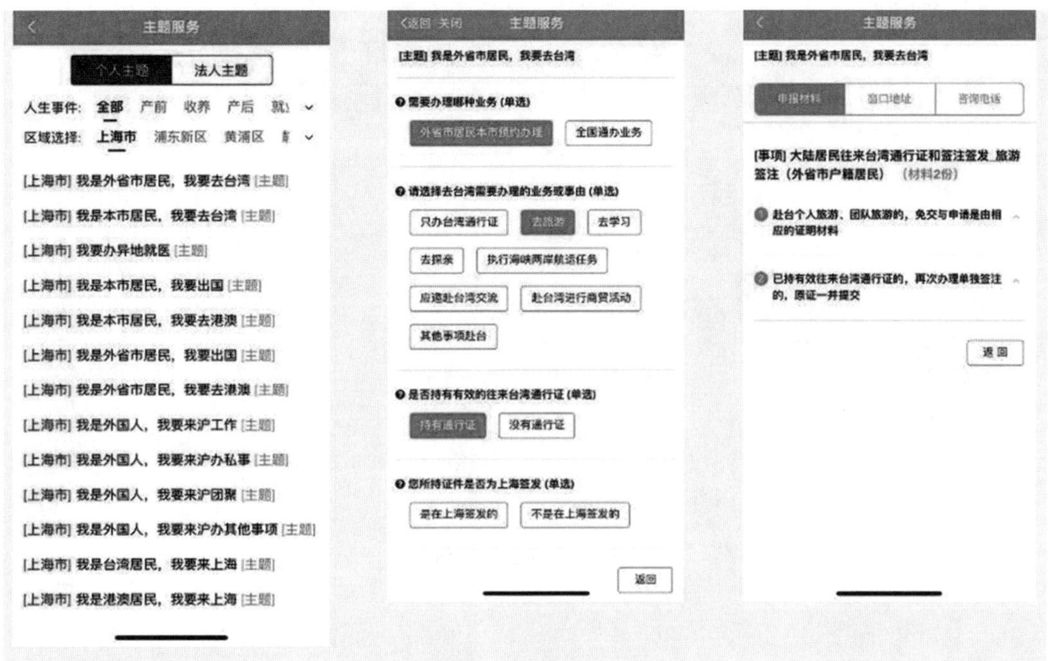

图 10　场景式服务

四、“我的”场景规划

在以用户为中心的设计理念中，“我的”模块不光是用户的基本信息和业务办理数据的展示，更是用户的数字家园，是“我的主页”（图 11）。

图 11　“我的主页”

五、及时应用场景

（一）搜索场景设计

当移动端提供了大量的政务服务时，搜索功能能够很好的提高用户使用服务的效率，用户对于这一功能的依赖性也比较大，所以设计好搜索功能会很大程度的提高用户体验。在搜索功能的设计上，提高用户检索效率至关重要。

用户往往是带有相对较明确的目的才会去使用搜索功能，所以对于搜索这一场景，我们需要考虑的第一个问题是搜索框在哪里，以怎样的形式呈现给用户。在政务服务移动端中，搜索框一般有两种常见样式，第一种是搜索框在首页顶部导航上直接外露展示；第二种是以图标的形式展示搜索的入口，功能使用在二级页面。如果政务服务移动端上提供的内容或服务比较多，可以采用第一种，置于最显眼的首页，对于高频热门的服务，设置一些默认的推广词，起到对服务导流的作用。如果首页的顶部区域有更为重要的结构在展示着，或者内容或服务数量不多，搜索后出现无结果的情况，可以采用第二种方式，以图标的形式展示搜索入口如图 12 所示。

图 12　“搜索框”示例

搜索中的场景设计，有三个比较重要的功能设计点，分别是热门搜索、历史记录、搜索建议。

热门搜索的热词，可以是对用户搜索内容的统计，也可以根据运营需要进行排序调整或是手动添加热词，但是要注意的是，无搜索结果的词不要添加。

历史搜索记录这个功能是方便用户进行二次搜索的一个快捷入口，一般都是按照时间顺序排列，最近搜索的在上方，可以让用户清空搜索记录。

搜索建议是为了满足用户模糊搜索需求时的场景，只需打出部分文字就可以给出建议搜索词（图 13）。因为很多用户在办事时，无法准确描述需要办理的事项，因此根据用户输入的词给予合适的搜索建议，能在很大程度上提高用户的使用效率。比如用户输入"我要结婚""我要买房子"这样的通俗用语，会智能的跳出与结婚、买房相关的服务事项，这样用户体验会大大提升。

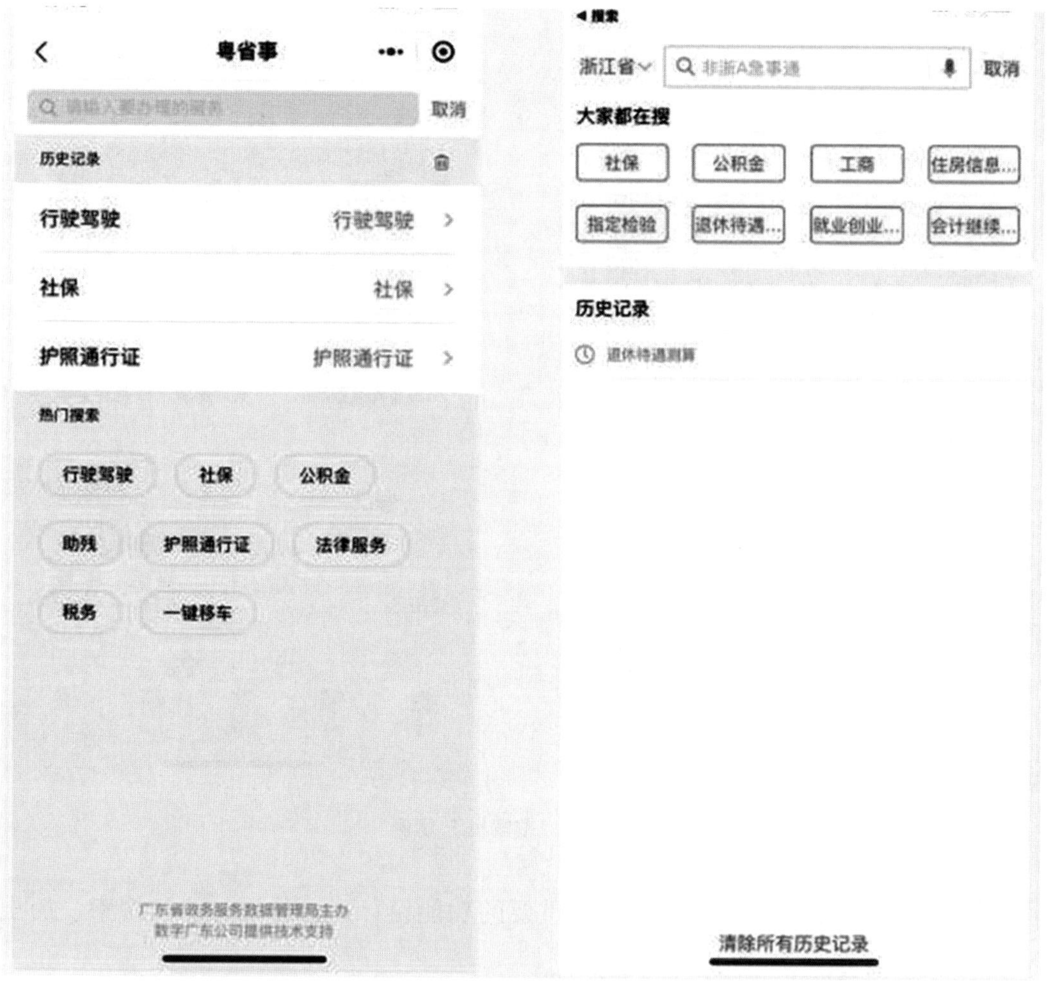

图 13　"搜索建议"功能示例

最后是搜索后的场景设计，也就是搜索结果的页设计。搜索结果页通常采用列表平铺的样式，将与搜索词相关的服务、事项和政策分类展示（图 14）。如果搜索没有结果的话，可以给用户推荐关联度高的内容或服务。

图 14　搜索结果页

（二）电子证照场景设计

在电子证照的场景设计上，有两种方式，如图 15 所示。一是进入电子证照列表，直接根据用户身份证拉取用户的全部证照；二是用户手动添加证照。这两种方式各有利弊。第一种直接拉取的方式，优点是操作简单，无多余流程，一步看到证照；缺点是有一些证照可能是用户自己不愿意展示的，如离婚证、残疾证等，且全部展现有的用户会出现证照很多的情况。第二种手动添加的方式，优点是用户可以按照自己的需求将需要显示的证照添加到我的证照列表页面；缺点是需要手动添加，多了两步操作。出于对用户隐私的保护，我们一般选择第二种手动领取的方式，在领取和查看时，辅以人脸识别，确认是用户本人操作。

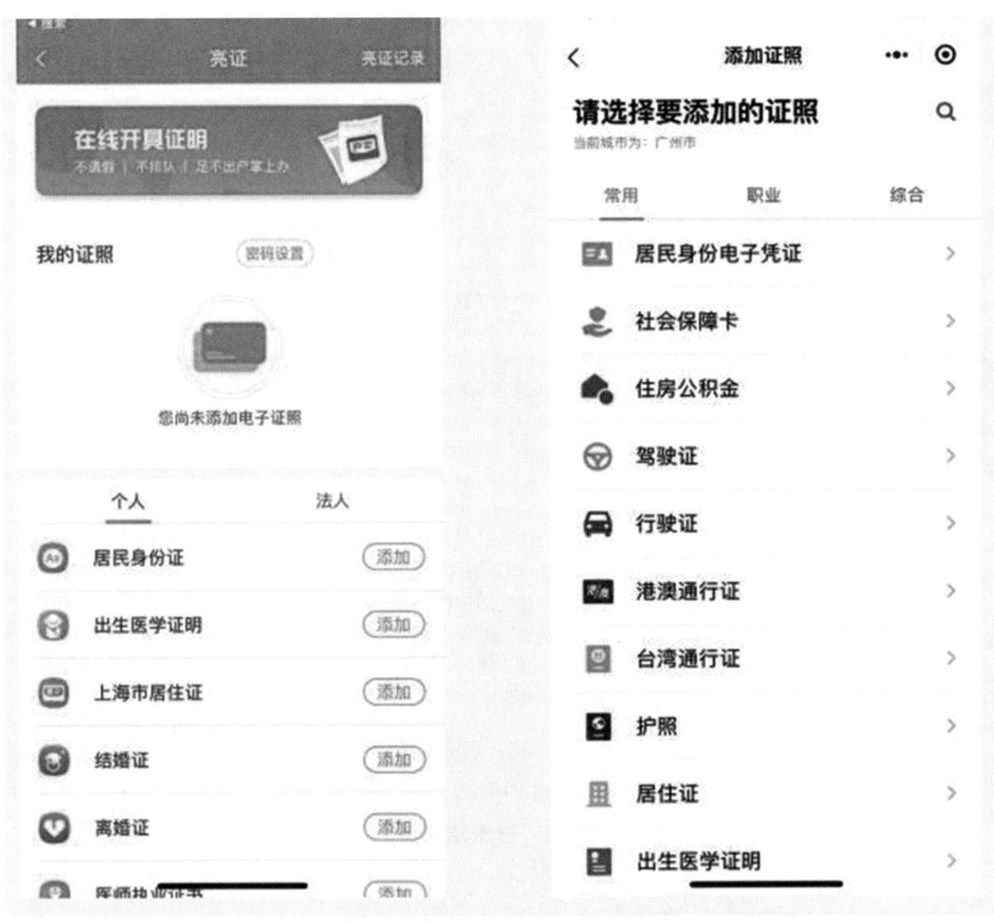

图 15　电子证照的两种设计方式

为电子证照生成二维码，电子亮证功能还可以实现线上线下有机结合，做到“证件免交”，让忘带证件的用户不再反复跑腿。示例如图 16 和图 17。

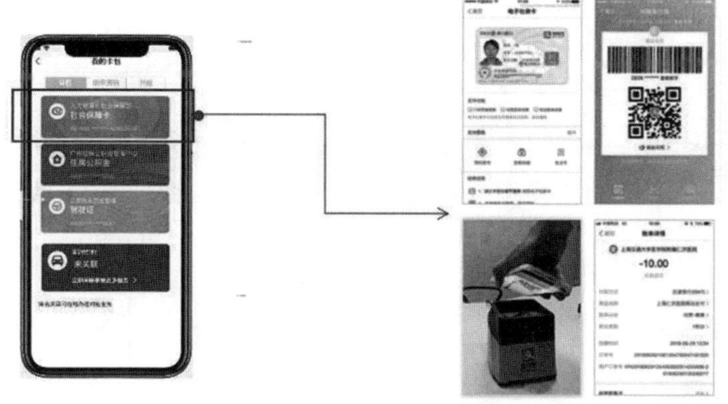

电子社保卡广泛应用于线下场景，例：1、线上就医购药支付结算2、线上办理参保缴费3、线上办理职业资格认证。

图 16　电子社保卡

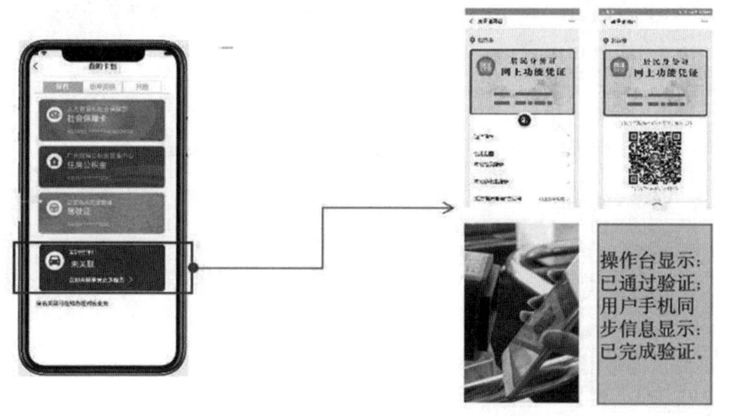

电子身份证广泛应用于线下场景，例：1、旅店住宿登记2、网吧开机3、景点检查等。

图 17　电子身份证

（三）信息触达场景

在各业务系统后台能力打通的基础上，通过推送提醒功能，解决信息传播难、滞后等问题，让信息触达更全面、及时、有效。推送的信息类型有两种，一种是公共信息推送，对公共预警、服务变更、政策调整及时提醒；另一种是个人业务的通知，如违章告知，账户变更，事项办结、证件到期等。一切从用户需求出发，精准推送，变被动服务为主动服务。信息推送如图 18 所示。

· 服务公告　　　　· 办事通知

图 18　信息推送

六、总结

国务院办公厅 2019 年 4 月公布了《政府网站与政务新媒体检查指标》：“2020 年的政府工作报告提出建立政务服务“好差评”制度，由企业和群众来评判服务绩效。”这一些列举措表明政务新媒体正在由“从无到有”的阶段走向“从有到优”的阶段，政务服务不光要“能用”，还要“好用”。

对于用户来说，移动端政务服务是否“好用”取决于体验，而体验来自两方面，一是网上办事的客观实效，二是对办事过程的主观感受。过去，大多数政务服务是以技术为导向和以政府为导向来实现的，现在我们要转变思路，要以用户为中心，这就需要我们发挥更高的创造能力，离开业务角度和技术实现的角度，站在用户的视角，运用创新思维来改造服务流程，让政务服务变得更好。

"随申办"支付宝小程序规划经验分享

智政院原创

"随申办"是上海市"一网通办"移动端政务服务品牌。"随申办"的"申"代指上海，取"随身办"的谐音，寓意用户只需掏出手机，就能随时、随地、随身办理各类事务。

2019 年 4 月 3 日，李强书记在"一网通办"大会上提出打造上海政务服务移动端超级应用，着力拓展"随申办"移动小程序服务渠道，形成多渠道、广覆盖的移动服务"组合拳"，保证政务服务的有效性和普适性。另一方面，随着移动政务的发展，小程序以其"轻、便、易"的特点受到青睐，公众对政务服务的需求从"能用"的合格标准升级到"好用"的高阶水平，更展现出对高效、多元移动端政务服务的期待。

结合上海市人民政府办公厅印发的《"随申办"超级应用建设工作方案》，开发团队梳理了此次小程序建设的总体思路和指导思想，一是集约高效，统筹规划，突出一网通办的整体性、实用性和延展性，打造后端坚实基础支撑平台以及前端高效政务服务平台；二是需求导向，打造最优体验，以用户为中心，以用户需求为导向，通过用户画像、数据汇聚等技术，提供最好、最全、最优的办事服务；三是规范有序，安全可控，加强数据安全、应用安全和网络安全建设，确保平台安全、高效、可靠运行，保证政府信息化资产安全可控。

与此同时，开发团队确定了"随申办"小程序的定位，"随申办"小程序是"一网通办"在移动端服务渠道的延伸，那它和现有的"随申办"App 有什么区别和联系呢？首先，“随申办”小程序在现有“一网通办”全流程一体化服务平台“一梁四柱”的整体架构基础上，依托中端的统一服务支撑平台作为服务交互与数据互通的枢纽，与“随申办”App 数据同源，服务同步；其次在规划和设计上，延续 App 的设计理念，进一步优化界面布局，提升使用的便捷性；再次，在服务规划和接入上，接入更多高频和特色服务，同时优化服务接入方式，目前“随申办”App 由于前期采用直接与各部门服务对接的模式，且主要通过 H5 页面链接的模式进行对接，在使用体验、访问性能上都受制于各部门的页面链接。为了保障不同服务统一的使用体验，小程序的服务接入向接口模式进行转变，依托“一网通办”统一支撑平台，统一对接各部门服务，全面提升服务体验；最后，“随申办”小程序坚持长效运营，紧跟用户关注热点、跟踪用户意见反馈，及时对功能和服务做对接调整。

需求调研后，开发团队很快明确了本次规划的总体任务，一是进行框架设计：按照“统一用户体系、统一界面风格、统一服务调用”的原则，设计“随申办”小程序的主程序框架，统筹规划平台架构，整体布局功能模块；二是对已有的政务服务进行体验重塑和整合，基于“用户为中心”的理念，按照受众面、可替代性、使用频率、同类服务完整度、线上服务完整度、用户资产数据完整度、用户信息数据完整度、页面体验流畅度这 8 个原则，对“随申办”App 和支付宝城市服务上目前承载的服务做梳理，并根据梳理的结果，来定义此次体验优化的范围，重新设计服务界面布局，以接口方式与各部门重新对接开发，保证用户最佳使用体验；三是扩大服务接入范围，洞察个人和企业的共性政务服务需求，聚焦重点领域，持续梳理接入需求清单，加快对接。

最终目标是实现“随申办”在移动端上的体验提升，利用小程序自带的个人身份属性，以小程序为核心构建个人中心，将“随申办”小程序打造成个人政务服务的专属空间，利用数据驱动移动端办事服务体验的优化。

根据规划任务，开发团队确定了本次的设计思路，首先采用科学合理的信息架构，构建“随申办”小程序的主程序框架，其次对“随申办”小程序的功能进行详细设计，大家都知道产品是功能和内容的集合，而政务服务产品的主要内容就是服务，最后，在完成产品设计的同时突出“随申办”小程序的特色和亮点。

以下为设计思路的每一步具体工作。

一、信息架构设计

先解释一下什么是信息架构，信息架构是一系列实践，目的是让目标的各个部分更容易被人理解，回到“随申办”小程序本身，信息架构就是为了让“随申办”小程序提供的各个功能和服务能更好地被用户理解，直白地说就是让用户能够在“随申办”小程序里方便的获取信息和使用功能。

在信息架构的设计上，主要考虑两方面因素，用户、产品。

（一）在用户层面

在用户层面，首先需要明确用户是谁，用户的需要是什么，用户的行为习惯和认知水平是怎样的？政务服务产品的用户与电商、视频产品等存在不同，虽然移动政务服务的用户以年轻人为主，但是依然需要兼顾各个年龄层次、不同文化水平的用户的需要。结合政务服务的办事场景，开发团队梳理了三种典型用户，第一种是直奔目标型用户，这类用户知道自己需要办理的事项，第二种是需求模糊型用户，用户知道自己的需要，但是不知道具体要办什么事，第三种是无目标浏览的用户，这类用户一般是通过推广、朋友介绍等渠道偶然进入并使用产品的。在设计信息架构时，要考虑如何同时满足这三种类型用户的需要，让他们更好地使用产品、更快速地找到自己需要的服务。因此开发团队考虑了个性推荐和全量相结合的模式，类似于淘宝，根据用户画像、用户行为记录，为用户打造专属于“我的”主页。对于直奔目标的用户，通过精准推荐和搜索让用户一步直达服务；对于需求模糊的用户，通过对用户画像和过往行为的分析，为其智能推荐可能需要的服务，并通过场景式引导，将其模糊的需求定位到具体的服务或指南；对于无目标浏览的用户，通过简单易懂的导航以及“随申办”模块中，全量服务的多种分类方式，让用户对“随申办”小程序提供的服务有一个快速全面的认知。

（二）在产品层面

在产品层面，影响信息架构设计的主要有五个方面，一是简单的导航，希望用户通过导航快速定位想找的信息，简单易用比大而全更重要；二是举例，帮助用户了解功能信息如何使用，给出明显的例子；三是透明，移动端页面有限，信息很多，虽然不能把全部信息展示出来，但是要给信息的入口，让用户了解到想要展示内容的全部信息；四是多种分类：提供多种分类方式，便于用户选择，设计分类的时候更加贴近用户的心智模型；五是兼容内容增长，信息架构设计时，要兼容后期内容线性的增长，对于服务类产品，内容信息不断增长，在呈数量级增长后，现有的信息架构要能够便于信息的展示。

1. 简单的导航

开发团队设计了“我的”和“随申办”两个导航。其中“我的”模块打造用户的专属主页，提供与我相关的功能、数据和服务，“随申办”模块展示小程序为用户提供的全量服务，两个导航，符合小程序轻量简洁的特点，同时语义明确，便于用户理解和选择。

2. 举例

根据前期对用户的调研，大多数用户对政务的认知是不足的，他们往往不清楚政府的组织机构，更不知道自己要办的事情属于哪个部门，因此举例显得尤为重要。展示每个服务分类下的例子，通过对每个主题下提供的服务举例说明，帮助用户了解分类下包含了什么，让用户对每个分类或专区有更加直观的认识。

3. 透明

小程序提供的功能及服务很多，但是因为手机屏幕的原因，不可能将所有的内容在一个页面展示完全，但即使这样，对于不能展示完全的内容，也需要给用户明显的入口，让用户知道通过这个入口可以查看到全部内容，比如在展示一件事和专区的时候，因为屏幕限制，首页最多只能展示3-5条的信息，这时候就需要明显的查看更多按钮提示用户如何查看到完整的内容。

4. 多种分类

同一个用户在不同场景下，以及不同的用户，对服务的认知也是不一样的，因此开发者将服务按照主题、部门、专栏归类，提供了服务的多种分类方式，充分考虑用户的使用习惯和不同的使用场景，方便用户查找服务。

5. 兼顾内容增长

对于“随申办”小程序，在建设完成后还会不断地进行迭代运营，后期会增加更多的服务事项，在做信息架构设计的时候就需要考虑后期内容的增长。在服务模块，我们将服务按主题、专栏、部门归类，每种分类方式下服务都是无限向下延伸的，无论有多少服务都可以兼容，不需要重新设计和调整信息架构。

从用户和产品两个层面考虑，我们就完成了信息架构从抽象到具体，从宏观到细节的设计。

完成了信息架构设计后，就要进行具体的功能点的设计了。

二、功能规划

首先在全局的导航上，规划了“我的”和“随申办”两个主导航。这里导航设计和其他小程序有一定的区别。基于前期分析了其他省份的政务服务小程序，一般有两种布局模式，即流式布局和导航式布局，因为小程序轻量便捷的特点，导航式布局的导航数量一般会控制在2~3个，可能是首页、服务、办事、我的等等，“我的”这个导航一般我们称之为个人中心，主要展示用户的基本信息和办事的业务数据，因此对于一般小程序来说，相对是重量级稍微偏轻的一个模块。在“随申办”规划过程中，开发者打造了一个“个人主页”的概念，依托上海市已经建成的用户分析体系，利用大数据、人工智能等信息技术，对用户进行数字画像，根据用户的核心信息、属性信息、扩展信息以及办理事项的前后关系、事项订阅的需求，对服务进行自动筛选与信息推送，“变被动服务为主动服务”，因此“我的”模块不仅有与用户相关的数据，也有为用户推送的服务、消息和事项，是一个精简、智能的个人专属主页，用户打开小程序，也是先进入到“我的”模块。“随申办”模块，则展示了“随申办”小程序提供的全部服务和事项。

（一）“我的”的页面主功能规划

进入到“我的”页面，首先会展示用户的姓名和头像，这里同时也是个人信息的入口，方便用户进入个人中心管理个人信息，查看业务数据等。突出了我的证照入口，方便用户打开电子证照，快速亮证。

个人信息下方是店小二模块，店小二模块目前规划了好差评、我要办、我要找茬和我要建议四个功能，关注用户办事的“售前”和“售后”环节，对于预约和办理类的服务，可以通过好差评对服务的各个环节打分，对于查询类或是小程序本身功能的不足和建议，可以通过我要找茬或我要建议模块反馈。充分聆听用户的声音，感受不同的意见，突出互动性，提升用户的参与感。

店小二模块下方是消息提醒区域，这个区域会进行个人消息提醒和上海发布消息的轮播展示。个人消息提醒主要包括三方面，一是办事通知、二是服务公告、三是生活提醒。办事通知对用户的账户变动随时提醒，比如公积金、社保卡账户变动提醒、驾照扣分提醒等，进而为用户推送相关联的服务；服务公告发布公共预警、服务变更、政策调整等公共发布类信息；生活提醒是对用户的生日、纪念日、重大节日进行贴心的提醒。上海发布则是通过与上海发布微信公众号的对接融合，发布重大政策、新闻或通知。

消息提醒下方是最近使用区域，最近使用记录了用户使用服务的足迹，当用户下次进来需要再次使用时，可以直接点击访问，不需要再次寻找或搜索。

再往下腰封区域，是服务日历，服务日历会依据日期、节日，推送相关联的服务或专题。比如在六七月份的时候推送高考、中考成绩查询服务，在情人节的时候推送结婚登记预约服务。

腰封下方就是依据用户画像和用户行为，进行智能推送的推荐区域。推荐内容包括服务的推荐、一件事、政策和问答的推荐。用户画像主要依据用户汇聚的各类信息，形成个性化的用户“标签”，不断为用户进行多维度的“画像”；用户行为，包括用户在线下及线上全渠道的行为数据。通过对用户画像和用户行为的结合分析，为用户精准提供个性化的服务推荐，从被动服务走向主动服务，从“人找服务”向“服务找人”转变。

“随申办”模块的功能规划，“随申办”模块汇聚小程序提供的全量服务，首先最上方是热门服务推荐，根据服务的使用频率、实事热点、重大事件推荐当下热门、关注度高的服务。办事服务将事项办理指南按照个人、法人及场景化的引导分类展现。接下来将便民和利企服务按照部门、区县和主题专栏三种分类方式分别展示，部门专区为各个部门提供全部专业的服务入口，适用于有指定部门业务办理的用户，同时也可以提高各个部门接入服务的积极性；区级旗舰店方便用户便捷进入区县地方主页，为用户带来专属社区的服务体验；主题专栏针对特定服务组合、特定人群常用办事项目，围绕政策、节日、重大事件、社会焦点等维度打造特色主题专栏。不同的分类方式可以满足用户在不同场景下的需要，方便用户找到所需的服务。

（二）个人中心和我的证照功能规划

个人中心是用户的数字家园，汇聚用户的各类数据，包括用户的档案数据和业务办理数据的记录。用户可以一目了然地获取三金缴费及余额情况，其余档案信息通过点击进入查阅。通过展示用户最为关心的数据，可以在方便用户的同时有效地获取用户黏性。业务数据记录、用户的办件、支付、评价记录等，引导用户关注事项流程。特别地，“随申办”和线下业务打通，为用户提供了我的照片功能，可为用户留存在线下窗口办事时的照片记录，供用户浏览和下载使用。

最后是我的证照功能，开发团队将电子证照分为个人证照、职业证件、证明、法人证件这四种分类，用户可以通过手动领取的方式添加自己需要的证照，点击某个证照可显示卡证详情及状态。拓展电子卡证的线上线下使用场景，为电子证照生成二维码，做到“证件免交”，让忘带证件的用户不再反复跑腿。

以上便是“随申办”小程序的主要功能规划。

三、服务规划

（一）高频服务

首先，开发者梳理了高频服务，围绕个人和企业生命周期的各个阶段，挖掘每个阶段的用户需求，构建以个人和企业为中心的政务服务体系。对个人而言，按照人生重大事件作为阶段划分依据，将个人生命周期划分为出生、入学、就业、住房、婚育、退休六大阶段。对法人而言，根据企业的实际情况和需求，将法人的生命周期整合为企业开办、项目建设、生产经营、企业退出共四个阶段。根据个人和企业的生命周期，梳理了每个阶段需要的高频服务。

（二）是特色服务的挖掘

开发团队希望打造上海市特色的服务，特色服务可以作为运营的宣传着力点，借助支付宝腰封等黄金宣传位，迅速打响“随申办”政务服务品牌。分别从政策、外来常住人口多、旅游城市及国际化大都市这四个特点入手，推出了一部分上海特色服务。

（三）打造绿色服务

“随申办”小程序与支付宝蚂蚁森林对接，上线了全国首个城市林——上海“城市林”，使用小程序办理相关业务，减少见面次数，降低交通成本，即可获得绿色能量，打造了“绿色政务+公益城市”理念。

以上是“随申办”小程序的服务规划，最后总结一下“随申办”小程序的特色和亮点。

一是主动服务，通过多维度智能分析推送，实现“人找服务”到“服务找人”的转变。

二是贴心服务，通过用户数据分析，为用户提供贴心的办事通知和生活提醒。

总结来说，“随申办”小程序是场景化、贴心化、智能化和特色化的政务服务小程序。

第四篇
“核心技术”研究与实践

政务中台技术及应用

智政院原创

一、政务中台

（一）中台概念的提出

大家都知道淘宝、天猫、京东商城等面向终端用户的App有着丰富的功能模块，那么为了服务于前端各种丰富的功能模块，又需要建立相应的后台模块，这些模块包含“商品管理”“订单管理”“售后管理”“活动管理”“优惠信息”“商家管理”等，除此之外还需提供线上线下的“仓储物流”和“运营管理”等配套服务系统。这整套的系统，可以服务于绝大部分的电商平台，于是称之为“中台”。

（二）政务中台应用

对于应用的拆分，我们分解为中台应用和后台应用，有一些稳定的共性应用就放在了中台。中台应用通过OpenAPI对前台开放，后台应用属于沉淀下来的、稳定的、变动不频繁的部分，给政府内部使用，对用户是不可见的，如各种工作流权限审批等。

政务中台的“政务”二字突出了其政府服务的特性，其业务包括社保、民政、交通、车管、工商、税务、海关、公检法、住建、国土资源等，未来将会应用于产业互联网。

二、政务中台的技术架构

在谈架构之前，先说一下业务架构与技术架构的区别，以便更好的区分中台与技术平台的联系。现在所在包罗万象的信息世界，正是在最底层的冯·诺依曼的基础体系上搭建而成（图 1），我们熟知的架构，则是最上层的业务架构。

图 1　架构体系

从业务的角度来说的，中台是基于业务的，所以中台会各有各的不同。每家的中台都可能不一样，即便是业务类似，中台实现也可能不一样，所以对中台数据和服务的抽象能力要求很高。而平台是可以产品化的，同一个平台可能适合所有的行业。所以中台是需要平台来支撑的。这里的平台可能包括很多，比如数据治理平台、大数据平台、数据仓库、消息平台、算法平台、图形图像处理平台、自然语言处理平台、机器学习平台，等等。这些平台有一个共同点，都是技术平台。通过各种技术平台提供业务需要的可共享、可重用的数据服务、工具组件等，以避免重复和无序的建设、投资。所以中台通常需要高层领导的统一规划和指导，更重要的是人、财、物资源的投入。

（一）技术架构的演进

中台应用的代码实现需要依赖具体的技术。但今天要讲的中台，不是分层的视角维度来看的。下面将从单体应用架构与微服务架构的角度来分析中台的技术框架。

IT 系统的构架是一个不断演进的过程，随着电子政务的大力发展、技术的革新、移动互联网等终端体验的不断提升，我们也在不断根据实际的业务场景不断的调整和迭代系统的构架，在不同的阶段，会使用不同的技术、不同的构架来解决实际问题，图 2 是应用系统建设过程中系统构架演进过程。

图 2　系统架构演进过程

1. 单体应用架构（图 3）

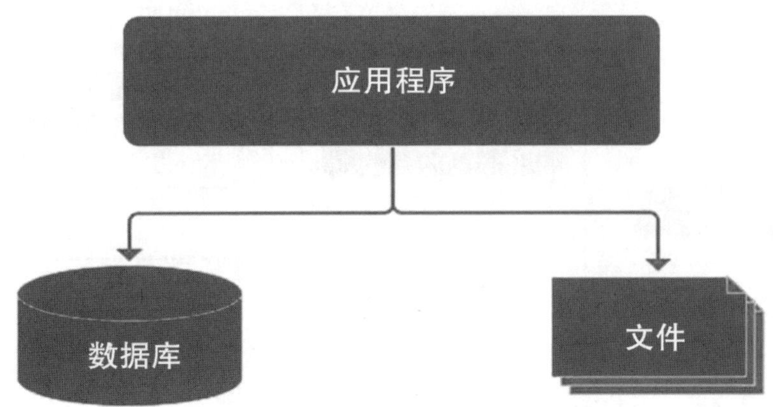

图 3　单体应用架构

单体应用俗称叫 All In One，早期建设一个网站或应用系统时通常采用单体应用的构架，往往会将 web 服务器、文件服务器和数据库服务器全部部署在一台物理服务器上，毕竟用户流量和业务复杂度没有很大的规模，系统出现问题影响的范围也有限。当然，一旦业务开始扩展，用户逐渐增多，构架的瓶颈便开始暴露，这时就可以考虑对构架做调整优化。

2. 服务分离架构（图 4）

随着用户访问的增加，业务系统的规模变大，为了满足应用部署环境的需求，需不断的对硬盘、内存、带宽进行升级，通常是将应用服务和数据服务进行分离，给应用服务器配置更好的 CPU、内存；给数据服务器配置更大的硬盘存储。但是，有些功能在使用高峰时仍然会出现访问瓶颈，所以要对这些应用做缓存的扩展服务，进一步降低数据库访问压力，提升系统的并发能力。

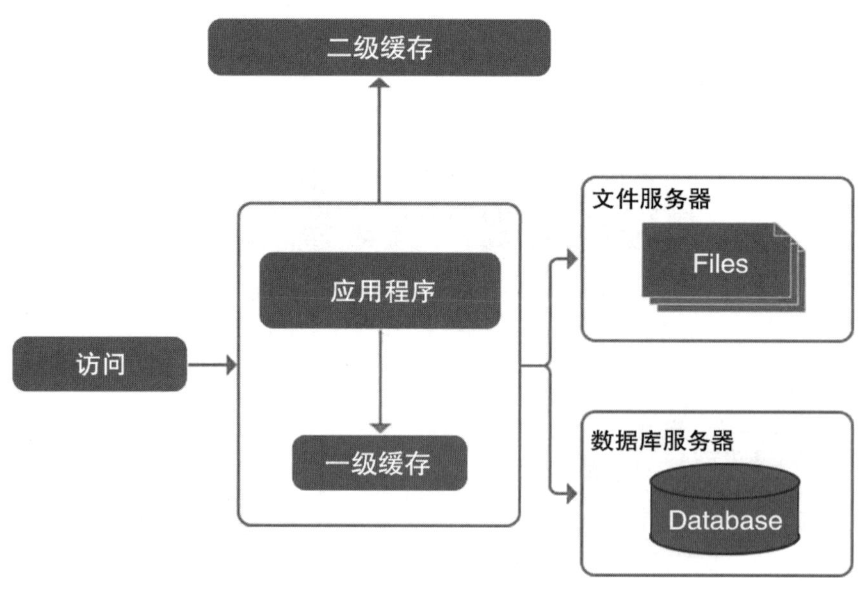

图 4　服务分离架构

3. 集群架构（图 5）

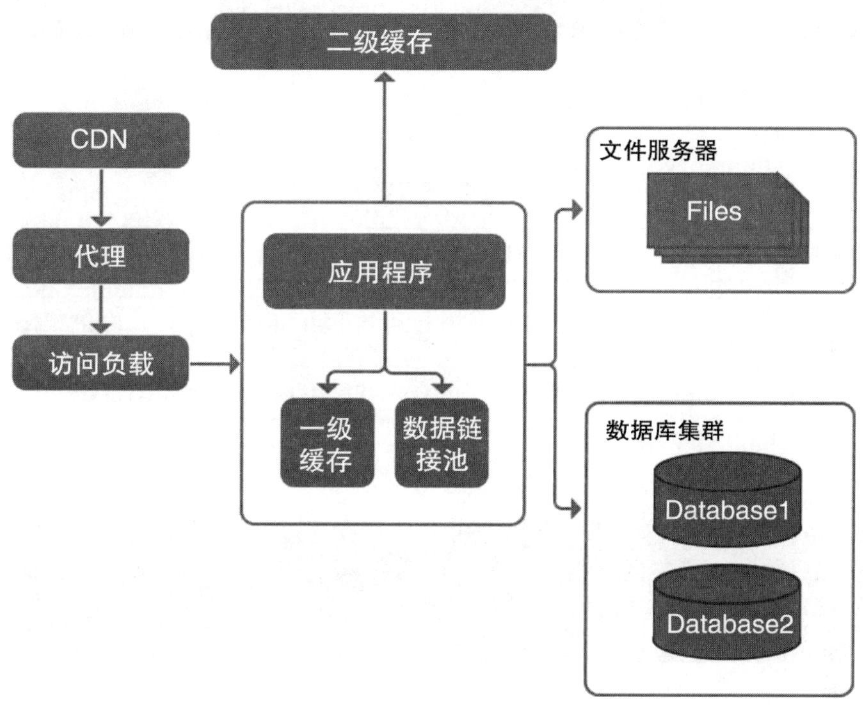

图 5 集群架构

为了让用户拥有更好的操作体验，需要提升业务系统的并行处理能力，提高系统负载能力，以便支撑更多的用户访问操作，于是使用集群技术将多台应用服务器组合起来提供服务，通常采用服务器横向扩展，实现高可用的系统架构。

4. 分布式架构（图 6）

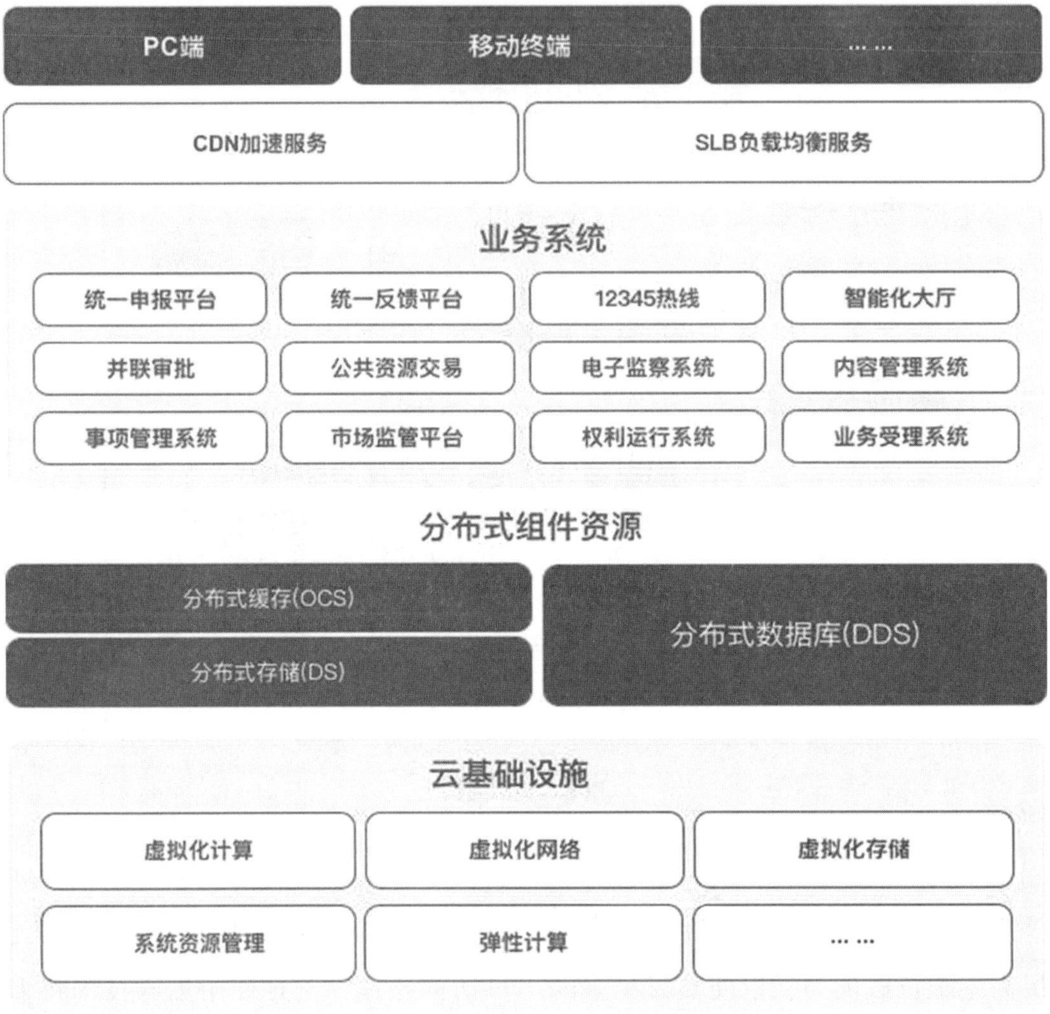

PC端 | 移动终端 | ……

CDN加速服务 | SLB负载均衡服务

业务系统

统一申报平台	统一反馈平台	12345热线	智能化大厅
并联审批	公共资源交易	电子监察系统	内容管理系统
事项管理系统	市场监管平台	权利运行系统	业务受理系统

分布式组件资源

分布式缓存(OCS)
分布式存储(DS)
分布式数据库(DDS)

云基础设施

虚拟化计算	虚拟化网络	虚拟化存储
系统资源管理	弹性计算	……

图 6　分布式架构

分布式架构，有别于以上的几种系统构架形式，首先会有很多系统对接进这个架构体系，因此，这样的构架应该具备很强的扩展性。为什么基于云计算的系统架构不得不想到分布式构架？因为分布式计算研究的是把一个需要强大计算能力才能解决的事务分成许多小的部分，然后把这些部分分配给很多服务器进行处理，最后把这些计算结果综合起来提供服务，这和云计算的概念很类似。因此，通过分布式构架设计将系统任务进行分解，通常会说若没有分布式构架设计，基于云的构架设计就无从谈起。

那么，分布式构架同集群构架的区别是什么？集群强调的是业务系统的完整性网络部署组合；分布式构架更强调的是业务服务的单一性和独立性的逻辑组合。举个例子，用户认证功能，在云架构平台上通常会规划成“独立用户认证”服务，结合集群、缓存等相关技术，通过封装开发最终形成标准的认证服务，这样提供给全平台使用，作为政务服务能力输出。对应用系统而言，用户认证服务分布在多少台服务器上，完全是透明的。

（二）采用微服务架构

微服务架构是符合分布式架构标准的。在软件系统经过面向过程、面向对象、面向组件、面向服务、面向微服务历史里程中，微服务架构使用于更高层面的抽象，开发更大规模的软件。而中台符合了这一特性，因此选择了微服务作为中台的标准技术框架。

在微服务的选择上也不是适用于所有场景。对于传统遗留老系统，循序渐进，根据业务和团队规模逐步拆分解耦，不要为了微服务而微服务。如果是新应用，业务领域比较熟悉，可以考虑一步到位直接微服务，但也不要拆分过细，跟着业务和部门规模来。

图 7 是摘自 Martin Fowler（国外微服务专家）文章上的图，他认为一开始上来直接就做微服务存在较大的风险，只有当业务和团队规模发展到一定阶段，业务技术框架不足以支撑各部门间的协同办公，阻碍了业务的开发和交付效率，团队发展与业务架构产生矛盾。这时候需要对现有的单体应用做拆分，然后逐步形成微服务架构体系。

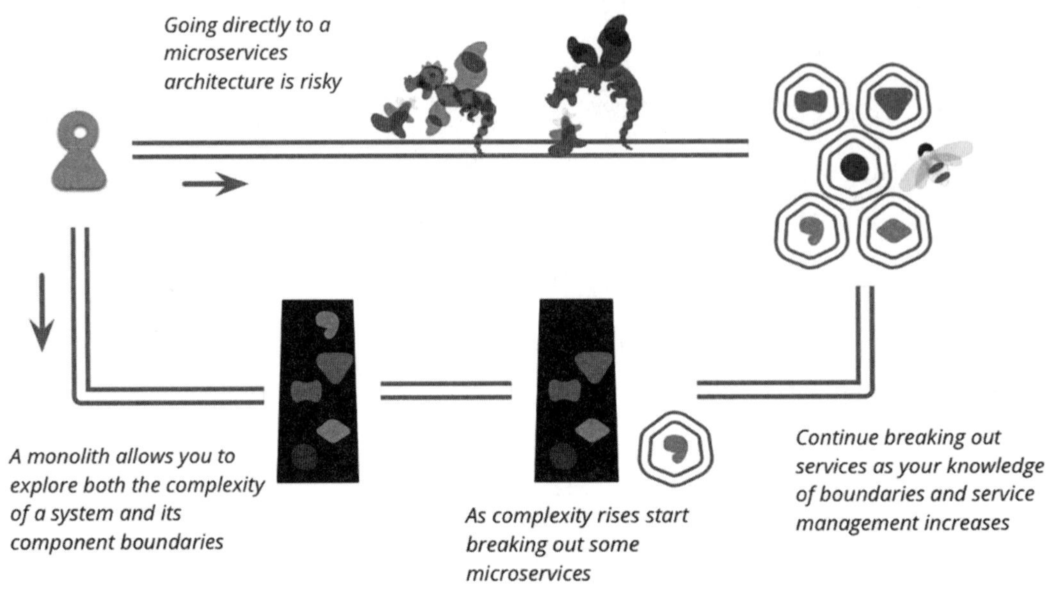

图 7　微服务架构体系的形式

图片来源于：https：//martinfowler. com/bliki/MonolithFirst. html

当然业内也存在不同的声音，随着微服务技术发展普及，NETFLIX 公司（图 8）开源了整个微服务架构的技术栈 NETFLIXOSS，全球 Pivotal 团队在 NETFLIX 开源的基础上开发封装了一套分布式服务框架 Spring Cloud 开发套餐，然后 Docker 容器技术引入、谷歌 Kubernetes 容器云平台技术出现。经过多年的行业沉淀，降低了中台技术架构门槛，差不多和单块应用的门槛成本是一样的，但是微服务使用更具灵活性，扩展更方便。微服务架构体系越来越得到大家的认可和亲睐，成为了中台标配的技术架构。

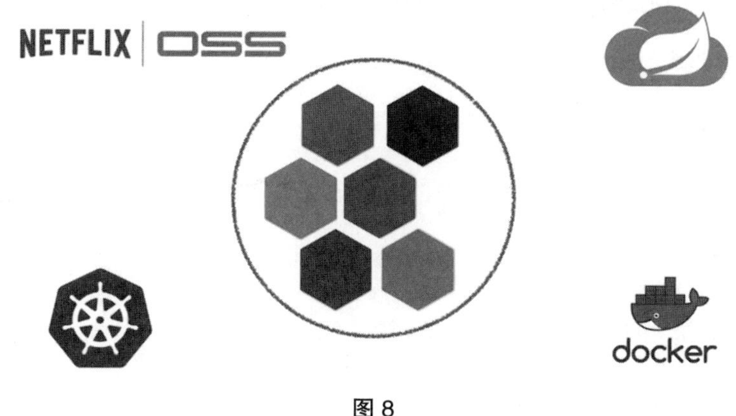

图 8

(三) 政务中台技术栈

图 9 是政务中台技术栈，主要包含两大类组件。

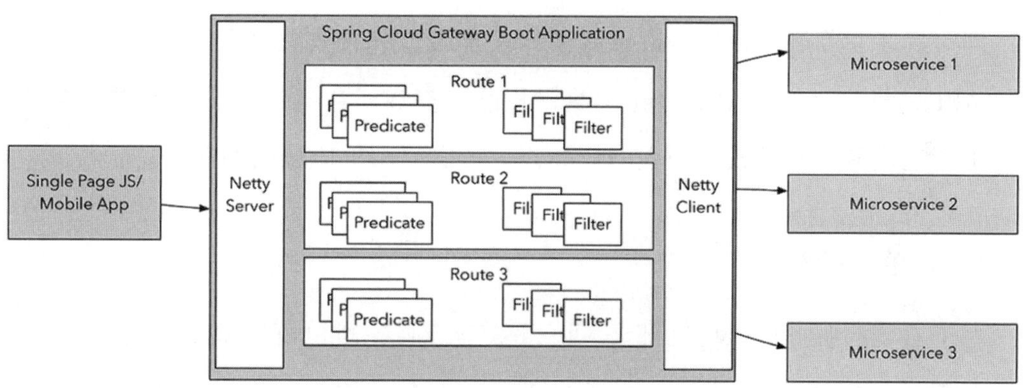

图 9　政务中台技术栈

1. 核心支撑组件

- 服务网关 Spring Gateway
- 服务注册发现 Eureka
- 服务配置中心 Apollo

- 认证授权中心 Spring Security OAuth2. 0
- 服务框架 Spring MVC/Boot

2. 监控反馈组件

- 分布式消息队列 Kafka
- 日志监控 ELK
- 调用链监控 CAT
- 限流熔断和流聚合 Sentinel

三、政务中台的优势

（一）应用解耦

即对具体业务进行分析，拆分出基础共享服务和独立化业务服务，并对服务进行 API 封装，定义出 API 的输入参数和返回参数。业务的拆分需要循序渐进，拆出更新迭代最频繁且较为独立的业务，分析出复用价值较高的业务。

（二）单一职责

对于重要的服务可以单独部署，可以基于云服务器也可以基于容器，尽量提供原子服务，专注于做一件事。功能越单一，对其他服务的依赖就越少，内聚性就越强，团队并行开发和交付就越灵活高效。

（三）分而治之

业务系统提供出来的服务相对比较单一，与原有系统的划分边界清晰，可以独立发布、回滚、扩展。每个服务的维护、迭代不影响其他服务。

例如用户身份认证鉴权服务，从已有的身份认证系统，按照分布式服务框架的建设标准开发出认证鉴权微服务，如果有需求的扩展或者调整，如增加手机端的认证服务、扩展快登服务，改造这个微服务就可以了。这样，云服务和已有的业务系统就有比较清晰的边界划分。

（四）可用性提升

随着便民应用的深度接入，服务质量的提升，各政务服务 App 用户数大幅度增加，一些类似电商“双 11”高并发高流量的场景不得不去思考了。例如，开放各种成绩查询、媒体推广某个应用服务，这种情况下入口流量的峰值会是平时的几十甚至几百倍，一些接口会更大，这时及时的限流和异常的监控就显得非常重要了，而政务中台的分布式技术架构和服务网关可使服务可用性得到提高。

四、政务中台示例（图 10）

通过分析，我们认识到建立一个真正意义的中台体系，对数字政务的发展来说至关重要。中台不是单一的技术平台或根据业务需求进行的叠加平台，更不是把原来系统的“后端”或“后台”改一个名字就叫“中台”。它是一整套的组织模型、技术架构、业务整合的方法论。下面根据多年的实践，分享一种典型的“数字政府”中台模型供参考。

图 10 整个政务中台框架是基于数据中台、分布式组件和共享支撑组件的基础上，构建核心的微服务治理能力和微服务的去中心化架构，对各应用服务进行注册、配置和监控，并对服务进行有序化地治理，再通过政府门户管理、应用接入支撑、运维管理、运营管理等业务能力共享，支撑面向网站、移动 App、支付宝与微信小程序等多端一体的政务服务架构。

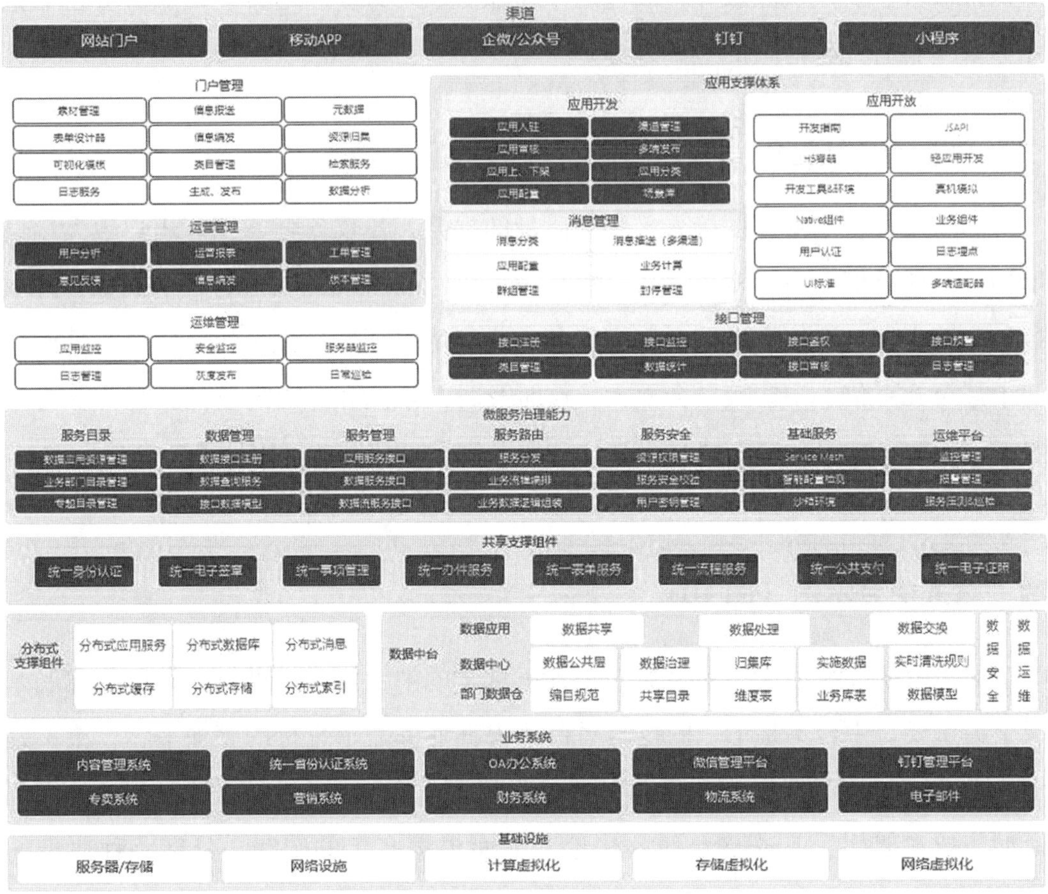

渠道
网站门户
移动APP
企微/公众号
钉钉
小程序
门户管理
素材管理
信息报送
元数据
表单设计器
信息编发
资源归集
可视化模板
类目管理
检索服务
日志服务
生成、发布
数据分析
运营管理
用户分析
运营报表
工单管理
意见反馈
信息编发
版本管理
运维管理
应用监控
安全监控
服务器监控
日志管理
灰度发布
日常巡检
应用支撑体系
应用开发
应用入驻
渠道管理
应用审核
多端发布
应用上、下架
应用分类
应用配置
场景库
消息管理
消息分类
消息推送（多渠道）
应用配置
业务计算
群组管理
封停管理
应用开放
开发指南
JSAPI
H5容器
轻应用开发
开发工具&环境
真机模拟
Native组件
业务组件
用户认证
日志埋点
UI标准
多端适配器
接口管理
接口注册
接口监控
接口鉴权
接口预警
类目管理
数据统计
接口审核
日志管理
微服务治理能力
服务目录
数据管理
服务管理
服务路由
服务安全
基础服务
运维平台
业务部门目录管理
数据接口注册
数据查询服务
接口数据模型
应用服务接口
数据服务接口
数据流服务接口
服务分发
业务流程编排
资源权限管理
服务安全校验
用户密钥管理
Service Mesh
智能配置中心
沙箱环境
监控管理
报警管理
共享支撑组件
统一身份认证
统一电子签章
统一事项管理
统一办件服务
统一表单服务
统一流程服务
统一公共支付
统一电子证照
分布式支撑组件
分布式应用服务
分布式数据库
分布式消息
分布式缓存
分布式存储
分布式索引
数据中台
数据应用
数据共享
数据处理
数据交换
数据中心
数据公共层
数据治理
归集库
实施数据
实时清洗规则
部门数据仓
编目规范
共享目录
维度表
业务库表
数据模型
数据安全
数据运维
业务系统
内容管理系统
统一身份认证系统
OA办公系统
微信管理平台
钉钉管理平台
专卖系统
营销系统
财务系统
物流系统
电子邮件
基础设施
服务器/存储
网络设施
计算虚拟化
存储虚拟化
网络虚拟化

图 10　中台模型

中台没有那么复杂，目的就是为了更好更快的用技术手段支持业务的推行、发展、创新、优化、变革。当然，中台建设并不是一朝一夕的，整合政府内外的资源就是一个长期的过程，很多的 IT 系统、平台、工具需要优化或重构，这是需要巨大投入的。这其中很重要的一点是标准化和规范化，必须按照标准要求去做，否则就是半成品，无法体现政务中台应有的功效。

试论如何通过中台高效实现政务服务“一网通办”

智政院原创

在“互联网+政务服务”发展的高级阶段，“一网通办”平台的建设亟需一种基于微服务的中台化系统架构，以实现对办事全流程咨询、办理、交付、评价等环节的全面覆盖，以及用户管理、安全监测、数据分析等需求的有效满足，通过“用户通”“证照通”“材料通”“支付通”“物流通”“消息通”，为用户提供“一件事办理”和“全程网办”等新时代网上办事体验。

随着“放管服”改革不断迈向深水区、进入攻坚期，深化“互联网+政务服务”、全面实现“一网通办”成为构造服务型政府的一项重要而紧迫的“题中之义”。让“数据多跑路，群众少跑腿”，使企业和群众获取办事服务像“网购”一样方便，既是为解决企业和群众关心的热点难点问题、优化营商环境、激发市场活力和社会创造力提出的客观要求，也是提升政府治理体系和治理能力现代化水平，从内驱、封闭的电子政务向外向、开放的“数字政府”全面转型的必然趋势。

一、通过“基于微服务的中台架构”保障平台健壮性和灵活性

在国家多年来一系列政策的顶层指引下，“互联网+政务服务”实现了从无

到有，从地方、部门各自为政到建立全国一体化在线政务服务平台，从网站单一渠道到涵盖 PC 端、移动端、自助服务一体机以及线下窗口融合办理的多渠道协同矩阵。"互联网+政务服务"的建设成果取得了长足进步，用户规模也完成了海量增长，第 45 次《中国互联网络发展状况统计报告》数据显示："我国在线政务服务用户规模达 6.94 亿，较 2018 年底增长 76.3%，占网民整体的 76.8%。"

大量公众对服务的利用倒逼政府需要不断以更高标准满足用户诉求，不仅要实现"一网通办""群众少跑腿"，更要实现"全程网办""一件事办理"。而随着"互联网+政务服务"的用户增长和"一网通办"的标准提升首先会带来两个方面的挑战：一是"用户规模扩大"挑战"一网通办"平台对高并发的承压和快速响应能力；二是"服务不断进化"挑战"一网通办"平台对功能和应用进行多渠道敏捷迭代的能力。

如果沿用"互联网+政务服务"发展初期的建设思路，以"单一功能系统"去不断堆叠整个"一网通办"平台，不免会发生某个系统在高并发压力下崩溃，而后产生"牵一发而动全身"的雪崩效应，引发整个平台的系统性灾难，使"一网通办"的"通"难以为继。同时，当需要进行功能迭代或应用扩容的时候，孤立的系统架构也会导致流程复杂、兼容困难、耦合严重，用户办事体验升级之路漫长而艰辛，使"一网通办"的"办"不思进取。

因此，在"一网通办"向"全国一体化"和"全流程网办"不断拓展和进化的必然趋势下，为了增强平台健壮性、稳定性和灵活性，需要搭建基于微服务的"一网通办"中台架构，将单一功能系统统一转化为模块化的微服务。当政务服务统一申报系统成为政务服务统一申报微服务、统一身份认证系统成为统一身份认证微服务……"一网通办"平台依托的各个独立系统从而聚合成为一个统一的"一网通办"中台。而这种中台架构对云和分布式、多级缓存和负载均衡的良好支持，能够有效应对高并发和大流量场景；灰度环境、微服务熔断和重启，使问题能够控制在局部，得到有效处理和解决；高度解耦的微服务架构使功能和应用的敏捷迭代成为可能。在此基础上，将能够以高效率与合理代价构建"一网通办”平台，并满足平台在办事全流程的咨询、办理、交付、评价以及用户管理、安全监测、数据分析等方面不断激发的需求。

二、以统一“用户管理”打造“一网通办”融合基础

对于实现“一网通办”而言，首要解决的问题就在于统一区域内各地方、各业务、各渠道的用户体系，实现“用户通”。“用户通”是实现“证照通”“材料通”“支付通”“物流通”“消息通”的基础，没有“用户通”，“一网通办”根本无从谈起。然而在“互联网+政务服务”的发展进程中，不同地区、部门间存在差异，因此早期难免出现有的地区或业务系统首先有条件面向公众提供服务，从而建立自己独立的用户体系。同时，随着技术变迁和用户使用习惯重塑，“互联网+政务服务”从PC端向移动端App、小程序以及自助服务一体机等多渠道延伸，多渠道用户体系的建立在复杂性上远远超过单一PC端用户体系。如果公众为了办一件事，需要重复注册、认证、登录，记忆大量不一致的账号规则，填写一张又一张的冗长表单；政府各地、各部门受理的仍然是零散、冗余的用户办件诉求，既浪费了重复审批的精力，也消耗了非必要的流转时间，供给侧与需求侧都会受到严重的效率掣肘。而零散的用户体系管理不仅是一种管理资源上的负担，也难以建立统一的用户画像，以实现完整的用户行为分析辅助决策和提供“千人千面”个性化服务。

因此，我们需要利用中台的“统一身份认证管理”微服务，对“一网通办”平台域内业务及渠道的用户体系进行贯通与整合。在保证信息的真实、合法与有效基础上，通过对多域大规模用户信息的汇聚、关联与去重，高效实现政务服务多渠道用户信息统一管理、互通互认和可信系统间单点登录，从而面向公众提供统一的注册、认证、登录服务。通过“统一身份认证管理”微服务完成用户体系的全平台、全渠道融合，让公众可以“一号登录、全网畅通”，并使沉淀的用户历史数据可以成为打造个性化服务的数据支撑，从而为保障公众获得无缝衔接的“一网通办”体验，为政府实现统一高效的审批和用户管理夯实基础。

三、以智能"互动交流"优化"一网通办"咨询环节

在统一用户的基础上，整个"一网通办"闭环包含咨询、办理、交付、评价等多个环节，咨询环节首当其冲。当公众登录到"一网通办"平台办事，能否第一时间将自己的办事需求对应上平台的办事服务，快捷获得办事路径的引导和办事方法的指南，将决定用户的"一网通办"旅程能否顺利启航。随着平台提供的服务日益多样化，页面内容越来越复杂，用户通过浏览页面分类进入特定办事服务的难度在不断提升。并且，公众对政务服务的熟悉程度远远低于各类商业服务和生活服务，例如，对于"办理驾驶证"，大部分公众很难像"点外卖"一样明白自己经过哪几个步骤就能达成目标，同时"驾照"这样的通俗性说法相比"驾驶证"更容易被公众使用，从而与平台严谨的书面化表达方式产生冲突。在正式进入办理环节之前，用户已经面临信息查找和咨询上的诸多挑战。面对这些挑战，如果提供的互动交流功能不够智能化和人性化，平台无法让用户以"搜索"替代"问询"，以"智能问答"替代"人工问询"，无法使用户能够轻松有效地自主获取所需信息和服务，则会迫使大量用户转向"人工咨询"的方式，从而浪费公众和政府工作人员双方许多时间和精力。更严重的情况下，公众将对"一网通办"的可用性与便捷性产生质疑，直接放弃网上办理的方式。

因此，我们可以利用中台的多种互动交流微服务。利用"智能挖掘式搜索"微服务，对平台结构、服务内容、行为习惯等进行持续挖掘和深度学习，实现快捷、精准、全面、智能的用户个性化搜索重构，把用户输入的日常用语转化为平台标准化表达，让用户搜索"一秒直达"所需服务；利用"智能机器人交互"微服务，通过智能语义和机器学习等技术，不断深化基于人机交互的"仿真客服"体验，让用户在自然语言对话环境中轻松获得服务引导，减少人工客服的非必要介入；除此之外，利用"统一互动交流"微服务，统一提供交互入口，高效完成集中管理，实现智能化互动以外的咨询、投诉、建议、表扬等用户交流需求的补充和完善。通过以上智能交流互动微服务，以人工智能为牵引，提升公众获取办

事服务和指南信息的效率，减轻政府工作人员非必要的咨询负担，辅以人工受理的分类交互入口，全面促进“一网通办”咨询环节信息交流体验升级。

四、以多元“服务治理”打通“一网通办”办理与交付环节

整个“一网通办”闭环当中，办理环节与交付环节是主体环节，也是重中之重。为了给用户提供全流程整合办理，为公众带来“办成一件事”的获得感，办理环节和交付环节将涉及诸多理念重构、资源整合、流程再造、渠道融合等方面的深刻变革，包括对政务服务事项进行统一规范化梳理，从用户视角出发构造场景化的“一件事”综合表单，对整个闭环涉及调用电子证照库、印章库以及第三方支付、物流应用资源进行整合，在多渠道间实现各项办理与交付相关信息的数据同源和实时更新……如果缺乏相应的服务治理功能对服务创新需求进行支撑，无论是对不同政府主体的事项汇聚与标准化改造，还是“一件事”表单与不同地方平台及业务系统的对接，亦或是“证照通”“支付通”“物流通”等所需的各类内外部资源聚合，以及跨渠道实现办件信息的“数据同源”和“消息通”，每一个环节的工作量和实现难度都会倍增，推行“一件事办理”和“全程网办”将变得步履艰难甚至遥遥无期。

因此，我们可以利用中台的多种服务治理微服务。利用“政务服务事项库管理”微服务，按照国家统一标准对事项进行分类管理，实现数据同步、接口统一，为统一申报提供事项数据支撑，并提供事项使用数据统计功能与个性化打标，为政务服务的“千人千面”个性化检索和推荐创造条件；利用“政务服务统一申报”微服务，对接政务服务事项库，实现标准化数据接驳和事项筛选，通过统一的区划、事项、表单以及办件推送管理等功能，实现多渠道办事指南、材料和表单的数据同源、信息同步，同时将用户申报的办事材料，按需分发至受理平台或各业务系统，实现“材料通”，完成高效的并联审批；利用“应用开放”微服务，制定应用接入规范，推动各地、各部门进行标准化应用开发与现有应用的梳理与整编接入，对异构的电子证照库、电子印章库、第三方支付应用及物流应用

等进行便捷化接入和管理，通过应用开放生态的建立实现办理环节“证照通”“支付通”，交付环节“物流通”；利用“网信通消息中心”微服务为多渠道提供统一的内外部消息服务，通过标准消息服务接口对接各项业务应用，对外为公众提供办件进度推送、动账提醒、信息订阅、通知公告等实时动态内容触达，对内支持专报推送和授权阅读等消息管理功能，以更好地支持“一网通办”平台内部协作信息流转。通过以上多元服务治理微服务，统一服务事项，精简服务流程，构建服务生态，打通服务渠道，破解“一网通办”办理环节与交付环节的数据与资源共享难题，完成场景式和一站式办事服务重构，高效实现“一件事办理”和“全程网办”。

五、以精准“服务好差评”完善“一网通办”评价环节

“一网通办”闭环的落脚点在评价环节，评价既是公众一次完整“一网通办”体验的总结，也是其他公众获得办理前参考和指导服务进一步完善的起点。“互联网+政务服务”全面走向“一网通办”的过程本身就是一个不断完善的过程，其中涉及的流程再造和场景重构是否合理、服务理念和服务规范是否得到政府工作人员的有效遵循、用户办事效率和体验是否真正得到提升，都需要通过每一次实践的反馈进行修正。只有将服务绩效交给公众来评判，政府的服务效能才能得到客观量化，服务水平才能在倒逼中不断提升。如果“一网通办”平台没有一套完善的外部评价体系支撑，政府的服务创新则容易落入自我感觉良好的“盲目主义陷阱”，对公众面临的问题“一叶障目、不见泰山”，甚至明知道却视而不见、避而不谈。公众无法公正评价自己的实际办事体验，对良好体验无法表扬、赞许，对负面体验无处评判、申诉，降低了对“一网通办”平台的参与感和归属感，甚至前往其他舆论渠道公开表达不满情绪，使问题扩大化并难以解决，将损伤政府“一网通办”平台形象。

因此，我们需要利用中台的“政务服务好差评”微服务，通过接口和采集机制实现线上与线下融合，建立覆盖 PC 端、移动端、自助服务一体机、线下大厅

窗口在内的政务服务综合评价体系，对办事指南、办事流程、办事结果、服务人员进行全方位评价。对服务“差评”进行公开监督、整改和反馈，实现“一网通办”平台横向与纵向评价体系的对接和评价数据的融通，对主体服务效能进行指标量化，面向社会进行公示。通过“政务服务好差评”微服务，为公众提供官方、可控的服务质量表扬、吐槽与整改监督渠道，提升公众参与感和归属感，倒逼“一网通办”平台相关地方和部门提升服务质量，形成良性竞争，从而有效完善“一网通办”评价环节，形成“一网通办”完整闭环，促进服务理念不断深化、服务流程不断改进、服务效率不断提高、服务水平不断增强。

六、以严密“安全监测”强化“一网通办”平台可靠性

随着“互联网+政务服务”用户数量急剧提升，“一网通办”平台的流量价值变得越来越大，公众在“一网通办”平台沉淀的个人与法人用户信息和办事数据价值也愈发凸显出来。全球局势波谲云诡，国际、国内网络犯罪势力利用大流量平台进行反动、违法活动传播是一种常用伎俩，对互联网上的大规模高价值公众数据也向来虎视眈眈。“一网通办”平台如果总是轻易被挂木马、篡改反动内容，或者被开后门导致用户数据泄露，那么就算“一网通办”的服务体验做得再好，也无法挽回平台的失态，反而由于大量用户的使用，对犯罪行为导致的用户侵害和恶劣影响起到推波助澜的作用。但是“一网通办”平台规模大、内容多，安全监测重点和难点千头万绪，如果缺乏严密的自动化监测管理手段辅助网站安全运维人员实现协同监测，则“一网通办”平台的安全体系很难做到面面俱到，滴水不漏。

因此，我们需要利用中台的“互联网应用安全监测预警”微服务，基于特有的白名单机制，实现指向明确的平台统一安全监测管理，为“一网通办”平台整个前、后台体系中的系统、数据、页面、服务等维度统一提供病毒、木马、赌博色情篡改等网络安全监测与防火墙服务，对发现的各种问题快速定位、实时告警以便问题得到及时处理，并可定期形成监测报告以供形成系统性复盘和完善建

议。通过“互联网应用安全监测预警”微服务，为整个“一网通办”平台打造从前台到后台、从系统到页面、从数据到服务全面覆盖的安全监测体系，使整个“一网通办”平台固若金汤，保障用户拥有清朗的平台访问环境和高可靠的个人与法人数据安全。

七、以多维“数据分析”驱动“一网通办”平台自进化

“互联网+政务服务”的定义在不断深化，外延不断拓展，“一网通办”平台也需要不断驱动自我革新。只有形成“以服务吸引用户，以用户促进分析，以分析完善服务”这样一个良性循环，“一网通办”平台才能在未来始终贴合国家指导方针，紧跟社会和生活转型步伐，不断为公众创造新的社会价值。数据已经成为新的生产要素，多年来不断沉淀的用户主体和办事数据也是“一网通办”平台的一座宝库。平台访问数据隐藏着哪些关于用户和服务的线索？用户行为轨迹描绘出怎样的用户画像，可以挖掘出哪些用户需求？用户数据和办事数据的结合暗示着用户具有怎样的办事偏好和场景依赖？如何将这些数据中千丝万缕的联系揭示出来，形成一种直观展示的结果和建议，从而优化服务管理，辅助领导决策？对于上述问题，如果缺乏智能化分析手段的支撑，数据将始终只是一摊乱麻，看上去诱人却无从下手，不但白白浪费了多年积累下来的数据价值，而且平台与服务的管理和决策工作依然只能走“靠感觉、凭经验”的老路子，效果无法预期、前景难以明了。

因此，我们可以利用中台的“互联网用户行为分析”微服务，实现平台访问数据和用户行为轨迹的综合分析，发现用户访问规律、绘制用户轮廓画像、挖掘用户潜在需求，制定用户活跃度、忠诚度和黏度指标，指导平台问题优化，测量平台服务热度，提升平台服务的精准性和时效性；利用“政务服务”“千人千面分析”微服务，基于用户相关信息（年龄、性别、地域、职业等）、用户行为记录、办件信息、事项信息等数据，对用户办事偏好和办事场景进行精准预测与个性化推荐，实现从“人找服务”到“服务找人”。通过以上多维数据分析微服务，

我们将能够建立一套以科学、客观、量化、直观的数据关系为核心的数据支撑体系，有效筛选“千人一面”的高频服务和“千人千面”的长尾服务，并为“一件事办理”的主题甄选和“全程网办”的流程优化提供数据辅助决策，驱动“一网通办”平台向“服务与用户本位”不断自我进化，实现真正的价值跃迁。

参考文献

中国互联网络信息中心，第 45 次《中国互联网络发展状况统计报告》。

百度人工智能助力政务服务智能化

百度智能小程序业务部

政务服务是城市治理能力的重要内容，关乎着人民群众衣食住行、教育就业、医疗养老、公共安全的方方面面，体现着城市管理水平和服务质量。今年4月，习近平总书记在浙江考察时指出，让城市更聪明一些、更智慧一些，是推动城市治理体系和治理能力现代化的必由之路，前景广阔。近年来，各地政府都在通过“一窗受理、集成服务、一次办结”的服务模式创新，让更多的事项能实现网上办理，让企业和群众到政府办事实现“只进一扇门”“最多跑一次”。2020年《政府工作报告》也明确提出，深化“放管服”改革，推动更多服务事项“一网通办”。

当前，人工智能、大数据等前沿技术蓬勃发展，在推动我国经济高质量发展，满足人民对美好生活的向往等方面发挥了重大作用。

百度作为互联网、人工智能的领军企业，坚持以“科技赋能政务”为发展方向，推出了“百度城市大脑”，并利用百度搜索、百度智能小程序、百度知道、百度地图等多种方式，助力政府的“互联网+政务服务”的建设和完善。

一、“百度城市大脑”的内涵

在即将进入第十四个五年规划期之际，随着政策环境不断优化、信息技术加速成熟、产业发展转型升级，智慧城市在“新基建”“数据要素”“人工智能”

“智能经济”等热点推动下，迎来发展的重要机遇期。突发的新冠肺炎疫情，是对当前城市治理体系和治理能力的一次大考，人工智能、大数据等技术在权威信息查询、疫情监测分析、病毒溯源、防控救治、资源调配，以及复工复产等方面，都发挥了非常重要的作用，充分展示了技术在提升城市治理能力方面的作用和潜力。

随着政务服务“一网通办”的不断推广，未来智慧城市的建设将越来越多的落脚在“一网统管”等城市治理领域。要更加科学化、精细化、智能化地治理城市，需要推动数据更加多源，从政府业务数据扩展到互联网数据、物联网感知数据、企业数据等，实现从封闭自用的政务信息资源到多方共建共享共用的城市大数据的跨越，也让政务服务更便捷和高效。

百度围绕城市现代化治理体系需求，基于自身数据、技术和生态优势设计了由城市感知中台、城市数据中台、城市 AI 中台以及城市智能交互中台等组成的“1+2+1”的“百度城市大脑”架构，通过对城市全要素、全状态的全景洞察，让城市更安全、更从容、更通畅、更宜居。（图 1）

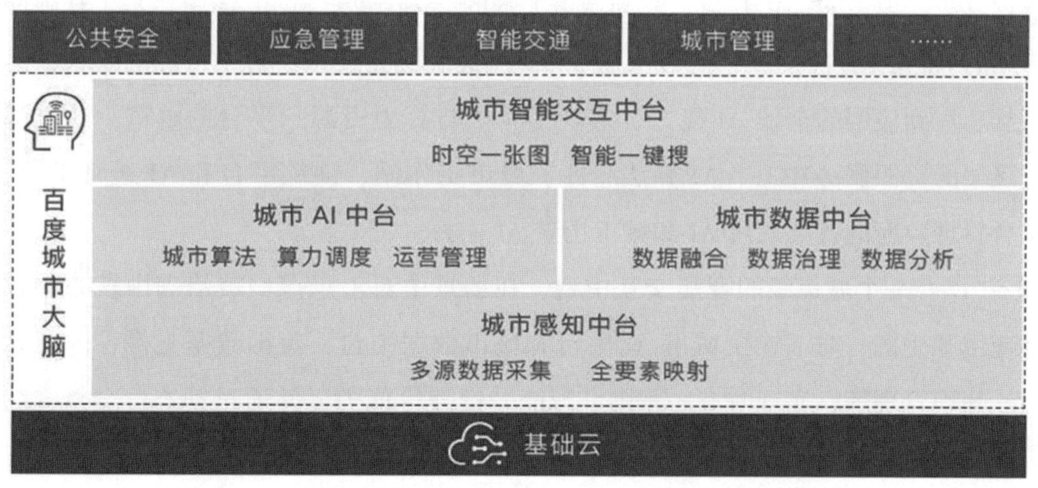

图 1 “百度城市大脑”构建“1+2+1”架构的智能新基建

“1”：一个城市级的感知中台，对城市物理世界进行全数字刻画，为实现城市“全周期管理”提供动态时空数据支撑。感知中台以标准化方式采集、汇聚物联网、互联网等城市全域的多源数据，并建立统一的时空信息基准，实现物理空间与数字空间的全时、全域、全要素映射。一方面，构建统一的城市物联感知神经网络、互联网信息监测网络和动态时空感知网络，综合利用物联网数据、互联网数据、地图数据等实现对城市运行状态的全要素感知。另一方面，在统一的时空框架下，全面感知城市的脉动。

“2”：一个城市级的数据中台，汇聚城市感知中台的全域数据资源，支持政务、社会等多源数据要素的融合和协同。城市数据中台支持多云协作，兼容多种云服务，汇聚城市感知中台获得的物联网数据、互联网数据等各类社会数据，并通过数据共享机制汇聚政务数据资源，通过对多源异构数据进行清洗、关联、融合、计算，打通数据孤岛，实现多方数据资源的融合碰撞，结合时空信息，形成“块数据”，提升数据价值密度，向上支撑城市知识体系的构建，服务城市精细化治理。一个城市级的 AI 中台，对基础云的异构算力集群进行统一调度、协同工作，基于城市 AI 中台的数据进行训练，向上层应用提供开放的 AI 分析服务和机器学习算法服务，提升城市 AI 应用管理和服务水平，加速普惠化 AI 应用落地；实现算法、模型的优化升级，驱动城市大脑的能力升级。城市 AI 中台基于软硬件一体的 AI 大生产平台——百度大脑 5.0，从最底层完成国产自主可控的要求，提供从芯片到应用的全栈 AI 能力，实现了算法与算力资源和平台的解耦，通过基于飞桨的资源服务中心、AI 算法仓库、城市工作站、训练平台和 AI 运营平台，综合管理政府的各类通用 AI 和城市场景 AI 能力。

“1”：一个城市级的智能交互中台，在场景中对上承接城市治理中核心的各类应用和生态，对下连接城市 AI 中台和城市数据中台，获得数据支撑、内容索引、知识管理等，实现时空一张图、智能一键搜等能力，并通过动态、全景、综合式的新一代交互实现对城市中人、地、物、事、组织、舆情等全要素、全状态的全景洞察。

二、百度智能小程序推动政务服务掌上办

根据公共需求，提供政务服务，是现代政府的基本职责，也是政府服务的核心。当前，人们在使用政务服务时往往会遇到，找不到在哪儿办，不清楚办理的时间、流程和所需材料，办理后查不到进度等问题。效率和体验是政务服务发展最核心的问题，只有精准直达才能更好地满足人们对智能政务的需求。百度依托搜索、信息流、智能小程序、百度知道、百家号、百度地图等产品，通过“搜索即服务、信息即服务、位置即服务、对话即服务”，助力政府打造政务服务的入口，让群众“找得到、用得了、办得成”。

当前，搜索引擎是群众获取政务服务信息的重要入口之一。百度搜索每天响应用户 60 亿次搜索请求，这其中有近 7000 万次是与政务服务相关的搜索请求。当用户使用百度搜索政务信息或服务时，往往都是为了解决明确的需求，因此用户从搜索到小程序是一个非常自然的过渡。通过搜索+智能政务小程序的模式，百度可以助力政府部门重塑电子政务的体验标准，实现“搜索即服务”，帮助政府部门把政务服务送到群众的手边。(图 2)

图 2　百度搜索是群众获取政务服务信息的主要入口

2018 年 7 月，百度正式发布了智能小程序，同年 12 月，百度智能小程序正式开源，目前已成为最具活力的小程序生态。

截至目前，百度智能小程序月活跃用户数已突破 5 亿，入驻小程序数量达到 42 万，覆盖 271 个细分类别，拥有爱奇艺、小红书等 45 个开源联盟成员。

在疫情期间，百度智能小程序更是打通了多个场景，提供了多种服务。比如在疫情上报方面，百度智能小程序除了帮助各地政府做好居民信息上报功能外，还在火车站、高速路口、汽车站等地，配合政府工作人员进行人员往返的线上登记工作；另一方面，为了加强疫情防控，百度也协助政府打造了"健康码"，为人民群众出行复工保驾护航。

此外，在患者同乘查询、疫情大数据、疫情辟谣、疫情科普、防护手册等方面，百度智能小程序同样起到了重要作用。

数据显示，疫情期间，百度生态内的疫情相关小程序累计服务人次突破 10 亿，较疫情前的日均 DAU 环比提升了近一倍；整个 2019 年，百度政务类智能小程序的月服务人次也突破了 1.5 亿，让群众办事效率提升 300%。

整体来看，在政务服务领域，百度智能小程序具备更多入口、更智能、更安全和更开放的核心优势。

一是更多入口，让政务服务更容易来到群众身边。"即搜即用"，让群众更自然、便捷地找到所需要的政务服务。百度智能小程序提供了搜索、信息流、地图等多种接入方式，群众无论是搜索信息、阅读新闻、找服务、查地图的时候，都能进入百度智能小程序，直达相应的政务服务。例如，在百度地图中搜索"政务""助残"等词（图 3），查找相应地图的同时，可点击直达"政务服务中心""助残便民服务中心"等政务小程序页面，更加方便快捷地使用相关服务。

目前百度 App、百度地图、百度网盘、爱奇艺等百度系移动产品的总月活跃设备数已超过 11 亿，百度移动生态已具备支持"互联网+政务服务"发展要求。如当个税、社保等新政策出台，人们都希望更直观便捷地了解政策对自己的影响，通常会自然地使用百度搜索"个税查询""公积金查询"等各类关键词，这样就可以进入相关的智能小程序，轻松查询各类信息。此外，智能政务小程序还可承载社保卡、结婚证等多种电子证照，人们出门只需拿一部手机，便可带齐常用证件。

图 3 百度地图是群众获取政务服务信息的重要入口

二是更智能，用人工智能技术赋能政府，使其提供更好的政务服务。 人工智能能力的引入是智能小程序最独特的优势。智能小程序可以直接调用包括人脸识别、文字识别、图像识别、知识图谱、智能推荐以及内容审核等上百种人工智能能力，能有效解决群众网上使用和远程办理政务服务过程中遇到的身份识别验证、个人信息频繁录入等问题。百度智能小程序全面接入百度大脑 5.0 的各项人工智能能力，只需要几行代码，就可以提供基于自然语言对话、视觉等各类交互能力，能大幅提升政府政务服务的后台服务能力。如通过搭载百度智能客服，让政务小程序具备智能交互的能力，用户可以与智能小程序进行互动，更方便地了解其关心的政务问题。目前百度智能客服已经具备了问题预测、多轮对话和问答检索等核心功能，业务能力可覆盖交通管理、人力社保、户政、税务、司法等政务服务重点领域。

三是更安全，让政府部门依托现有的政务 App 快速拥有小程序的能力。 政务服务涉及领域众多，数据的机密性强、数量大、附加价值高，数据安全、个人信息隐私保护是政府提供政务服务时最为关心的问题之一。百度智能小程序已全面开源，通过技术输出，政府部门可以对已有政务服务 App 进行升级，使其具备在自建平台上使用小程序的能力，更加符合国家“互联网+政务服务”的总体规划，遵循各地政务服务“一个总枢纽”的建设要求。政府部门可制定各级机构的应用接入规范，更为安全、灵活且不需要依赖其他平台，大幅提升管理效率。当需要在其他小程序平台使用时，只需要改动几行代码，就可实现“一键转码”。如涉及社保、金融等政务服务，需要对办理人进行“面对面”的身份验证。基于人脸识别等人工智能技术，只需要把手机对准人脸，眨眨眼或转转头即可完成活体认证和身份识别，不再需要群众带着身份证等证件到政务服务大厅线下办理。

四是更开放，仅需一次开发就可在所有的百度开源联盟 App 中应用。依托开源技术，百度智能小程序是业内唯一一个完全开放的小程序生态。与微信小程序只能在微信上运行，支付宝小程序只能在阿里系 App 上运行不同，智能小程序不仅可以在百度系 App 上运行，也可以在携程、万年历、WiFi 万能钥匙等非百度系 App 上运行。根据研究机构 Questmobile 的报告显示，在用户规模 TOP30 的百度智能小程序中，非百度系占比则高达 86. 6%；而支付宝小程序这一比例仅为 36. 7%。政府部门仅需开发一次智能政务小程序，就可以在所有这些 App 中应用，更方便群众使用政务服务。

三、百度智能小程序在政务服务领域的实践

目前，越来越多的政府已认可智能小程序的优势和价值，百度也与政府部门积极合作，通过智能小程序提供种类繁多、功能齐备的政务服务。

在国家和地方政府开展的政务服务方面，人们更为关心政务服务的全面性，希望仅通过一个小程序就可以满足医疗卫生、交通出行、出入境、职业资格、公用事业等覆盖人们生活各领域需求的查询和办理服务。百度与北京、重庆、成都、福建等多地政府合作，聚焦覆盖范围广、应用频率高的政务服务领域，推出“北京通”“新疆政务服务”“鄂汇办”“新湘事成”“ 蒙速办”“三晋通”等政务服务智能小程序，大幅降低群众获取政务服务的门槛，有效提升办事效率，为人们带来智慧、便捷的政务服务。

2019 年 11 月，在北京市发改委和经信局的大力支持下，百度与北京市政务服务局合作推出“北京通”智能小程序涵盖了市公安局、市卫生健康委等 50 多个委办局的服务事项，能够提供包括社保、户政、交通、税务、医疗、教育等在内的近 1000 余项服务，覆盖人们政务服务需求的方方面面，让市民足不出户就能享受到便捷高效的服务，提高群众满意度。用户搜索“北京通”“北京政务”“首都政务服务”等关键词，就可以一键线上预约办理出生登记、户口迁移和注销、补领换领户口簿、办理居民身份证、职业技能查询、考试成绩查询等，享受到“手掌间”的信息服务、“指尖上”的办事服务和“移动端”的互动服务。“北京通”小程序见图 4。

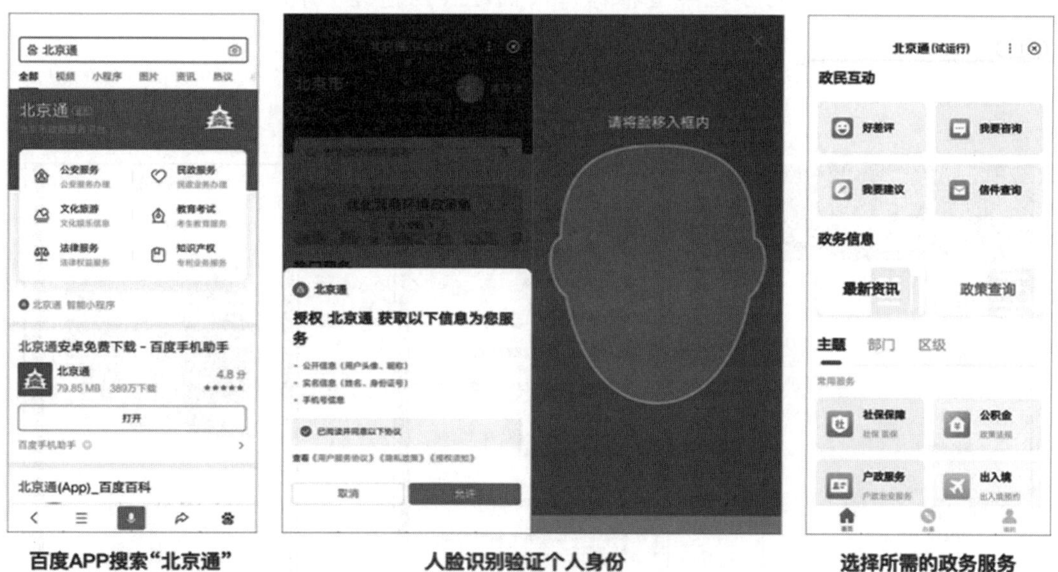

图 4 “北京通”小程序

在各部委和地方委办局开展的政务服务方面，人们更为关心使用专业领域政务服务的便捷性。百度与国家市场监督管理总局、广东省公安厅、国家税务总局珠海市税务局等部门合作，推出“12315 平台”“广东 110 智能小程序”“税小度”等智能小程序，利用人脸识别、语音识别、自然语言理解等人工智能技术为其政务服务赋能。人们拿起手机，仅需 3 步操作，在几十秒内就可简单且高效地实现一键投诉举报、快速报警、税收查询、企业个性化税收政策推荐、发票拍照查验等。

“税小度”智能小程序让办税从此更便捷

2019 年 4 月，百度与国家税务总局广东税务局联合推出了名为“税小度”的智能小程序，大幅提高了办税便捷度，并充分保障了纳税人信息安全。用户打开百度 App，通过文字或语音搜索“税小度”“珠海发票查验”“珠海社保查询”等关键词，均可进入智能小程序，通过语音咨询，纳税人可以得到常见税收问题答复，知悉各类业务的办理流程、办税资料和注意事项，得到个性化的办理渠道推荐。人们即可以通过“税小度”查询当地最新税务政策，也能实时查看税务办理详情和进度，如图 5 所示。

“税小度”用户界面

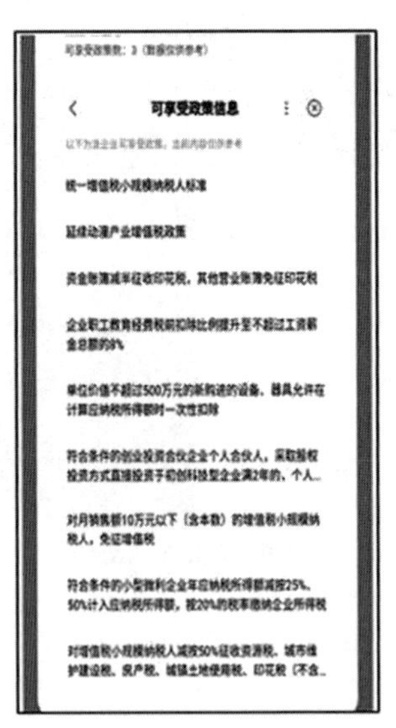

查询企业可享受的优惠政策

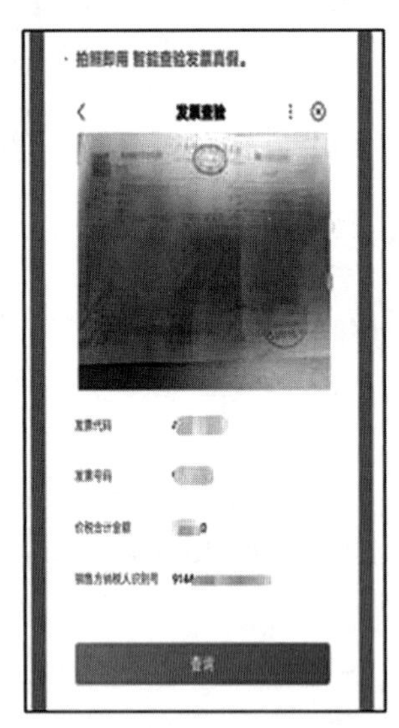

利用OCR技术实现发票检验

图 5 “税小度”小程序

此外，智能小程序也可帮助政府部门在民生领域，在重大事件或活动的宣传、推广中，更快地吸引群众的关注。依托百度大数据、用户画像等分析能力，可以将包含重点事件和活动信息的智能小程序，精准推送给有需要的潜在用户，主动扩大传播范围，提升宣传效率和效果。百度还结合一带一路、北京世园会、税收宣传月、世界献血日等重点活动，多渠道精准分发，让景点攻略、签证办理、献血预约和查询等功能“即搜即用”。

未来，百度将继续探索更多人工智能赋能政务的应用场景，通过智能小程序的服务属性和开源生态，为人们提供更多更好的政务服务体验，响应国家“让信息多跑路，让群众少跑腿”的政策，为我国政府优化营商环境，提升国家治理现代化水平贡献力量。

政务新媒体一体化解决方案

智政院原创

一、背景

随着移动互联网的快速发展，手机折叠屏也陆续上市，硬件技术在快速迭代的同时，政务新媒体的新平台也在不断涌现，从“两微一端”到微信小程序、支付宝小程序、头条号、短视频，数量众多、类型多样，政务服务的途径也得到了丰富。国务院办公厅在2018年12月发布的《关于推进政务新媒体健康有序发展的意见》中提出“到2022年，建成以中国政府网政务新媒体为龙头，整体协同、响应迅速的政务新媒体矩阵体系，建设更加权威的信息发布和解读回应平台、更加便捷的政民互动和办事服务平台，形成全国政务新媒体规范发展、创新发展、融合发展新格局。”国务院办公厅在2019年4月公布了《政府网站与政务新媒体检查指标》，这一系列举措表明政务新媒体逐步摆脱了“从无到有”的建设阶段，来到了实际性、规范性的建设阶段。

2019年6月，国家政务服务平台App、微信小程序、支付宝小程序主体功能建设完成并发布上各大应用市场，也是政务新媒体一体化建设的全国总枢纽。本文从技术构架、业务规划和运维保障三个方面进行分享，不完善之处欢迎补充和指正。

二、一体化构架设计

（一）设计原则

随着移动互联网的成熟，政务新媒体的建设也进入到“深水区”，构架的设计需要充分考虑先进性与扩展性，采用成熟、稳定、先进的开发技术，科学设计总体架构和标准体系，从开发标准、业务支撑体系、平台技术体系、运维保障体系等进行顶层设计。前端要考虑“多端扩展”，数据上要考虑“数据同源”，服务开发上要考虑“服务同根”，性能上需坚守“稳定压倒一切”的理念。

2019 年政务新媒体有哪些变化？

1. 政务新媒体服务能力强化了

此前注重信息发布，做内容，但是现在形式变化了，理念也变化了，服务能力强化了，政务“掌上办”成为趋势。

安全要求方面：承载社保、公积金、非税等多项政务民生业务，以及公安，交警的敏感政务业务，安全性要求高。

保障要求方面：政务新媒体面向大众，走进日常生活，服务稳定运行非常重要，故障应急响应需有保障。

2. 政务新媒体“端”丰富了

目前的新媒体终端不仅仅是微信、微博、App，微信小程序、支付宝小程序、头条号、短视频、一体机终端，真可谓是百花齐放。

业务灵活、联动要求增高、调用链路复杂。

统一的架构体系面对各种各样的端。

技术复杂度增加，技术存在差异化，如何节省开发资源，避免重复造轮子。

3. 性能挑战严峻了

多种大流量入口的终端，如微信、支付宝等终端对服务的性能支持提出了严峻的挑战，构架需要革新。

端上面承载多类型大量服务，意味着终端加载的时候，需要预加载的组件和服务增多，导致启动耗时过长，可能导致使用体验受到影响。

因此，构架设计需要充分考虑系统升级、扩容、扩充、使用体验和运维保障的可行性。

（二）总体架构

政务新媒体的一体化架构面向服务架构设计（图 1），基于微服务技术统一配置、统一治理，通过抽象以微服务的形式开发，避免重复投入资源开发。

1. 架构优势

- 服务重用，避免重复开发；
- 高性能、高可用、弹性扩展；
- 服务统一管理，统一运维，业务扩展对性能影响无相关性；
- 标准开发、定制开发互不影响；
- 服务治理、监控检测、网关熔断、消息触达使得构架更加智能化。

图 1 政务新媒体化平台架构

2. 前端部分

2019 年小程序强势表现，进一步证明了前端技术采用原生技术与 H5 框架可以做到很好的融合，混合模式在技术选型上非常适合政务新媒体。

（1）前端开发框架（图 2）

图 2　前端开发框架

由于手机的种类繁多，前端开发语言涉及 Ios、Android 和 H5，前端开发框架需要支持“一次开发，多端适配”。

（2）前端框架优势

- 主体框架由 Native 开发框架负责，高动态的部分由 H5 开发平台负责，发挥各自优势；
- 一套代码三端适配，集约开发；
- 发版速度快，支持热更新、热修复。

（3）市场发布要求提高

随着政务新媒体的不断发展，市场发布门槛也有所提高。Android 市场发布需要软件著作权登记证书，App Store 针对政务新媒体的审核门槛也有所提升，账号必须为政府单位申请。

3. 业务中台

业务中台部分包含七大板块和一个平台（图 3），分别包含门户服务板块、应用开放板块、应用开发板块、消息服务板块、办事服务板块、监测服务板块、基础服务能力板块和微服务通用开发平台。基础能力服务包含的组件有日志、文件、分布式任务和 MQ，作为公共组件、业务组件的必须依赖。

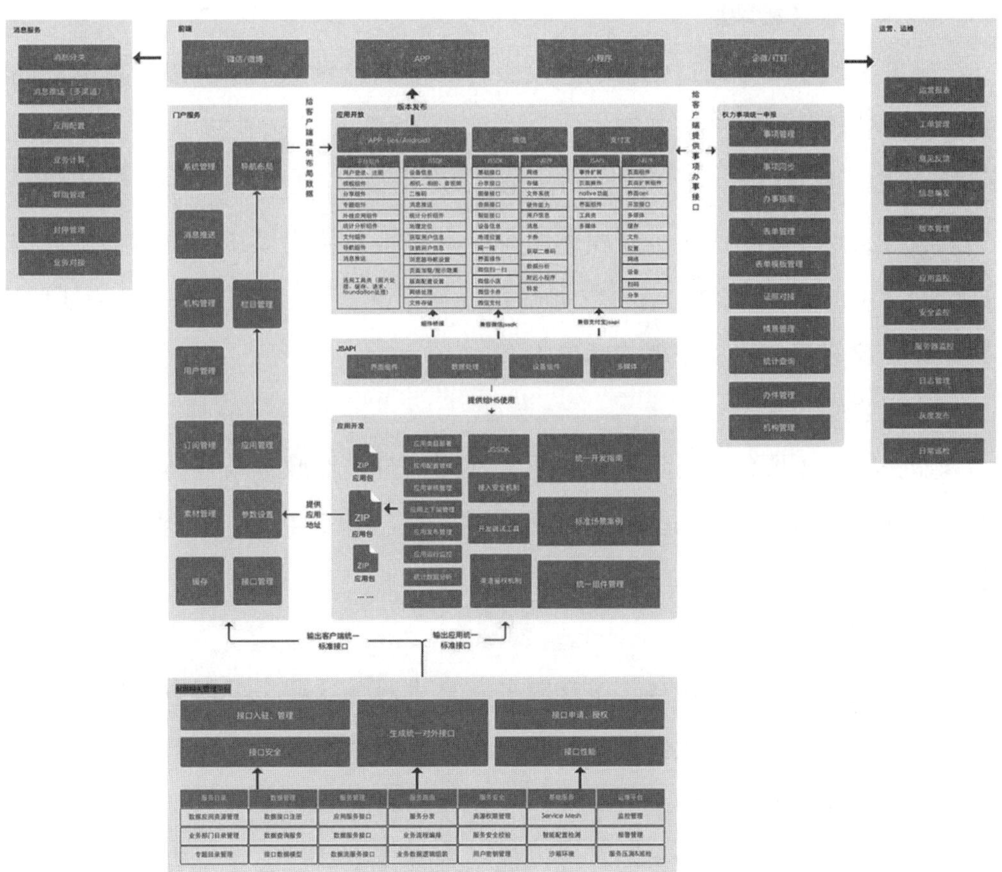

图 3　业务中台

（1）门户服务板块

该服务板块主要是提供端管理的解决方案，实现端布局的管理、栏目管理、信息管理、素材管理、订阅管理等，支持多样化的前端展现模版，高效的维护和管理前端的内容。

（2）应用开放板块

该服务版块主要是提供服务的注册、申请、审核、上下架服务以及运行时数据分析，提供开放的模式给各部门、各单位，实现服务入驻和汇聚的需求。

（3）应用开发板块

该服务板块主要是服务开发的标准规范、组件群、UI 标准、网关管理，打造服务开发与接入的生态。

（4）消息服务板块

该服务板块主要是通过创新消息模版、对接消息发送渠道，以事件驱动的方式将消息触达给用户的解决方案。

（5）办事服务板块

该服务板块主要是为政务新媒体用户统一申报系统提供服务支撑，实现按照国办统一标准的数据接驳、事项数据筛选、自定义表单，提供统一对接证照库、材料库和一窗对接的移动办事的解决方案。

（6）监测服务板块

该服务板块主要包括对端检测和业务检测部分，对政务新媒体功能测试、性能测试、兼容测试等方面进行自动化检测，并输出详细的应用测试报告以供分析。

（7）基础服务能力板块

该服务板块是将文件服务、缓存服务、日志服务这些公共服务进行抽取，形成基础服务能力板块，提供给所有的业务板块使用。

（8）微服务通用开发平台

该开台平台主要是给业务的扩展提供基础开发支持。公司一直是先做平台再做产品的开发理念，使得我们的产品在技术标准上保持高度的一致性。当然，开发平台也是分为前端开发平台和后端开发平台，前后端分离设计。

4. 技术中台

技术中台基于 Spring Cloud，致力于提供微服务开发的一站式解决方案。主要包括服务治理、服务网关、基础组件和服务监控（图 4）。

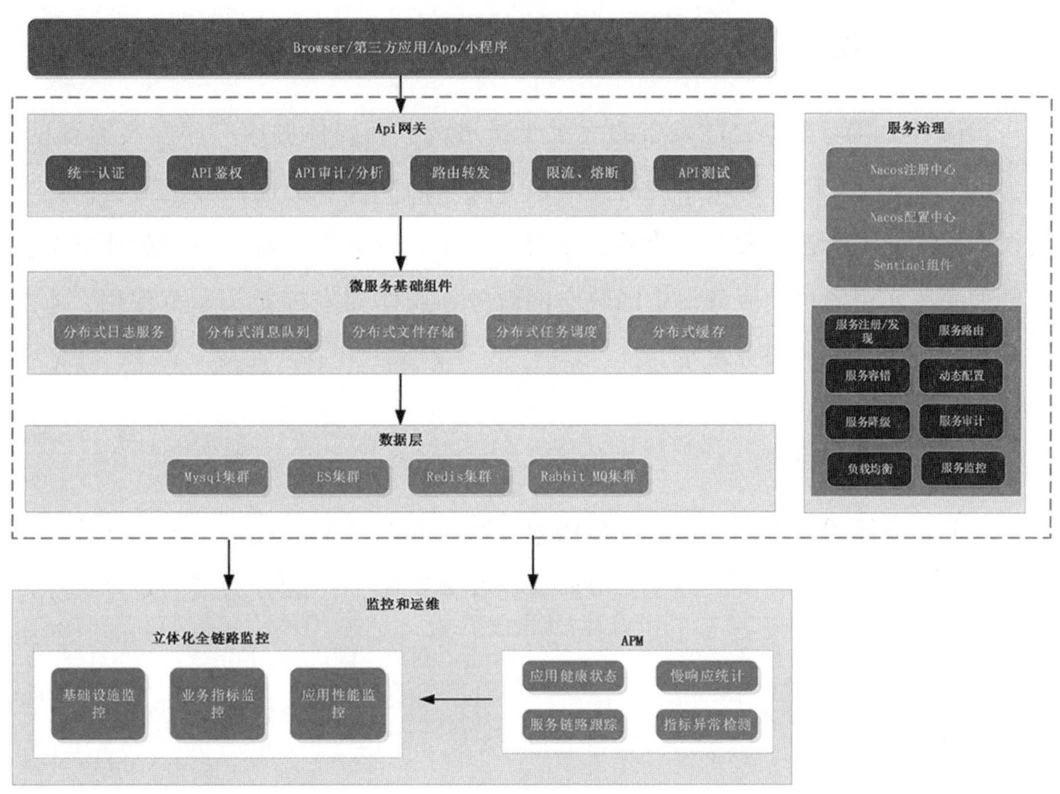

图 4　技术平台

（1）服务治理

注册中心。在微服务架构中为我们的基础设施提供服务发现和服务配置的工具。它包含了下面几个特性：服务发现、健康检查、Key/Value 存储、多数据中心。

配置中心。利用配置中心将外部配置文件集中放置和管理。

（2）服务网关

主要功能是路由和过滤器，是各种服务的统一入口，通过过滤器工厂提供基础的统一认证、API 鉴权、API 审计/分析、路由转发、限流熔断、服务降级等功能。

三、业务规划设计

2018 年，国务院办公厅发布的《关于推进政务新媒体健康有序发展的意见》指出：“充分发挥政务新媒体传播速度快、受众面广、互动性强等优势，以内容建设为根本，不断强化发布、传播、互动、引导、办事等功能，为企业和群众提供更加便捷实用的移动服务。中国政府网政务新媒体要发挥龙头示范作用，不断提升政务公开和政务服务水平。”

（一）新媒体矩阵

政务新媒体的特点是受众广、传播速度快、互动性强等优势，因此在建设的时候需考虑多端建设、集约建设，以形成新媒体矩阵，一般分为横向矩阵和纵向矩阵。

1. 横向矩阵

政务新媒体的横向矩阵布局，包括微信、微博、App、小程序等不断增加新媒体端进行布局。政府逐步实现全媒体平台的布局（图 5 和图 6）。

(a) 中国政务服务平台 App　　(b) 中国政务服务平台支付宝小程序

图 5 “中国政务服务平台”在 App 及支付宝小程序的布局

（a）中国政务服务平台微信小程序　　（b）中国政务服务平台微信公众号

图 6　“中国政务服务平台”在微信小程序及微信公众号的布局

2. 纵向矩阵

纵向矩阵主要指政府在某个媒体平台的生态布局，是向某个新媒体平台的纵深布局。比如“赣服通”基于小程序平台的开发，逐步深化地市、区县的建设，就属于纵向布局。

媒体综合服务 App 将构建以下媒体平台的纵向矩阵（图 7 和图 8）：

- 客户端，包括包括省级、省直部门、各地市的自建客户端；
- 支付宝，包括省级、省直部门、各地市的小程序与生活号；
- 微信，包括省级、省直部门、各地市的小程序、公众号；
- 微博，包括省级、省直部门、各地市的微博账号。

(a)“赣服通”小程序　　(b)“赣服通”地市分厅建设

图 7　“赣服通”的纵向布局

（a）"江苏政务服务"App 旗舰店（省、市、县）　　（b）"江苏政务服务"App 旗舰店

图 8　"江苏政务服务"的纵向布局

（二）场景规划

政务新媒体功能规划围绕首页、服务、办事、资讯、"我的"五大模块，在页面设计和内容布局上，场景入口清晰，强化重点入口，并突出以用户为中心（图 9）。

服务场景

1、公共服务和便民服务
2、按主题、按部门
3、查询类
4、预约类
5、办理类

办事场景

1、办事指南
2、在线办理
3、办事预约
4、办事进度查询
5、办事评价

资讯场景

1、政策解读
2、专题资讯
3、政府动态
4、服务推荐

“我的”场景

1、我的基本资料
2、用户认证
3、我的办事记录
4、我的互动信息
5、我的卡证
6、我的公积金、社保、纳税等

图 9 场景规划

（1）场景入口（图 10）

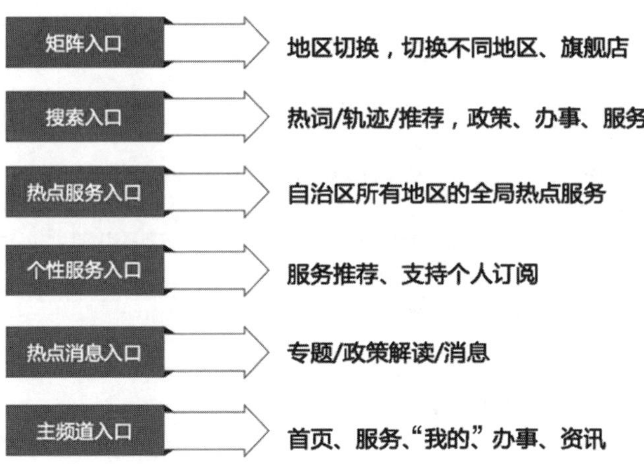

图 10 场景入口

主要场景入口，侧重于整个端的亮点的展示、新功能新服务推广、热门内容展示，如新上服务、高频服务、重要辅助功能入口，包括地区切换、搜索、扫一扫、消息通知等，旨在让用户打开端就能迅速知道端提供的内容，并能快速找到可能需要的服务。

（2）服务场景（图 11）

图 11　服务场景

服务模块提供的公共服务和便民服务，以主题、部门或专区分类展示所有接入的服务应用列表，是全量服务的入口。

服务主要分查询类、预约类、办理类三大类型。

查询类：分为输入条件式查询和直接查询服务。输入条件式查询一般是查询与个人或企业相关的数据，如成绩查询、企业信用查询等。直接查询服务分需身份信息类和不需要身份信息类，需身份信息类服务自动获取登录用户的用户信息，如社保查询、公积金查询等，可以辅以人脸识别保障数据安全。

预约类：类似预约办事，分为预约上门办事和预约去网点办事两种情况，如结婚登记预约、预约上门抄表等。一般流程为阅读预约须知——选择办事网点——选择日期和时间段——预约成功，出号。

办理类：此类服务跟在线办事类似，一般流程为，填写信息——上传材料——提交审核，如社保卡补办。

（3）办事场景（图 12、图 13）

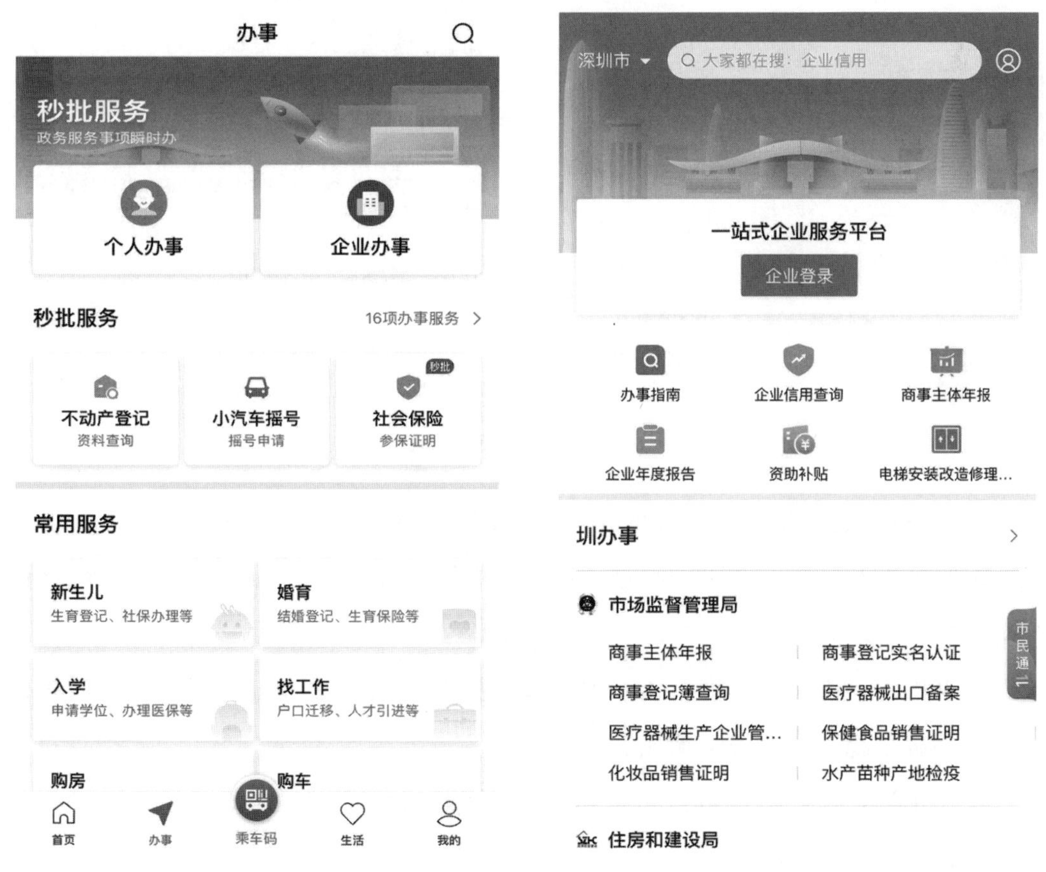

图 12 办事场景 1

图 13　办事场景 2

办事模块主要规划事项的办事指南、在线预约、在线办理和进度查询等功能。按照个人和法人分类展示，并能够按照主题和部门筛选，是政务新媒体的"掌上办"重要场景。

办事指南：将行政审批事项库中的事项按照个人和法人分类展示，同时提供按部门和按主题筛选及搜索功能的入口。

在线预约：提供事项办理的在线预约功能，减少老百姓线下办事的等待时间。与各办事网点的叫号机对接。预约一般流程为，阅读预约须知——选择办事网点——选择日期和时间段——预约成功，出号。

在线办事：在线办事一般有两种做法，第一种是通用流程和表单，这种做法的一般流程为填写信息——上传附件——提交审核，填写的信息包括用户的基本信息及事项的业务表单，上传材料时可以与“统一证照”系统对接，自动获取用户的证照；第二种是流程简化和再造，针对每个事项，与业务部门一起梳理事项的办理流程，尽可能地简化申报流程并符合移动端操作特点。

（4）资讯场景（图 14、图 15）

展示政府发布的政策信息专题资讯。注重运用生动活泼、通俗易懂的语言以及图表图解、音频视频等公众喜闻乐见的形式提升解读效果。

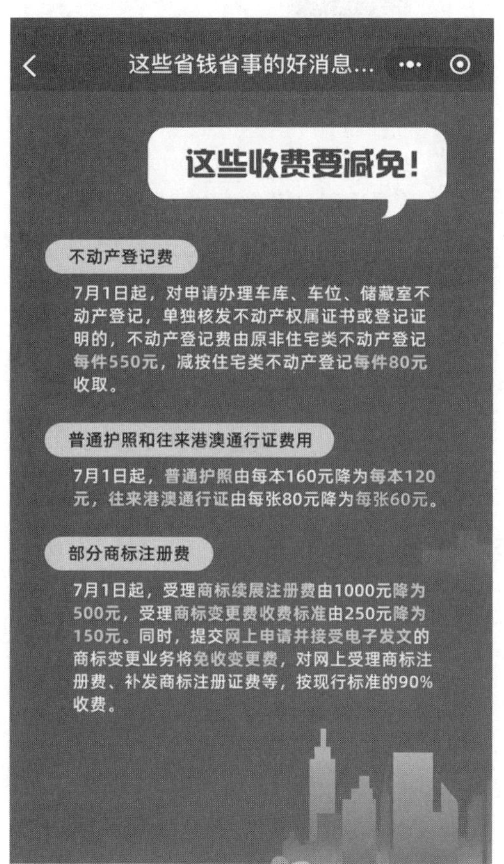

图 14 资讯场景

图 15

（5）"我的"场景（图 16、图 17）

空间围绕用户为中心的全部数据展示，包括我的基础身份信息、用户认证、我的卡证、办事记录、我的服务、个人法人空间等。

**成
四级实名
数字家园
共建和谐 Digital home
我的办件
我的咨询
我的投诉
我的建议
我的收藏
我的足迹
首页
办事
我的
服务
投诉
咸海成
实人认证用户>
我的办件
我的信件
我的证照
我的快递
电子营业执照
查看
金陵网证
查看
公积金查询
社保查询
最近缴纳
个人纳税
查看
我的收藏
默认缴纳地
南京市
首页
服务集群
不见面审批
旗舰店
我的

图 16　“我的”场景 1

(a)　　　　(b)

图 17　"我的"场景 2

(6) 线上、线下打通场景

线上线下一体化场景（图 18）。

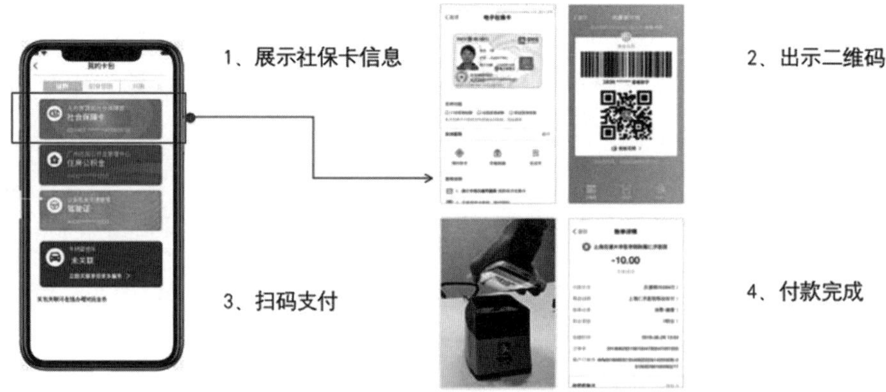

图 18　线上、线下一体化场景

（7）“刷脸”场景

人脸识别技术的运用（图 19）。

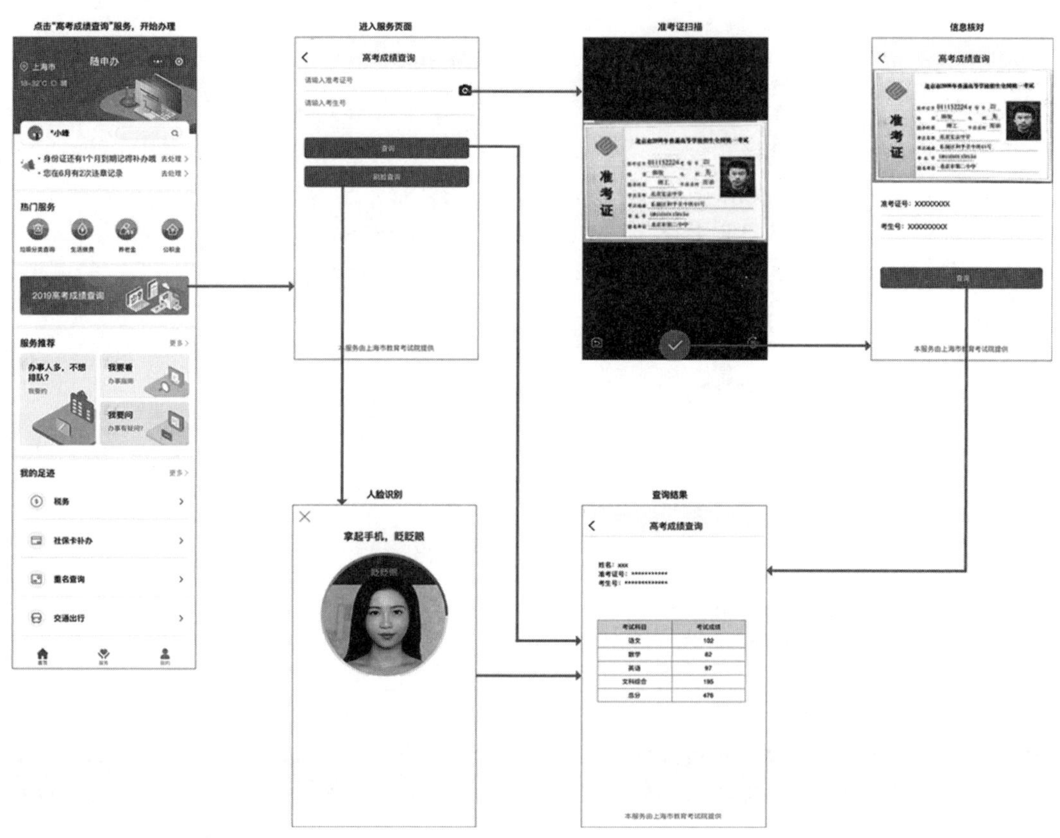

图 19　人脸识别

（8）消息触达场景

消息触达，智能推送信息（图 20、图 21）。

消息服务

通知类消息

动账类消息

1.政策解读
2.通知公告
3.运维消息
4.日常更新
5.服务上新

1.办事进度
2.医保消费
3.养老入账
4.服务办理
5.违章信息

图 20　消息服务

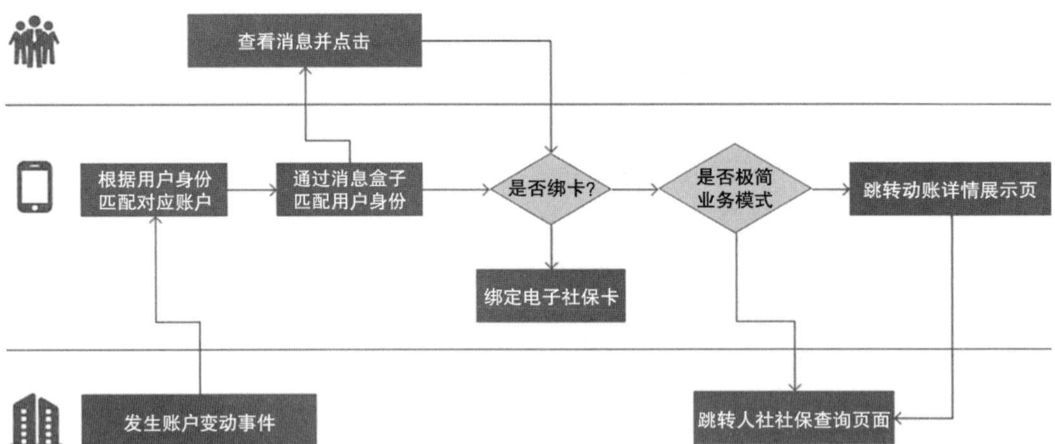

图 21　智能推送信息

四、运维保障

政务新媒体的特点是用户随时随身携带，任何时间、地点都需要提供服务，因此，建设好一款政务新媒体，运维保障很重要，做到能够安全稳定的不间断运行，能够为用户提供不间断服务。总体运维保障工作包括制定运维机制、制定故障应急预案和日常维运保障等（图 22）。

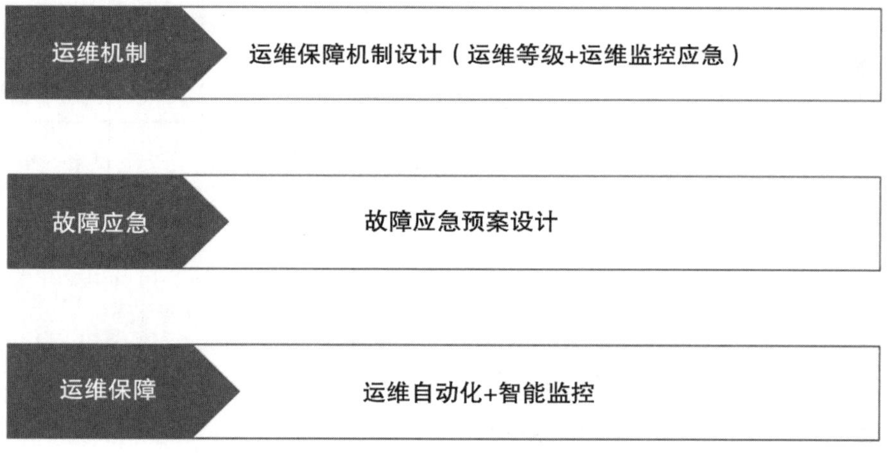

图 22　运维保障的工作

（一）运维保障机制设计

运维团队针对故障的发生和响应进行监控指标的梳理，制定监控的规则和故障等级（图 23、图 24）。

运维故障定级							
说明：1、30分钟内故障应急修复，不算故障。2、故障修复时间超过30分钟，构成故障，根据文档考核指标进行核算。3、故障分为四个级别：P1/P2/P3/P4，其中最高级别P1 最低级别P4。							
业务范围		监控指标/规则	故障定级				备注
			P1	P2	P3	P4	
首页	故障一 访问量下跌≥30%	首页HTTP访问量下跌≥30%，30分钟<时间<=60分钟	—	—	P3	—	故障包含3个级别：P1/P2/P3
		首页HTTP访问量下跌≥30%，60分钟<时间<=90分钟	—	P2	—	—	
		首页HTTP访问量下跌≥30%，时间>90分钟	P1	—	—	—	
	故障二 访问量下跌≥70%	首页HTTP访问量下跌≥70%，30分钟<时间<=60分	—	P2	—	—	故障包含2个级别：P1/P2
		首页HTTP访问量下跌≥70%，时间>60分钟	P1	—	—	—	
	故障情况三 不可访问或访问空白	首页不可访问或访问空白，时间>30分钟	P1	—	—	—	故障包含1个级别：P1
主要热门板块	热门推荐模块	热门推荐模块全局不可用，时间>30分钟	—	P2	—	—	故障包含1个级别：P2
	用户登录	用户登录不可用，时间>30分钟	—	P2	—	—	

图 23　运维故障等级

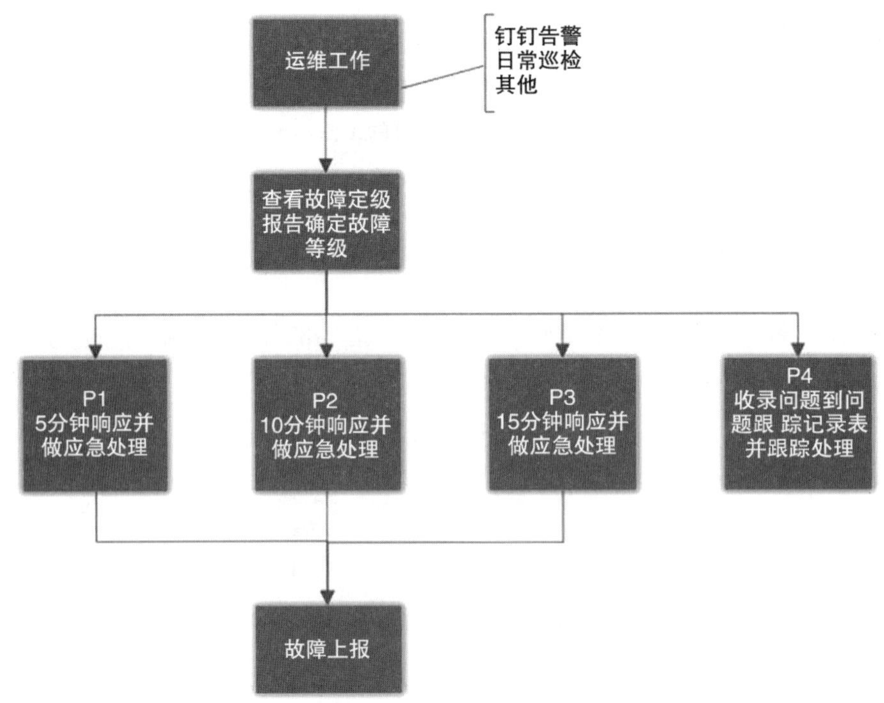

图 24　运维保障机制

（二）运维监控指标设计

硬件指标、阈值定义（图 25）。

产品	指标	云监控指标名称	参考阈值	备注
ECS	CPU	CPU使用率	≥80%	
	内存	内存使用率	≥80%	
	Load（1/5/15）	负载使用率	≥5	根据实际规格配置
	磁盘空间	磁盘使用率	≥70%	
	服务器宕机	服务器网络是否通畅	ping	
RDS	CPU	CPU使用率	≥80%	
	内存	内存使用率	≥80%	
	连接数	连接数使用率	≥50%	根据实际情况配置
	IOPS	IOPS使用率	≥50%	根据实际情况配置
	磁盘空间	磁盘使用率	≥80%	
	数据库连接状态	数据库连接状态	0=正常，1=异常	
	慢SQL告警	数据库慢SQL告警		
SLB	丢弃流量	端口丢弃流出带宽	>0	
	4XX状态码	7层协议实例4XX状态码	>50	根据实际情况配置
	5XX状态码	7层协议实例5XX状态码	>50	根据实际情况配置

图 25　硬件指标

业务指标、阈值定义（图 26）。

监控项	监控指标名称	参考阈值	执行后效果&影响描述&风险点
首页头部背景图无法正常显示 catesnew.do接口异常	http链接成功率下跌	<99%	效果图： 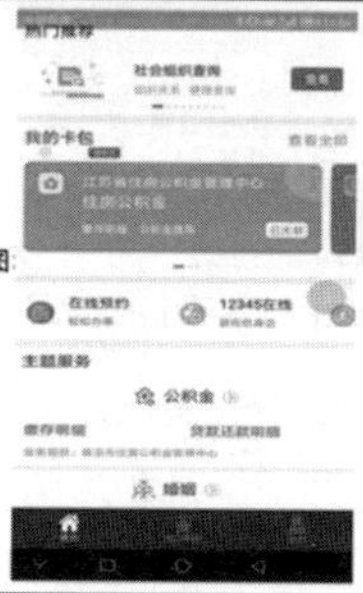
	业务请求耗时	>3s	影响：影响首页背景图正常显示

图 26　业务指标设计

应急预案的编制（图 27）。

标题	类别	预案类型	预案内容	回滚方案
首页—婚育、交通出行、纳税缴费、交管、教育、人社、商务、发展改革委等服务模块以及里面服务异常	一网通办 jmportal_xcx	人工检查	发送通知: 1、A角收到告警，5分钟内进行相应，相应标准：告警已接收，正在查看。 2、告警15分钟以内立即进行止血，止血完成在国办运维保障群告知止血成功。 3、发送通知到微信群中告知领导："各位领导，支付宝小程序检测到XX服务访问异常，为保证服务质量，现已下架XX服务，原因正在调查中，一旦有新的进展会在及时在群内反馈" 4、完成通知后，分析故障原因，步骤参考下面故障分析思路，如未产生影响则立即在群中进行回复，如产生影响可立即修复则立即修复，修复完成立即在群里面进行回复。如不可立即修复或原因未定位则参考第五步。 5、止血成功后，30分钟内要进行故障恢复，如果30分钟任为恢复，发起电话会议进行讨论（会议包含人员：言金、辰驰、冯涛、道从、睿金），根据讨论结果进行下一步操作。 应急处置方法: 1、VPN到工时网段 2、登录小程序后台：https://zfbxcx.gjzwfw.gov.cn/jmportal_xcx/ 3、点击功能管理—导航管理—首页 4、首页后面操作栏点击【编辑】 5、鼠标移动到选择栏目框点击弹出编辑面板 6、找到对应勾选栏目，将勾选去掉，点击保存 7、鼠标点击右上角4宫格方块选择【系统管理】 8、找到对应下架栏目站点点击后面清楚缓存 9、登录国办小程序核验栏目是否成功下架 故障分析思路: 1、外部提供服务直接将问题告知外部对应联系人。 2、jmpotal_xcx在浏览器快速访问服务后台，确定后台是否可以正常访问，直接将问题告知外部对应联系人。 3、我们自己开发服务，定位接口提供方是那边，直接将问题告知到接口提供方。	1.将对应服务上线 2.清理缓存

图 27　应急预案的编制

（三）运维保障

这是典型的消息触达场景，自动巡检过程中（图 28），发现故障，机器人会通过消息推送到微信、钉钉，通知运维工程师（图 29）。

图 28　自动化巡检

（a）微信消息通知

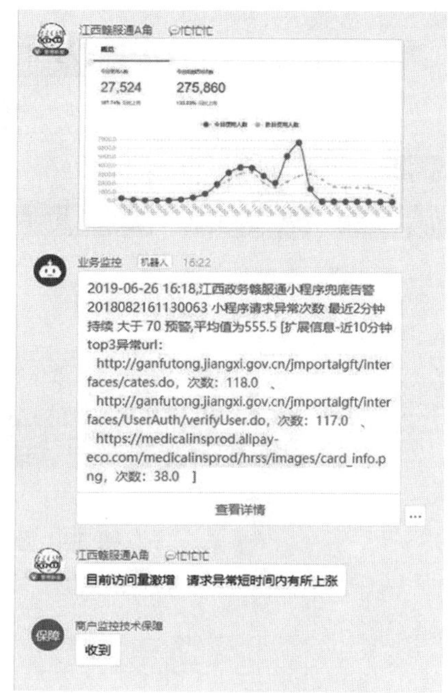

（b）钉钉消息通知

图 29　消息推送

五、政务新媒体检测

2019 年 4 月，国务院办公厅公布了《政府网站与政务新媒体检查指标》和《政府网站与政务新媒体监管工作年度考核指标》提出，为进一步推动全国政务新媒体健康有序发展，要求各地区、各部门要进一步加强和完善政务新媒体日常管理和常态化监管工作。

为了贯彻国家新媒体检测的要求和考核指标，我们开发了新媒体检测系统、全媒体的等级备案管理和可视化的检测分析界面，分为新媒体备案、检测、审核三个部分（图 30）。

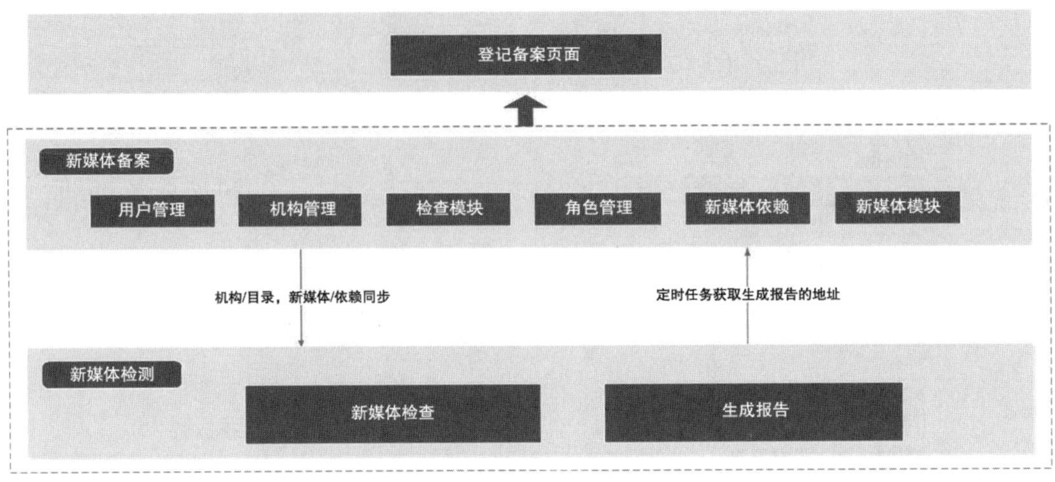

图 30　登记备案页面

（一）新媒体备案

新媒体备案子系统支持所有新媒体的等级备案管理，包括渠道管理、渠道类型、新媒体名称、简介、是否开启检测等进行登记备案（图 31、图 32、图 33）。

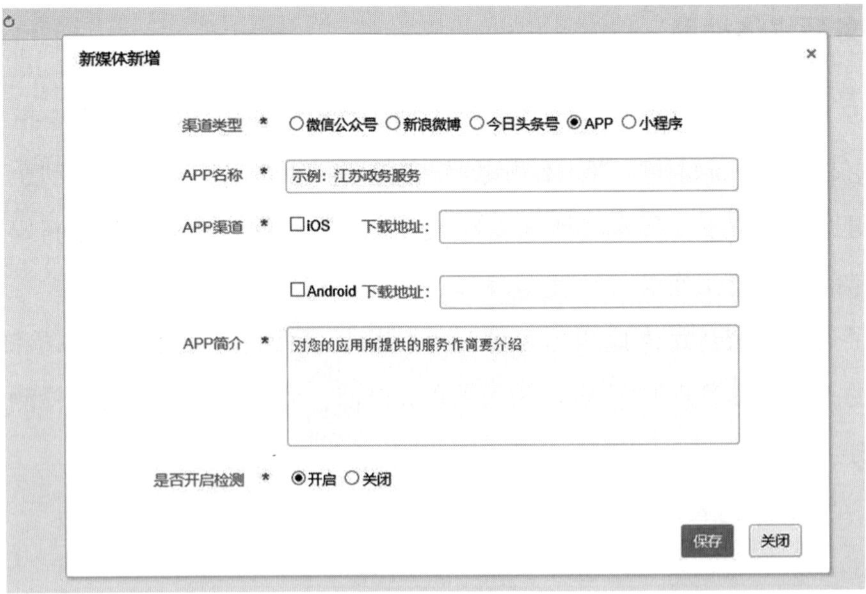

新媒体新增

渠道类型 * ○微信公众号 ○新浪微博 ○今日头条号 ◉APP ○小程序

APP名称 * 示例：江苏政务服务

APP渠道 * ☐iOS 下载地址：

☐Android 下载地址：

APP简介 * 对您的应用所提供的服务作简要介绍

是否开启检测 * ◉开启 ○关闭

保存　关闭

图 31　新媒体新增

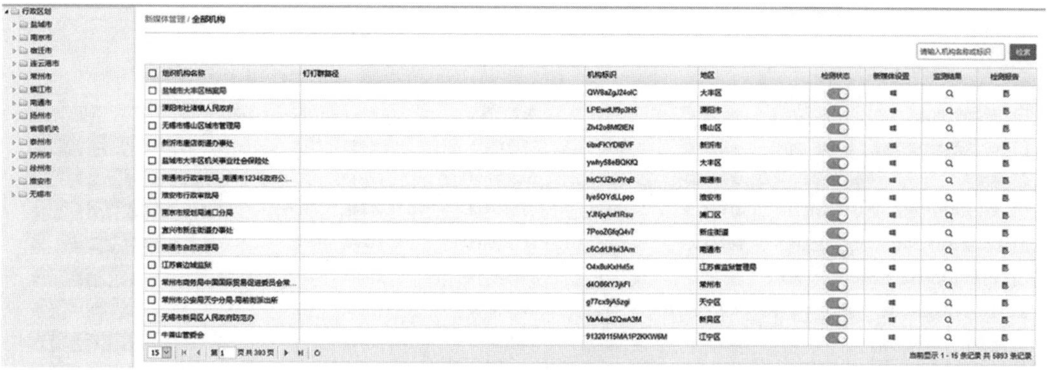

图 32　机构名称

图 33　应用管理

（二）新媒体检测结果

新媒体检测结果包括“单项否决指标”和“兼容、性能相关”指标，报告如图 34 和图 35 所示。

详情查看

置为确认　置为忽略

□ 疑似错别字	修改建议	检查日期	状态	相关资料	操作
□ 后，即开始发布公告，于此同时，审核…	与此同时	2019-06-18	待审核	🔍	确认 忽略
□ 钱维维	维吾尔族	2019-06-18	待审核	🔍	确认 忽略
□ 果没有法院的授权，就由可能将被调查…	有可能	2019-06-18	待审核	🔍	确认 忽略
□ 例实施细则》的规定，两上以上人民法…	两个以上	2019-06-18	待审核	🔍	确认 忽略
□ 查封也没有具体的查封时间结点，而只…	时间节点	2019-06-18	待审核	🔍	确认 忽略
□ 理论基础和业务技能，提高了法律意识…	增强了法律意识	2019-06-18	待审核	🔍	确认 忽略
□ 时端午节以雄黄涂抹小	是端午节	2019-06-18	待审核	🔍	确认 忽略
□ 瓦窑厂内的取土塘口、黄砂矿区的采砂…	黄沙	2019-06-18	待审核	🔍	确认 忽略
□ 港、澳门特别行政区和台湾省）范围内…	台湾地区	2019-06-18	待审核	🔍	确认 忽略
□ 教育和警示教育，聚焦解决思想根子问…	解放思想	2019-06-18	待审核	🔍	确认 忽略

第 1 页共 2 页　　当前显示 1 - 10 条记录 共 16 条记录

图 34　“单项否决指标”类检测报告

图 35　“兼容、性能相关指标”类检测报告

随着 5G 的到来，政务新媒体将会提供更丰富的服务类型，更优质的视听体验。总之，老百姓在哪里，政务新媒体就应该在哪里，政务服务就应该在哪里，通过政务新媒体让群众和政府连接起来。

数字政务中台能解决什么问题

智政院原创

一、数字政务中台(JPaaS)简介

（一）中台是什么

中台是做什么的？我们把中台作为一个中间层来解耦、驱动创新，来支撑快速变化的前台和稳定的后台。因为后台是基于管理的要求，基于业内最佳实践，以规范为基础提供响应的，而前台是为了快速的适应市场和用户的要求、快速创新，这时候后台去支撑前台就很难。所以，中台的目标是为了让前台“减肥”，同时沉淀前台系统的通用能力到中台，让前台快速迭代，让后台持续稳定。

（二）中台能解决什么问题

在电子政务发展的20多年过程中，政府内部建设了大量的业务系统，随着系统不断的迭代，产品的增加，形成很多“烟囱式”的单体应用。这些单体应用也逐渐暴露出很多问题。

（1）“烟囱式”系统形成了“信息孤岛”模式，导致数据重复采集，业务功能重复建设，随之带来重复的投资。比如用户数据，虽然有了统一身份认证的模式来整合，但用户数据依然在各个系统中落地和维护。

（2）目前的系统业务功能复杂，经过多年的使用，已经不能轻易推翻，改动成本极大。

（3）系统集成和协作成本非常高的“烟囱式”高。这种“中心化”架构的所有服务调用者和服务提供者之间的交互都必须通过这个中心点，而这个中心点的能力是很难进行扩展的。

（4）核心的数据和业务被打散到不同的系统。目前，也可以采用系统打通的方式解决了眼前相关业务间的交互问题，但这样的方式治标不治本，数据无法做到沉淀。

（5）支撑高并发、高可用的能力有限，一次大范围的调查，就可能把应用拖垮。

（6）单体的应用部署复杂，可靠性差。

综上，随着业务需求的发展，功能的不断增加，原来的单体架构应用很难满足“互联网+政务服务”工作推进的要求，无法响应需求的快速变化。

（三）数字政务中台的定义

中台类型有很多种：技术中台、业务中台、数据中台和运维中台等，这些中台统一定义为数字中台，数字政务中台就是给政府提供数字化转型的能力。政务门户和政务服务业务中抽象出来的共享服务体系和基础设施赋能平台，能够提升政务场景下的业务整合能力、产品研发能力和数据运营能力，从而提供更敏捷、灵活、高效的创新能力和服务能力。其核心能力如下。

1. 通过业务能力的沉淀支撑新的创新

将技术和业务能力沉淀成综合能力服务平台，为内部提供共享的技术和数据，同时减少沟通的成本，提升协作的效率，具备了对于前台业务变化及创新的快速响应能力。

2. 通过互联网架构支持高并发、高可用

在面对大量用户访问导致的高并发请求时，平台能随时动态扩容；在遇到服务故障时，能通过服务降级、限流、隔离等来保证主要功能的可用。

3. 通过数据的积累来驱动业务的运营

从烟囱数据平台向混合负载的、开放的、统一的大数据平台转型，政府在自身的基础数据、专业数据以及行业数据上拥有优势，基于大数据的分析实现以个人、企业为核心的精细化服务，最终提升政府的服务水平。

二、数字政务中台(JPaaS) 的优势

(一) 技术更先进

(1) 主流微服务架构。拆分了复杂的单体应用，按照业务的功能划分为多个可管理的分支或服务，单个服务很容易开发、理解和维护。

(2) 前后端应用分离模式。从后端请求的数据如何加载到前端中，都由前端自己决定，网页有网页的处理方式，App 有 App 的处理方式，所需的数据都来自同一个后端，保证数据的同源。

(3) 分布式技术架构。通过分布式文件系统、分布式数据库、分布式缓存锁、分布式消息队列事务、分布式会话等技术，满足服务的横向水平扩展。

(二) 部署更智能

通过流水线自动化构建和自动编排发布，满足 Docker 和 Kubernetes 的全栈化容器部署与管理平台，包含容器可视化管理、容器运维监控和故障预警、容器日志收集和分析、集群自动弹性伸缩、灾难恢复和备份。

支持灰度发布，先将少量的用户流量导入到新版本上，然后再对新版本做运行状态观察，收集各种运行时数据。当确认新版本运行良好后，再逐步将更多的

流量导入到新版本上。如果在灰度发布过程中（灰度期）发现了新版本有问题，可以立即将流量切回老版本上，这样，就会将负面影响控制在最小范围内。

（三）性能更强劲

1. 高并发技术架构支撑

（1）企业级消息队列。构建了一套企业级消息平台，兼容多种协议，支持异构客户端生产或消费同一主题，支持云原生，支持超大规模集群部署和弹性扩容。

（2）高性能缓存。整合形成了二级缓存，既有了本地缓存的速度，又能实现分布式缓存服务。

（3）分库分表和读写分离。通过支持分库分表和读写分离的组件，与自研ORM框架的结合，除主流的关系数据库Oracle、MySQL外，还支持国产数据，如达梦数据库。

2. 高可用技术架构支撑

（1）限流。一旦达到限制速率可以拒绝服务、排队或等待。

（2）熔断。当调用满足失败次数，失败比例就会触发熔断器打开，来防止错误进一步扩大。

（3）降级：降级的最终目的是保证核心服务可用。

（四）能力更集中

通过对业务的整合和梳理，整理出通用的能力以便复用，最大限度地减少“重复造轮子”。让业务服务更关注业务的解决能力，对基础能力可以做到“拿来即用”。

（五）数据更沉淀

通过中台制定的统一数据格式及标准，将政府各种基础数据、行业数据都聚集到中台上，结合用户的访问行为习惯信息，通过大数据的计算处理、分析挖掘和数据可视化，可大幅提升政府工作人员办事效率，实现智慧理政、辅助决策、政务知识图谱等场景服务。

（六）系统更合规

紧贴三级等保 2.0 中对应用和数据的安全要求，中台从技术角度对身份鉴别、访问控制、安全审计、入侵防范、恶意代码防范、可信验证、数据完整性、数据保密性、剩余信息保护、个人信息保护等内容做了严格控制。

支持政府安全要求，支持国产基础硬件设施、国产操作系统、国产中间件和国产数据库，已在计算机硬件（包含飞腾、长城等厂商）、软件（包含麒麟操作系统）、中间件（东方通）、金蝶、数据库（达梦、人大金仓）等各种环境下正常运行。

中台系统全面支持 IPV6。

（七）运维更便捷

对接入中台的系统和应用，通过主动监控体系，监控服务器资源使用情况，主动发现安全漏洞、木马后门和网络攻击，并能对应用服务可用性进行实时监测，24 小时保障平台的安全性和可用性，对运维数据进行集中管理和备份，方便随时审计和恢复。

（八）响应更迅速

将前台系统中的稳定通用业务能力“沉降”到中台层，为前台“减肥”，恢复前台的响应力。中台代替后台对前台需求的快速响应，去除所有系统从 0 到 1

的开发套路，从而提升了研发效率，降低了创新成本。

（九）终端更一体

中台对不同的终端都提供统一的服务能力，统一快速构建适用于多渠道、多种类、多场景的一窗式服务。

三、数字政务中台(JPaaS) 的主要能力

（一）统一基础能力

统一接入服务，将不同单位、不同标准、不同渠道的各类信息和服务功能经过聚合、转换，封装成统一标准、统一管理、统一展现的应用单元或服务接口，使之能够被不同展现渠道调用、发布，对接口和应用的接入、申请、审核、监控、服务限流进行全生命周期管理。

统一认证服务，通过对个人、法人的统一注册管理，实现用户的统一身份认证、实名认证和单点登录，对法人办事流程统一授权。

统一办事服务，通过对事项、办件的汇聚，方便网站、App 等多端展示和查询。

统一消息服务，整合多种渠道的消息提醒，为中台中各个服务提供统一的消息提醒出口，支持短信、App、微信、钉钉、支付宝小程序等消息推送。

统一运维服务，通过主动监控模式，对中台中运行的各种服务、通过接入平台整合的外部服务进行全方位、全时间监控，保证服务的可用性、稳定性和安全性。对网站和系统的可用性、信息更新的及时性提供准确的预警。

统一评论服务，为网站上的文章、办件、意见征集等服务提供统一的评论功能，方便管理和调用。

（二）应用业务能力

内容管理服务，对信息内容的报送、编辑、审核、多端发布、展现进行全方

位一体化管理。采用全新的可视化模板在线编辑技术，提供多样化展现的能力，通过模板和页面生成引擎，将布局模板、数据标签和单元样式进行解析和组合，最终生成终端用户可交互的页面。

咨询投诉服务，通过政务知识库、机器人的整合，提供自动咨询服务和在线客服功能，统一对咨询投诉的内容进行处理，支持复杂办件的交办、协办、督办等全流程办理环节。

全文检索服务，通过自然语言分析技术实时的对搜索语句进行句法分析、实体名称识别、政务主题识别等，从而精确的定位用户需要提问的主体。运用智能中文切词技术和自然语言分析技术，解决中文检索的歧义和多义问题，极大地提高了搜索的相关性和全面性。

智能问答服务，综合信息采集、大数据挖掘、语音识别、语义分析、人工智能等最新技术推出的一套综合技术能力。深度挖掘网站内容及知识库，可替代人工客服值守完成大量实时交互工作。

安全防护服务，对目标网站受攻击情况实时监测，同时拦截针对目标网站发起的 Web 通用攻击（如 SQL 注入、XSS 跨站等）。安全监测引擎可实时读取最新安全库，对目标网站进行查漏补缺，及时甄别木马疑似文件，通过高效持续的监测，实时捕捉网站服务端异动和异常文件，确保网站万无一失。

网站监测服务，采用基于云端部署技术，按国家、地方或行业网站普查指标对多目标网站进行 24 小时自动监测。监测范围涵盖信息、页面、应用和搜索引擎等，并通过自定义检查条件、检查时间为用户提供实时详尽的动态监测图表和详细监测报告下载。辅助用户推进政府网站信息内容建设有关工作。

（三）数据智能能力

大数据平台，运用大数据、云计算等信息技术，对政务服务过程沉淀的大数据建立数据模型，提供数据归集、数据处理、数据分析和数据应用的完整流程。

数据可视化平台，通过图表对复杂的数据进行生动形象的展示，平台提供多种类型，支持柱状图、折线图、地图、迁移图、雷达图等几十种图表展现模板，使类型杂、种类多的数据得到整合应用。通过多种分析函数，如去重、最大值、平均值、中位数等，用户可以组合和自定义这些函数，完成数据度量分析。

资源汇聚开放平台，提供数据标准化整合和使用规范，对同构和异构类平台数据进行批量接入，实现对数据格式的清洗和二次加工。实现对专用数据的汇聚和存储，打破“信息孤岛”，通过数据开放能力，满足全域信息资源数据的共享和使用。

行为分析平台，为政务网站提供用户行为数据的采集和数据分析服务，提供页面优化、访问路径优化、访问入口优化等分析数据的支撑，也能够发现用户访问规律和热点，挖掘用户真实需求，形成用户画像，实现政务服务的精准推荐，达到“千人千面”的要求。

四、小结

数字政务中台通过能力的沉淀，可以为前台的创新迭代提供快速响应的能力，保证了后台的持续稳定，让业务和管理更敏捷高效。通过数据的沉淀，数据的深度挖掘，提升公共服务能力与水平，为政府制定各种决策，提供技术基础和支撑。通过互联网的技术架构，构建高并发、高可用的网站和系统，保障政务门户网站访问的持续和稳定。

疫情之下，微服务架构为政务服务提供哪些保障

智政院原创

一、背景

2020 年“新冠肺炎”疫情期间，一共发生了三波高并发。

第一波：针对每日公布的疫情相关数据，产生的同城查询、周边疫情查询；

第二波：防疫物资紧缺，上线的“口罩预约”功能；

第三波：各地复工复产时的流动人员健康码的申报查询。

用于支撑这三波高并发的各种业务系统，经历了各种突发问题的考验。无论是新上的业务系统，还是很多早期建设的业务系统，若经受不起考验，未来势必面临着被替换的风险。为此，我们将听到的、看到的和自身经历的问题做了汇总和整理，发现不同架构针对类似问题的解决方案存在差异，而这些差异分别体现出不同架构的优势，面对这些突发状况下产生的问题，我们应该如何选择架构呢？下面一起来探讨探讨。

二、面对突发状况的架构选择

汇总和整理的问题共分了四类。

第一类问题，是关于“高并发、高可靠、高可用”的。有两个方面：第一，

在网络流量激增的时候，保持系统的稳定和不宕机；第二，超出容量预估时，避免发生系统"雪崩"效应。比如在疫情期间，在口罩预约、健康码申报和查询时会涉及统一身份认证和单点登录，若后者出现服务停止、慢响应、宕机，那将影响前面正常业务的进行；

第二类问题是关于"快速响应"的。有三个方面：第一，紧急功能要求"按天"上线；第二，功能出现 Bug 或发现功能不完善时，需要"按小时"修复；第三，要求限时完成和第三方系统之间的对接，包括接入和接口开放工作。比如政务 App、政务小程序作为政府的重要对外发布渠道，三波高并发期间都出现了要求几天之内必须上线相应的功能的要求，甚至极个别对接工作要求几小时内必须上线。而在运行过程中出现的 Bug，都是迅速定位，迅速修复和验证测试、迅速发版、迅速上线。

第三类问题是关于"资源按需伸缩"。有两个方面：第一，热点应用具备时段效应，占用资源需可调节；第二，热点应用切换时，资源需快速切换。比如早期疫情专区的查询量很大，随着时间推移逐步下降，最后趋于平稳，就有资源需要释放；又比如口罩预约规定了线上的预约时间，而预约的场景类似秒杀，期间需要借调大量资源来应对高并发；在口罩预约过后，就是预约结果查询，在公布结果的时间点会出现较大访问量，此时原本用于预约应用的资源，就需要调拨部分给查询应用，当然做这个的前提是预约和查询做了服务拆分。

第四类问题是关于"不停服上线、下线"。有三个方面：第一，扩容期间服务不能断；第二，新应用接入和已有应用升级期间服务不能断；第三，老应用被替换，下线期间服务不能断。疫情相关的服务，被访问的频率高且连续时间长，比如疫情专区、健康码，受大众的关注度非常高，若能不断服完成扩容和部署，将极大提升服务的体验。

通过对前面所述的四类问题的分析，软件系统若要能自信地应对，就需要有良好的技术架构来作为前提，那这种架构应该是什么样呢？应该有这些特性：支持高并发；满足高可用高可能；支持按需扩展；可快速迭代，如敏捷开发；支持热更新、热部署；易运维；安全，有完善的安全机制和防护策略。

在当前主流技术架构中，SOA 架构和微服务架构从理论上来说都可以，疫情期间我们选择的是：微服务架构。

三、微服务架构介绍

先看一个技术架构演化图，如图 1 所示。

图 1　技术架构演化图

1. 单体架构

一种用于架构单体应用的方法，即所有功能都包含在一个应用程序中的方式。

2. SOA 架构

一种面向服务的架构，服务一般指业务实现层服务，是一种粗粒度、松耦合服务架构。

3. 微服务架构

和 SOA 架构类似，可视为在 SOA 上做的升华，它以开发一组小型服务的方式来组成一个独立的应用系统。

4. 单体架构

虽然开发容易、部署方便，但缺点很明显，它只能使用于业务规模很小的时候，不能适应复杂业务，内部功能耦合度高、扩展成本高，对分布式支持不友好，无法应对突发状况。

SOA 架构和微服务架构两者都是围绕服务的概念做架构，属于典型的、包含松耦合分布式组件的架构，但微服务提供了一种更清晰、定义更良好的方式。

看一个简单地比较，如图 2 所示。

功能	SOA	微服务
服务粒度	大块业务逻辑	单独任务或者小块业务逻辑
耦合度	多数为松耦合	始终松耦合
目标	确保应用能够交互	执行新功能，强调代码重用和自动化执行
管理方式	注重中央管理，如ESB	注重分散管理

图 2　SOA 架构和微服务架构的对比

5. SOA 架构相比微服务架构的一些不足之处

ESB 总线的中心化、注重服务可重用性的最大化的使得业务拆分比较粗、敏捷开发模式实施难度较大、持续交付支持不友好、容器（如 Docker）支持不友好、技术门槛较高。

单体架构、SOA 架构和微服务架构的演进，现用一个假想的示例说明下。假设有一家口罩生产厂。早期是一个小作坊，只生产某种固定类型口罩，相当于"单体架构"，实施简单，业务也简单。因为领导定位准确，产品获得了市场的认可，获得了更多的订单和客户，于是决定购买更多的生产设备，但此时发现不同的客户都带着自己的要求，若要都满足，需要增加很多生产线，且面对新要求无法快速响应，投入大风险也大。怎么办？领导层讨论后做出决定，引入新的生产设备，改进生产工艺，统一口罩生产的各项指标，然后把口罩部件的生产分别放到不同的生产线或外购，最后新建一条核心生产线将不同客户的口罩做统一组装，来满足不同客户的要求。此时相当于"SOA 架构"，服务拆分、中心化、统一规范、灵活度不足、投入高门槛也高。之后，生意更是越做越大，开拓了多个国外市场了，于是想在各个国家分别建立一套生产线，算算费用后发现投入成本高收益低，不划算，但市场还是要继续开拓的，怎么办？领导层再次讨论，最后决定再次引进先进技术，再次优化生产流程和工艺，把口罩的部件生产做了彻底的分离，使得每个部件都可独立生产，然后只提供技术和核心部件给分中心，非核心部件各分中心可在本地寻找部件的替代生产商，满足要求后即可开始自行组织生产。此时相当于“微服务架构”，去中心化分散管理、各自独立运行、松耦合。

基于上述的对比，针对突发状况，还是微服务架构比较具有优势。

微服务架构，能更好地应对突发问题，那是不是就可以认为采用了微服务架构的系统就能应对突发状况？不是，因为微服务架构落地还存在难点，只有解决了这些难点，才算真正具备应对突发状况的能力。

再看下微服务架构应具备的基础设施，如图 3 所示。

服务治理	服务网关	应用监控	分布式
服务注册与发现	统一认证	应用控制	分布式事务
容错限流降级	统一鉴权	服务链路追踪	分布式存储
服务路由	发布管理	故障排查	分布式消息
负载均衡	流量控制		分布式调度
	API熔断		
	自定义路由规则		

API自动测试平台	流水线管理	容器服务	中间件
性能压测	代码库管理	多集群管理	Redis
API测试	自动构建管理	容器编排	MySQL
故障演练	发布管理	容器生命周期管理	Elasticsearch
异常定位/回滚	异常定位/回滚	弹性伸缩	RabbitMQ
		镜像管理	

图 3　微服务架构应具备的基础设施

图 3 所示有，服务治理、服务网关、应用监控、分布式、API 自动测试平台、流水线管理、容器服务、中间件等，这些涉及的框架多、技术体系复杂，处理不当，可能就会造成新的问题。

微服务架构落地的难点和相应的解决方法如图 4 所示。

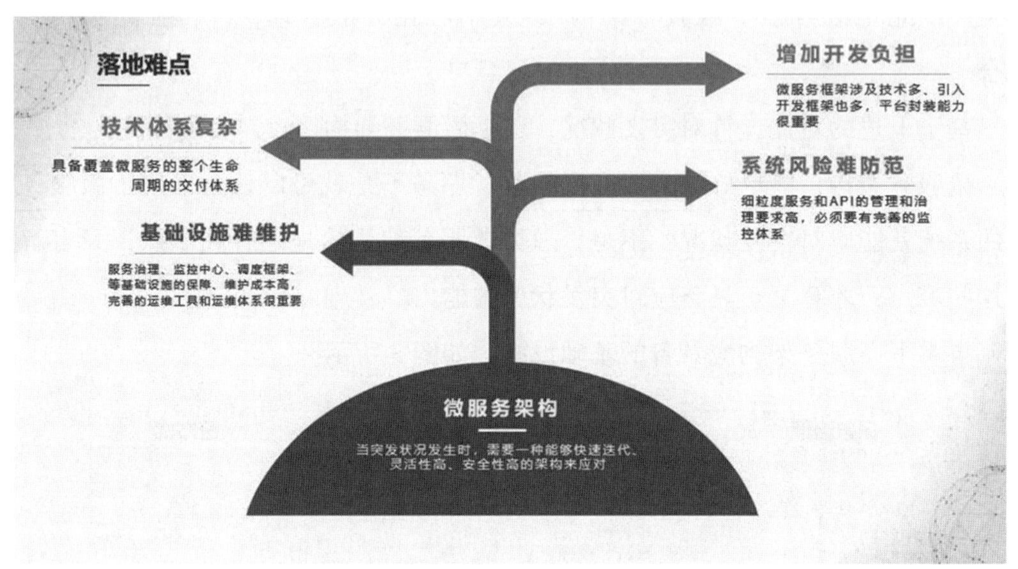

图 4　微服务架构落地的难点和相应的解决方法

（1）技术体系复杂

因其采用的技术多，导致技术体系复杂。需要有一套工程化的敏捷交付方案来支撑开发的各个阶段，减少复杂技术对开发、测试、实施的干扰，加速需求落地和功能交付效率。

（2）框架多，开发负担重

微服务系统的开发会引入多种开发框架，会增加许多业务无关代码，如监控埋点、统一日志、分布式事务，会给业务开发人员带来额外的负担。

业务开发时，框架相关的内容应尽量对开发人员透明，使开发人员只关注业务实现。

（3）基础设施维护难度大

微服务系统需要注册中心、配置中心、监控中心、调度框架等一系列基础设施来保障系统正常运行，维护成本很高，对人员的技术要求也高。

服务治理能力很重要，可视化的、完善的运维工具和可靠的运维体系将极大地降低维护难度。

（4）系统风险难以防范

微服务拆分带来大量的细粒度服务和 API，管理不好就是风险，另外还需要防范系统性故障，要早发现早处理。

细粒度服务和 API 的管理和治理要求高，还必须配备完善的监控体系。

大汉软件提供的微服务平台，是一款支持高并发、高可用、易扩展、高安全的企业级微服务平台，它在疫情期间为解决突发状况下的各种问题，提供了相应的技术解决方案。

四、大汉微服务平台赋能

（一）整体架构图（图 5）

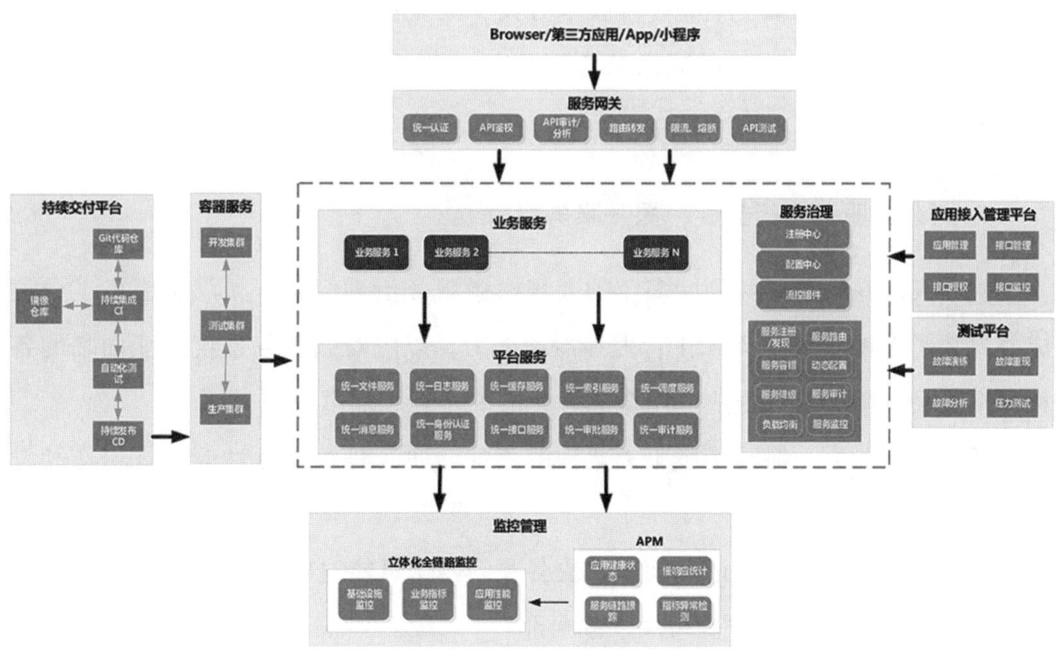

图 5　整体架构

（二）大汉软件微服务平台具备的特性

1. 提供基于流水线的敏捷交付体系

大汉微服务平台提供基于流水线的敏捷交付体系，覆盖微服务开发、构建、测试、交付、部署、运维的全生命周期，具有灵活的流程定制能力，通过自动化、标准化的方式加速交付速度。

2. 采用代码无侵入设计

大汉微服务平台采用代码无侵入设计，开发人员只需专注于业务开发，通过简单配置即可将应用接入大汉微服务平台，实现微服务治理能力。同时支持 Spring Cloud、Dubbo 等多种业界主流的技术架构，满足不同的技术架构要求。

3. 集成微服务所需的各种基础设施组件，支持开箱即用

大汉微服务平台基于主流开源技术方案，集成微服务所需的各种基础设施组件，并采用高可用设计，在提供开箱即用的易用性的同时，也具备灵活的扩展性，可对接多种企业运维工具。

4. 对公共服务进行封装，提升服务能力

基于大汉在政务服务领域多年的大规模微服务治理经验，大汉微服务平台集成并封装了多种服务以及 API 管理和治理能力，以应对微服务系统可能面临的各种异常及突发情况，为企业应用微服务化的安全运维保驾护航。

通过上述能力，保证了微服务架构的落地，使其具备的特性能良好协作和发挥作用。

大汉微服务平台在疫情期间，解决各类问题做赋能时所涉及的技术点如下。

（1）应对“高并发、高可用、高可靠”

服务治理：分布式部署、容错、负载均衡；

限流组件：QPS、并发线程数；

熔断降级组件：平均响应时间、异常比例、异常数量；

容器服务：多集群管理、容器生命周期管理、镜像仓库；

自动化测试平台：性能压测。

（2）应对“快速响应”

流水线交付：CI、CD；

快速开发平台：封装微服务各种基础设施、提供公共服务；

完善的监控管理：性能监控、全链路追踪；

应用接入管理平台：统一的接入和开放标准；

自动化测试平台：自动化测试、故障演练、故障重新、故障分析。

（3）应对“资源按需伸缩”“不停服上线、下线”

服务治理：服务的注册与发现（服务的上线、下线都能主动发现，并可自动将请求做相应的转发和调整服务的负载均衡）；

灰度发布：服务灰度、接口灰度（基于地区、特定IP及特定用户）；

容器服务：镜像管理、容器生命周期管理（用于管控服务的上线、下线；用于建立灰度环境）。